昨夜の
記憶が
ありません

アルコール
依存症だった、
わたしの
再起の物語

サラ・ヘポラ 著

本間綾香 訳

晶文社

もくじ

II 断酒の日々

必要としている人へ

前奏　光の都

雑誌の仕事でパリにいる。その響きだけでうっとりするのに、きてみるとほんとに夢見ごこちだ。ディナーのレストランはとびきりおしゃれ。フォークを落としたら何秒でひろってもらえるんだろう。ためしたい気持ちをグッとこらえる。飲んでいるのはコニャック。王様とラップスターの酒。指のあいだにブランデーグラスがしずみ、8の字にゆらすと琥珀色の液体がふちにはねるのがたまらない。手のひらで、海が渦をまいているみたい。

たぶん真夜中ちかくなんだろう。友人と倒れこむようにタクシーに乗る。夜がとぎれてスキップしはじめる。マフラーを顔までまいた彼女が、わたしにもたれる。さむくてシートで身をよせあう。酔っぱらいすぎて、おたがいの手足がくっついているのも気にならない。そとの景色は窓のよごれ。タクシーメーターは赤いしみ。

——もう着いたなんて早すぎない？　ついさっきまで、タクシーのなかで彼女と笑っていた。なのにいま、わたしは道にひとりで立っている。

自分のホテルに正面玄関から入り、あかるいロビーを目を細めて歩く。しろい石材に、ヒールがコツコツ鳴る。こんな時間は、バナナの皮に要注意。うっかりすべると顔面を打ちつけ、つぶれた腕立て伏せみたいになる。わたしったらおっちょこちょいのおバカさんね、なんてコンシェルジュに言いわけしなきゃいけない。だからさりげなく、でも用心して歩く。

飲みすぎてなんかないと証明するため、コンシェルジュと芝居じみたあいさつを軽くかわす。自分の声の落ち着きっぷりに満足する。またパリで調子にのった、酔っぱらいのアメリカ女かと思われたくない。さいごに聞こえたのはヒールの音。メトロノームみたいに規則ただしくロビーにひびいて……。次の瞬間、すべてが消えた。なにも見えない、聞こえない。

ときどき、これが起こる。舞台の真っ最中に幕がおり、数分か、ときには何時間も暗闇になる。でも、わたしを見ている人は誰も気づかない。はた目には、ただどこかに向かうひとりの女で、記憶がぷっつり切れているなんて疑いもしない。

言っている意味がわからない人もいるだろう。そんな人はたぶん、酒はたしなむ程度で、ワインをグラス2杯ちびちび飲み、どんなパーティーもいい頃合いに抜けて帰る。もしくは、午後のあいだウイスキーをすすり続けても、決して酒に呑まれないラッキーな人。でも、もしもあなたがわたしのような人なら、目が覚め、すごく大事なはずの場面がすっぽりぬけていると知ったときの衝撃がわかるはずだ。わたしの夜には落とし穴がある。

この暗闇の長さはわからない。そこでなにが起こっているのかも。パリでふたたび幕があがったとき、目に入ってきたのはこんな光景だ。

ベッドがあり、わたしはその上にいる。照明は暗い。足首を包むシーツは、柔らかくてひんやりした感触。わたしは会ったこともない男の上に乗っていて、セックスの真っ最中だ。

ちょっと待って。こんなことってある？　気づいたらセックスの途中で、相手の男はいままで見たこともない。まるで、天から落ちて別人の体に入ったみたい。別人の**人生に。**でも、どうやらわたしは楽しんでいる。そういう声をあれこれ出している。

状況がわかってきたところで、体がセクシーなパントマイムを終える。彼のとなりにばたんと倒れ、脚を彼の脚にからめる。いますぐ心配すべきか考えたけれど、怖くはない。肝が据わっているからじゃない。頭の上でベニヤ板を割られても、笑ってうなずき、気にも留めないだろうからってこと。

相手の男は不細工じゃない。ちょっとハゲかかっているけれど、優しい目をしている。ほの暗い明かりに瞳が輝いている。誰がこの男を選んだか知らないけれど、まぁまぁいい仕事をしたと思う。

「きみってほんと、男をこき使うね」。そう言われ、彼の片頬を手の甲でなぞる。彼はわたしを知っているらしいのに、わたしは彼を知らないなんて不公平だ。でも、失礼にならないよう、どう聞けばいいんだろう。**すみませんけど、あなた誰？　なんでわたしたちヤッてるの？**

「いかなくちゃ」。彼に告げる。

彼が不快そうに作り笑いをうかべる。「さっきは泊まりたいって言ったのに」

仕方なく、どこかわからない部屋の暗がりで見ず知らずの人と横たわり、はるばるやってきた街を見下ろす。窓が壁いっぱいに広がり、わたしはきらめく街明かりを見つめる。彼の胸をなでる。そうした方がこの場合、礼儀正しい気がする。彼がわたしの髪をなで、唇にわたしの手をもっていく。端から見れば、心から愛し合うふたりに映っただろう。

ブラックアウトは謎解きだ。自分の足取りを調べる探偵仕事だ。**昨日の夜、なにがあった？　あなた誰？　なんでわたしたちヤッてるの？**　これがブラックアウトだ。

彼の腕枕に頭をあずけながら、数え切れないほどの疑問が浮かぶ。そのうちの一つが、とりわけ大きく鳴り響く。文学だとこの疑問をきっかけに、壮大な旅がはじまる。ヒーローはたいてい、暗いジャングルの奥深くに放り込まれ、なたで道を切り開いて進まなくちゃならない。でも、ブラックアウトする酒飲みの場合、この疑問でいつものみじめな土曜がはじまる。

なんで、わたしはここにいるの？

0 酒を飲む女たち

33歳のわたしは真っ昼間、布団に寝転がりながらトーク番組を見ていた。だって、そうできたから。ニューヨークに住むフリーランスライターで、しかも二日酔いのわたしを、止められるものならやってみて。

番組ではルーフィーを取り上げていた。GHBやロヒプノールといったデートレイプドラッグ。このとき2007年だったけれど、90年代後半からルーフィーのことは耳にしていた。においも色もない薬物が、記憶を消すため飲み物に混入されていた。SF映画みたいに。最近テレビでみた犯罪ドラマでは、ヒロインがルーフィーで記憶を失い、目を覚ますと危ない男の家にいた。ぱっと見ではわからない、こんな危険な薬の被害にあうかもしれないと、母性本能が強い人（わたしの実の母も含め）たちはときどきわたしを心配した。同じく母性的な番組司会者も、深刻な顔で注意をうながした。**女性のみなさん、自分のお酒にはふたをして。**

わたしは別の飲酒問題を抱えていたけれど、〝問題〟と引用符のジェスチャーを必ず付けてこの言葉を使っていた。ある朝、イケメンのイギリス人のリビングルームで目が覚めた。エアマットレスの空気は抜け、プラスチックのハンモックごしに尻が床をこすっていた。最後の記憶は、前日の夜、友人のリサを地下鉄の駅まで歩いて送ったことだ。彼女はわたしの両手をにぎって言った。「絶対あの男を連れて帰っちゃ**ダメ**」。わたしも言った。「約束する。指切りする」。そうしてバーに戻ると、彼はわたしと自分にもう1杯ずつ注文した。

これこそニューヨークの独身生活に求めていた興奮だった。ホンダの車に、大量の本と傷ついた心を積んでテキサスを離れた31歳のとき、探し求めていたのはこんな興奮だった。この街が、チャーミングなオードリー・ヘプバーンの映画やウディ・アレンの恋愛映画、HBOのおしゃれな4人組のドラマで描かれたような、きらめくファンタジーの世界ではないと知った。それでも、自分が主人公になれる物語を欲していたし、飲酒はあらゆる冒険のガソリンだと知った。最高の夜とは、後悔するかもしれない夜のことだった。

「よく知らないイギリス人の男とセックスして、空気がもれてるエアマットレスで起きちゃった」。友人のステファニーにテキストした。

「おめでとう！」彼女が返してきた。

すごいじゃん。やったね。そうこなくっちゃ。酔ってやらかしたことを女友だちに報告するたび、返ってくるのはこんな反応だった。このとき、友人のほとんどは結婚していた。彼女たちはときどき、30代で独身だったらどうしていただろうと口にした。深夜2時に街をよろめきながら歩いていたかも。マティーニグラスを空に掲げ、落ちてくるものを片っ端からキャッチしていたかも。

30代でパートナーのいない生活は快適だった。そんなにさみしさは感じなかった。その年はリアリティ番組がかなり充実していた。デザイン番組。料理番組。元有名人のミュージシャンたちが、有名になりたい女性たちとデートする番組。例のルーフィーの番組は、女性が独身でいるのはとても危険で、いつだって警戒が必要みたいに言っていたけれど、その頃のわたしはどんな注意喚起にも無関心だった。この世にどんな恐怖が存在しようと、デートレイプドラッグは自分には関係ないと信じ切っていた。

あるとき、パーティーでめちゃくちゃ酔っ払い、他人の家の犬用ベッドで目が覚めた。

「ルーフィー盛られたと思う?」友だちに聞かれた。

「そうとしか考えられない」。わたしは答えた。「10杯は飲まされたと思う」


アルコール依存症の本は、女性の「隠れ飲酒」をよく取り上げている。これは何十年も言われてきた話だ。植木鉢の裏に隠された酒瓶。誰も見ていないときに震える手でちびちび飲むのは、「社会が酒を飲む女を軽蔑する」からだ。

わたしは酒を飲む女たちに憧れた。反抗的な女、タバコを吸う女、パンツ派の女、慣習に屈しない女たちを心から愛した。大学時代、わたしたちは男の子と同じように飲んだ。卒業後は、男友だちとみんなで安酒場でつるんだ。やがて遊べるお金も、子どもがいない自由も享受できる立場になると、夕食にステーキを食べながらカベルネソービニョンのボトルを次々空け、メキシコ産テキーラのいちばん口あたりのいいブレンドについてああだこうだ言い合った。

20代後半のとき、読書会に入った。「ビッチ&ブック」という会で、当時は笑えるネーミングだと思った。月1回集まり、ブリーチーズとクラッカーをならべた白い小皿を、ひざに器用に乗せながらアン・パチェットやオーガステン・バロウズについて意見を交わし、ワインを飲んだ。川のように、滝のように流し込むワイン。ワインと告白。ワインとシスターフッド。

ワインは社交の場の接着剤、絆を結ぶための装置になった。完璧になろうと自分をえぐり続ける削岩機を止めて、心の内にある秘密を解き放つために、ワインが必要だった。ワインはディナーパーティーや自宅でくつろぐ夜の主役だった。職場のイベントやフォーマルなお祝い事になくてはならないものだった。「バチェロレッテ」なんて言うまでもない。結婚式の教会からレストラン、バーへと移動する女友だちのグループに、ウェイターは花嫁登場の前からシャンパンを注ぎ歩いた。イケてるママたちはシャルドネ付きのプレイデートをして、育児に追われながらも決してハッピーアワーは逃さなかった。ハンドメイド販売サイトは、気の利いた文言がプリントされたベビー肌着を売った。**泣いてるとママが飲んじゃう。**

わたしは自分の飲酒について書いた。いくつかはフィクション、いくつかは胸が痛くなる事実で、どっちなのか判別しづらい小気味のいいおどけた文体が気に入っていた。午後4時前に泥酔したこと（事実）、音楽フェスでハメを外しチャック・クロスターマンのとなりで目覚めたこと（嘘）、赤の他人と何杯もショットを飲みテイクアウト用のカップでケソ［チーズディップ］を飲んだこと（ほぼ事実）を書いた。現代の女性は、お互いを厳しく評価し合うことがあたり前になっている――子どもをどう育てるか、水着姿がどう映るか、人種やジェンダー、階級についてどう考えるか。にもかかわらず、わたしの体験談がどれだけ支離滅裂でも、度を超した飲み方でも、批判されたと感じたことは一度もなかった。それどころか、うらやましがられているような気がした。

2000年代後半には、ドジで酒好きなヒロインがわたしたちの物語の主人公になった。『ブリジット・ジョーンズの日記』は、そこから千本の枝が伸びる大樹になった。キャリー・ブラッドショーはメディアを席巻した。チェルシー・ハンドラーは大酒飲みではしたない、現実の彼女とは到底思えないツボを心得たキャラクターを演じて、ブランドを確立していた。（『ウォッカさま、わたしチェルシーです（Are You There, Vodka? It's Me, Chelsea）』は、魂の解放や青春小説、グレイグース［ウォッカのブランド］への切なる思いを綴った自伝的エッセイで、この時代を表す直球のタイトルだった。）知的で仕事のデキるわたしの女友だちは、文芸誌《ニューヨーカー》を宿題のように三角テーブルに積んだまま、芸能誌の《アスウィークリー》を一気読みし、当時のパーティーガールたちの騒動を欠かさずチェックしていた。セックステープと股間写真が全盛の時代に「ねぇみんな、バーのスツールから落ちちゃった」なんて記事を書いているわたしみたいな女は、流行の先端でもなければ刺激的でもなんでもなかった。

母がわたしの記事を読んでどう思うのか、ときどき気になった。「うーん、大げさだと思う」。母は以前そう言った。たとえば、その頃のパーソナルエッセイで、わたしはビールを6杯飲んだと書いた。「女の人がひと晩にそんなにたくさん飲めないわよ」。母の言う通り、これは事実に反している。実際は8杯だった。

飲んだグラスの数が増えるのはあっという間！　家で準備しながら2杯、夕食のときに3杯、そのあとにバーで3パイント。これはどれだけ飲んだか最後まで数えられた夜の話だ。

母はわたしのようには飲まなかった。ちびちび飲む人だった。夕食にグラス1杯だけたしなむタイプの女性。大学時代に、男子学生の社交クラブのパーティーでハメを外し、ボビーソックス［1940年代に流行した足首で折り返すソックス］で踊ったそう――このエピソードが、いかに**奔放じゃなかったか**を表している――だけれど、母が酔っているところを見たことがないし、そうなった姿も想像がつかない。母の親戚が集合すると、荒くれ者のアイルランド系のおじたちが別の部屋でスコッチのボトルを注ぎ合い、壁がゆれるほど大声で笑う一方で、母姉妹は子どもたちの面倒を見た。そんなのまっぴらだ。わたしはパーティーの中心にいたかったし、後片付け担当になるのはごめんだった。

飲んでもいい年齢になった頃には、時代の空気がわたしの願望にそって変化していた。これまで女性は何世代にもわたって酒をつつしみ、見張り役となり世話係となってきた。なにしろ、禁酒法の時代を強く推し進めたのは女性だ。でも、社会で女性の地位が向上するにつれ、女性の酒の消費量も増え、70年代のフェミニストたちのおかげで飲酒機会均等の機運が高まった。それから数十年かけて、男性が酒の瓶に背を向けるのに対し、女性は手を伸ばし続けた。つまり、21世紀になる頃には、女性は飲酒のジェンダーギャップをほぼ埋めたわけだ。２０１３年の米国疾病予防対策センターの報告書は、18歳から34歳の特に白人とヒスパニック系の女性にとって、短時間での大量飲酒が「健康上の危険な問題」だと警鐘を鳴らした。国内のおよそ１４００万人の女性が月に平均３回、一度に６杯の大量飲酒を楽しんでいた。これはものすごい数の読書会に相当する。

注目したいのは国全体で見ると、アルコール摂取量はピークだった１９７０年代より少なくなっている。その要因には、飲酒可能年齢の引き上げや、ランチにマティーニを３杯飲む習慣がなくなったことなどがある。でも、酒は一部の女性にとって堂々と飲むもの、自分たちのカルチャーに欠かせないものになった。若く、きちんと高等教育を受けた酔っ払い。まさにこれがわたしの現実だった。

ほとんどの夜をバーで過ごしても、なんとも思わなかった。友だちもそうだったから。難しい話し合い――というより、どんな話し合いでも――をするときは、まずワインボトルを要求することに疑問をもたなかった。映画でもテレビでもそうだったから。腹を割って話すなら、白ワインのグラスがいちばんの近道。**カチン、カチン、わたしたちに乾杯。**女性同士が励まし合って飲むハリウッドのエンパワーメントな物語は、バカにされているような気もしたけれど、だからといってわたしの価値観に合っていないわけでもなかった。

エンパワーメント。21世紀になって出てきた流行語だ。発展途上国に学校をつくるのも、尻の写真を他人にメールで送りつけるのも、なにもかもがエンパワーすることになった。ウェブサイト《オニオン》に掲載された「いまや女性たちは、女性のやることなすことすべてにエンパワーされる」という記事を、わたしは何年も机の前に貼っていた。この言葉をあちこちで目にするのは、女性たちがどれだけパワーを欲しているか、にもかかわらずそれを手にすることにどれだけ葛藤を抱えているかを表していた。陰毛を根こそぎ抜くのはエンパワーメント。バーでイエーガーマイスターのショットをあおるのもエンパワーメント。わたしが飲んできた酒も、歩道でずっこけさせるんじゃなく、エンパワーしてくれたらよかったのに。

自分が飲みすぎることとは、心に引っかかっていた。本当は長いあいだ悩んでいた。クラブで転び、ひざの皿を強打した夜もあった。階段を転がり落ちた（そう、何段も）。ときには数段足をすべらせ、**ここ、重力がゆがんでる**なんて冗談にしたけれど、いちばん下まで勢いよく、人形みたいに落っこちたことも何度かあった。限界まで飲み続けるのと、ハイヒールを履き続けるのと、どっちが頭のイカれた選択かわたしにはよくわからない。

自分は正常じゃないと自覚していたと思う。心のなかの小さい声が、静かにそう認めていた。

隠れて飲んだりはしなかったけれど、どれだけ痛みを抱えているかは誰にも話さなかった。

飲みすぎかもと心配しはじめたのは、20歳のとき。学生保健センターにならんでいるパンフレットを手に取った。**飲酒についてお悩みですか？** わたしは大学生だった。まわりの誰もが飲酒の問題を抱えていたのは、ほぼ間違いない。わたしのアルバムはぱらぱら漫画みたいに、その証拠写真の連続だった。ジム・ビームのボトルを口にあてる友人デイヴ。ソファーで気を失っているのに、赤い使い捨てカップをまっすぐもったままの友人アナ。罪悪感と堕落を表現するあっぱれなポーズだ。

でも、わたしの飲み方には看過できないところがあった。日曜日、まだアパートが悪臭と後悔でしっちゃかめっちゃかになっているなか、友だちが尺取り虫のように近よってきた。**ねぇ。その。話し合わないとね。** なるべく軽い口調で、男の子やマニキュアについて話すみたいに言ったけれど、次の言葉が針のようにわたしに突き刺さった。**昨日の夜、自分がなにしたか覚えてる？**

そこでパンフレットだ。なんとも陳腐でお粗末な代物。よかれと思って設置されたそのラックで、1980年代からじわじわ色褪せてきたんだろう。言葉づかいがやたら仰々しくて、家父長的だった（覚えたばかりで、気に入って使っていた単語だ）。

二日酔いになったことがありますか？　勘弁してよ。この質問にノーと答える退屈な人に同情した。週に少なくとも3回飲むことは、専攻学科を決めるのと同じくらい、わたしの学生生活にとって重要だった。わたしも友人たちも、パーティーしない人とは交流しなかった。どんちゃん騒ぎのときに腕組みしている人間は、どこか信用ならなかった。

次の質問。**酔うために飲むことがありますか？**　冗談でしょ。そうでなければなんで飲むの？　がんを治すため？　こんなのバカげてる。本気で心配だったから保健センターにきたのに、大げさな自分が早くも恥ずかしくなった。

ブラックアウトすることがありますか？

ちょっと待った。これ。この質問。**ブラックアウトすることがありますか？**

ある。初めて酔っ払ったときに記憶を失い、また同じことが起こった。そのあとも。ブラックアウトには、夜の終わり数時間の記憶がぼんやり点滅するだけの、害のないものもあった。一方で、腰を抜かすほどのものもあった。両親のいる実家で目が覚め、なんでそこにいるのかさっぱりわからなかったときは、さすがに保健センターにいく気になった。記憶が3時間すっぽり抜けていた。

友だちと気まずい話し合いをするあいだ、自分についての話をまるで双子の悪魔の仕業のように、信じられない思いで聞いた。**わたしがなんて言ったって？　わたしがなにしたって？**

でも、ほとんどなにも覚えていないのを見破られたくなかった。できるだけ早くこの話し合いから逃げ出したくて、うなずき、自分のしたこと（それが初耳だったとしても）を反省していると伝えた。全面的に受け入れる姿勢で。**なるほどね。うん、わかる。**

パンフレットにあったほかの質問は、ある意味くだらないものばかりだった。**毎日お酒を飲みますか？　飲んで刑務所に入れられたことがありますか？**　こんなのは、道ばたに倒れている末期的な酔いどれに聞く質問だった。わたしはまだＧＡＰで買い物していた。くまのプーさんのナイトランプをもっていた。ノー、刑務所送りになったことはありません。ノー、毎日は飲みません。パンフレットのこうした質問に、自分は除外された気がして安心した。

わたしは大学生の小娘だった。ビールが好きで、赤ワインの洗練された苦みが好きで、バーボンの繊細かつ燃えるような恍惚感が好きだった。ときどき、あまりに酔っ払ってこうした酒を頭からかぶりながら、意識朦朧とした状態で『コーラスライン』の歌を歌った。世界にたくさんの問題があふれるなかで、これってほんとに**そんなに**深刻なこと？

その日、わたしは酒をやめなかった。もちろんだ。でも、保健センターを出るときに学んだ。アルコールは狂気に拍車をかけるということ。ブラックアウトは二つの道にわかれる分岐点だということ。一方は血管のなかに彗星が現れる。もう一方は深い穴に沈み、あらゆる光を失う。

この二つのあいだの、どっちか判別つかないところに留まっていれば、自分は大丈夫だろうと思った。ブラックアウトは良くない、でもそこまで大騒ぎすることじゃない、そうでしょ？

飲んでその夜の記憶をなくした人はわたしだけじゃない、そうでしょ？　それに、**そんなにしょっちゅうあるわけじゃない。**

数か月後、わたしの部屋でパーティーを開いたとき、友人がリビングで巨大な魚のコスチュームを着て踊っていた。翌朝、きらきらした生地が床に捨てられているのを眺めていると、彼女が言った。なんであのコスチュームがここにあるの？

感謝の気持ちが胸いっぱいにこみ上げた。**よかった。わたしだけじゃないんだ。**

20代の頃は、友人たちが知らない男のとなりで目が覚めたとひそひそ声で電話してきた。結婚披露宴のフリードリンクのバーがややフリーすぎたようで、記憶をなくして電話してきた。**よかった。わたしだけじゃないんだ。**

30代の頃、定期的にブランチしていた皮肉屋の男は、自分のブラックアウトを自慢げに語った。彼はそれを「タイムトラベル」と呼び、超能力みたいにカッコよく聞こえた。彼はロングアイランド・アイスティーを飲みすぎていたのではなく、時空連続体に穴を空けようとしていただけだった。

その頃は、わたしも自分のブラックアウトを笑い飛ばしていた。『CSI：ハングオーバー』というドラマを作っているんだと、よくジョークにしていた。犯罪現場を捜査するみたいに自分のアパートをほじくり返し、レシートやほかの残骸から当夜の出来事についてもっともらしい仮説を立てる必要があった。ベッドの脇にかがみ、例の青いプラスチックの手袋をはめながら、長いピンセットで疑わしい物をつまみ上げる自分を想像した。**このしわくちゃの包装紙は、被害者が空腹だったと示している。それに、この匂いはビーフブリトーに違いない。**そう言って、アルミホイルを明かりに当ててから、長くひと息吐く。

ブラックアウトにおびえていた女が、ケーブルテレビの未払い料金の請求書みたいに、それを平気で無視するようになるなんて妙な話だ。でも、大酒飲みなら誰でも、目の前の〝問題〟に含まれる要素を、ことあるごとに再区分したり、都合良く改変する。わたしはブラックアウトを、酒を飲んだときの壮大な冒険についてくるサーチャージと思うことにした。コインを投げるように夜を運命にまかせ、なにが起こったのか翌朝に確かめるのは、混沌とした魅力があった。『ハングオーバー！　消えた花ムコと史上最悪の二日酔い』を見たでしょ？

でも、階段から落ちてまわりを見渡しても、もう誰も笑っていないときがくる。35歳になるまでは、自分で飲みすぎを自覚しつつ、それでもどうにかできると望みをつなぐ心許ない時期だった。通っていたセラピーで自分のブラックアウトについて話すと、セラピストは驚いて言葉を失った。心配されるのが腹立たしかった。彼女の口ぶりは以前読んだパンフレットみたいに大げさだったけれど、ブラックアウトする人がいずれアルコール依存症になるなら、わたしたちのほとんどがビールパーティー程度でアル中になる運命だ。

「誰だってブラックアウトしてる」。わたしは言った。

彼女はわたしの目をじっと見た。「いいえ、そんなことない」

自分のブラックアウトに長いあいだ困惑していたけれど、その仕組みはいたってシンプルだ。血液が一定のアルコール飽和点に達すると、海馬がシャットダウンする。海馬ってすごく変な言葉。絵本に出てくるキャラクターみたい。でか鼻をひくひくさせ、長いまつげをばさばさせる獣が目に浮かぶ。実際の海馬は脳の一部で、長期間の記憶を司っている。飲みすぎると、獣が鼻をとめる。シャットダウン。これ以上の記憶はなし。

短時間ならまだ記憶を維持できるけれど、それは2分にも満たない。酔っ払った人が会話を続けられるのはなるほどそういうわけで、でも少し時間がたつと同じことを繰り返し話す。友だちはそれを「飲んだくれのループにハマった」と呼ぶ。言ったばかりのことを繰り返すのはブラックアウトの典型的特徴だけれど、それだけじゃない。「目が死ぬんだよ。ゾンビみたいに」。恋人はかつてそう言った。「なんか魂が抜けちゃってるんだ」。ブラックアウトしている人たちは、空っぽのうつろな表情になることが多い。脳のプラグが抜けているみたいに。それって、ある意味その通りだ。

何人かはわたしのブラックアウトを見破れるようになったけれど、ほとんどの人にはバレなかった。ブラックアウトはそれくらいずる賢い。人によって違えば、その夜によっても違う。

頭にランプシェードを被る女もいれば、静かに座りながら近くでも遠くでもないところをじっと見つめる女もいる、それと同じだ。脳のプラグがいつ抜けたのか、目の前の相手に知らせる赤い表示灯はない。

それに、ブラックアウトしている人たちは驚くほどまともに振る舞う場合がある。これは強調すべきポイントだ。というのも、いちばんよくある誤解がブラックアウトを気絶する、飲みすぎて酔いつぶれるのと混同していることだ。でも、ブラックアウトしているとき、その人は押し黙っているわけでも動かないわけでもない。話したり笑ったり、面白い体験談を披露してバーにいる人たちを魅了することもできる。カラオケのステージで「リトル・レッド・コルベット」を腹のそこから熱唱したりもできる。名前さえ聞いていない男を、物ほしげになでまわしたりもできる。翌日、脳にこうした行為の痕跡は見つからない。まるでそんな出来事はなかったかのように。ブラックアウトでなくなった記憶は、どうあがいたって戻ってこない。理屈は簡単。記録されなかった情報は、修復不可能ってわけ。

とはいえ、ブラックアウトのなかには深刻なものもある。軽度で、より一般的なのは、断片的なブラックアウトだ。「ブラウンアウト」と言ってもいいそれは、脳のなかで光が点いたり消えたりしているような状態。たぶん自分で酒を注文したのは確かだけれど、バーにいくまでのことは覚えていない。たぶんあの男とキスしたのは確かだけれど、どっちが先に誘ったかは覚えていない。

それから、**まるごと**ブラックアウトというのもあって、これはなにも思い出せない。**まるごと**ブラックアウトはわたしの得意分野だった。電気が消え、ときには何時間も真っ暗なまま。そんなブラックアウトのときも、わたしはたいてい翌朝、なにごともなく目が覚めた。唯一の例外がパリでの夜、ホテルのあの部屋で、電気ショックを受けたみたいに生き返ったときだ。あんなことが起こり得るなんて思いもせず、それも長いこと忘れられない夜になった理由の一つだった。

ブラックアウトの基本的な仕組みは理解されるようになったけれど、微妙な違いや複雑さはまだよくわかっていない。人間の頭脳より、広大で不可知な領域があるだろうか。親を認知症で亡くした人や、脳を損傷した配偶者を介護した人に聞いてみるといい。わたしたちがなにを、どのように、なぜ記憶しているか。これは研究室で白衣を着ている人に聞くべき難問で、「ドス・エキス」を浴びるように飲んでは、ワカモレに生のホットドッグをディップして頬張っていた女に聞くことじゃない。

研究室の白衣を着ているひとり、アーロン・ホワイトはブラックアウト研究の第一人者だ。国立アルコール乱用・依存症研究所（NIAAA）で大学生の飲酒を調査するプログラムの責任者で、ブラックアウトへの困惑は彼のおかげでいくらか解消された。わたしはずっと、自分のブラックアウトは特定の種類の酒が原因だと思っていた。（特にブラウンリカー［茶色の蒸留酒］。）ホワイトによると、ブラウンリカーもクリアリカー［無色の蒸留酒］も、ブラックアウトを引き起こすのに大差はない。飲む酒の種類ではなく、血液中のアルコール量と、それがあるレベルにどれだけ短時間で到達するかが問題なのだ。断片的なブラックアウトは血中アルコール濃度０・20くらいからはじまり、**まるごと**ブラックアウトはアルコール濃度０・30くらいからはじまる。

わたしたちにとって、ブラックアウトはアルコールの危険性を無視した飲酒カルチャーであり、なんの警戒心も抱いていないことをホワイトは十分認識している。「ガソリンスタンドでドラッグを売っていて、それが脳の特定領域を停止し記憶を欠落させるとしたら、誰も手を出さないでしょう」。ホワイトは言う。

ケイティ・ペリーは、２０１１年にブラックアウトの曲をヒットさせた。「記憶が飛んでよくわかんない」「たぶん最高だったはず」。そう歌っていた。でも、ホワイトの意見はそれほど楽観的じゃない。臨床的な視点から見て、ブラックアウトは初期のアルツハイマー病に近いと説明する。

ブラックアウトの知識を得るにつれ、どうしてこれまでほとんど報じられなかったのか不思議に思った。流行のドラッグについて分析した記事なら、雑誌で読んだことがある。エクスタシー、メタンフェタミン、ヘロインがどのように脳をハイジャックするか。10代の子どもたちが濫用しているらしい、防虫剤や入浴剤みたいな新手のドラッグについての煽り記事も読んだ。例のトーク番組のような、ルーフィーの怖い特集もテレビで見た。でも、ブラックアウトの特集記事はいまだに読んだことがないし、番組で見たこともない。ありふれた日常に潜んでいる脅威だ。

　ルーフィーについて、アーロン・ホワイトと話した。ルーフィーは作り話じゃないと彼は言うけれど、調査結果を見ると、実際の事故の発生率より懸念の方が上回っている。つまり、「ルーフィーを盛られた」と心配するほとんどの場合、まったくルーフィーは関与していない。いかに頻繁にブラックアウトしているか、みんな気づいていないだけだ。それに、アルコールは処方薬と厄介な相互作用を引き起こすことがある。ロヒプノールはベンゾジアゼピンの仲間で、不安や睡眠障害に処方されることが多い。市場に流通しているもっともよく知られた薬であるアチヴァン、ザナックス、ルネスタは、どれも酒といっしょに摂取すると記憶喪失症を引き起こす。

　わたしのセラピストは正しかった。誰もがブラックアウトしたことがあるわけじゃない。ほとんどの人は人生で一度も経験しないだろう。でも、酒飲みたちにとってブラックアウトはめずらしくない。それどころか、よくあることだ。《米国大学保健ジャーナル》に掲載された2002年の研究によると、デューク大学の学生で飲酒する者のうち、半分以上がブラックアウトを経験していた。

　自分では気づいていなかったけれど、わたしは特にリスクが高かった。ブラックアウトする酒飲みには、いつまでも飲み続けられる人が多い。3杯目のコスモポリタンを飲んでトイレの個室に閉じこもったり、2杯目のマルガリータのあといびきをかきはじめる人なら、マシンが機能停止するほど血中のアルコールは増えない。わたしはこれでもかとあおる自分の飲みっぷりを、たいそう誇りに思っていた。飲むペースがはやかったし、大量に飲んだ。ビールをがぶ飲みするアニー・オークレイ〔19世紀の女性の射撃名手〕みたいに、空き瓶をゴミ箱に放り投げ、不敵な笑みを浮かべながら次の瓶のふたを開けた。**坊やたち、わたしがもう1本いくの見たい？**

それに、わたしの身長は157センチだ。天井の換気扇のひもを引っ張るのに脚立がいる。なのに、身長190センチの恋人と同じくらい飲めた。それから、夕食を抜いたりカロリーを控えたりする天才的なルールを作った。クローゼットの奥で古代文明の遺物のようにずっと眠っているサイズ4のドレスを、どうすればまた着られるかずっと考えていた。

見よ、ブラックアウトの危険因子を。飲み続けられる遺伝的体質、飲むのがはやい、食事を抜く。それから、もう一つ。女性だ。

ブラックアウトは長いあいだ、男性のものと思われていた。もちろん、飲酒問題は長いこと、男性のものと思われていた。ところが、現代の研究者たちは男性より女性の方がブラックアウトしやすいと考えている。女性の体内でのアルコール代謝は、男性と異なる。わたしたちの方が体が小さい。ホルモンのせいですぐに酔っ払うこともある。完全に生物学の話だ。結局、人間は自然のままの状態でいくつかのダブルスタンダードをはらんでいるというわけ。

男性と女性ではブラックアウトの経験談も異なる。アルコールで記憶ドライブから切断され、うなり声を上げる動物の姿に戻った酔っ払いはどうなるか。目を覚ますと顔に傷があり、身に覚えのないケンカで指の関節が血まみれになっていた話を、男性から数え切れないほど聞いたことがある。

女性の話はまた別の意味で恐ろしい。アーロン・ホワイトが言うには「ブラックアウトした男性がやることは外向き。ブラックアウトした女性がやることは内向きなんです」

酔っ払いについて昔こう聞いた。男は拘置所で目を覚まし、女は見知らぬ人のベッドで目を覚ます。誰でもそうだというわけじゃない。でも、わたしはそんな感じだった。

「レイプ・カルチャー」という言葉を耳にしたのは、2010年の春だった。わたしは35歳で、オンライン雑誌の編集者で、休む間もなく机に縛り付けられていた。

「正直言って、この言葉がどういう意味かわかりません」。いかにも疲れ切った編集者らしい、率直かつ若干いらついた口調で著者にメールした。彼女が牽引するフェミニストのブログ界では内輪の言葉が使われることがあり、わたしは文法を振りかざしながら、ライターの基本はまずわかりやすさでしょと忠告した。

「わたしも最初はこの言葉にいらっとしたんです」。彼女はそう返信し、「レイプ・カルチャー101」という記事のリンクを送ってきた。そこには、暴力的なセックスを美化する映画から、レイプ被害者の女性の行動を非難するものまで、男性による性暴力が女性の安全より優遇されてきたさまざまな事例のリストがあった。

自分がフェミニストたちの対話についていけてないと気づいた瞬間だった。わたしがフェミニストと自称するようになったのはつい最近だ。いっしょに仕事をしているライターたちから、この言葉にまつわる固定観念や論争を振り返り、男女は機会も待遇も平等であるべきという、核となる信念についてよく考えてほしいと促された。高校時代、わたしは公民権運動に強い興味をもっていた。マーティン・ルーサー・キングの言葉でノートを飾った。でも、自分のジェンダーのために闘おうとは考えてもみなかった。魚は水槽のなかにいても気づかない。他人の貧乏くじに目をやる方が、自分の置かれた立場を知るより簡単、ということなのかもしれない。

とにかく「レイプ・カルチャー」は意識の範囲内になかった。わたしは女性が運営する雑誌の編集者で、仕事相手のライターのほぼ全員が女性で、彼女たちは女性の話題について膨大な数の記事を書いていた。それなのに、わたしたちみんなが「レイプ・カルチャー」という言葉に萎縮していたとはどういうことか。この言葉はそのうち、高尚なあいまい表現が集まる静まりかえった広間で力尽き果てるのだろうと思った。ところが、それは猛烈な勢いで広がった。

その後数年かけて、「レイプ・カルチャー」は知性あふれる若い女性たちがインターネットで声を上げる、重要なトピックの一つになった。ネットのこの界隈はわたしの行きつけだったので、書き込む指にも熱がこもった。この頃、わたしのもとに届いたパーソナルエッセイの売り込みをざっと見るとこうだ。わたしをレイプした犯人との対面。通報しなかったレイプ被害のこと。わたしの大学の学生が、次々とレイプ体験について告白するのはなぜか？

２０１１年に「スラットウォーク」を取材した報道番組を見た。ろうそくを灯し、徹夜で抗議活動した「テイク・バック・ザ・ナイト」をより過激にした「スラットウォーク」は、かつての厳粛な雰囲気にかわり、荒れ狂う怒りとパンク精神が渦巻いていた。破れた網タイツとFワードの嵐。きっかけはトロントの警察官が、レイプされたくなければ女性は「ヤリマンみたいな服を着るな」と発言したからだ。反応は強烈だった。「**どんな服を着ようと、わたしたちの勝手でしょ**」

彼女たちのゆるぎなさに感動した。つまり「スラットウォーク」に。なんて単刀直入なんだろう。主催者が、ソーシャルメディアや検索サイトを駆使して積極的に調べ、そこから教訓を得ていたのは間違いない。参加者は、わたしが好きなタイプの女性たちだった。強い女性、反抗的な女性。でも、彼女らを見ていると、嫉妬と疎外感の入り交じった落ち着かない気持ちにもなった。自分の大学時代の威勢のいい声が懐かしかったのかもしれない。もしくは、自分より年下の若者たちを見て、どうしてそんなに恐れ知らずなのか戸惑ってしまう、あらゆる世代にかけられた呪いなのかもしれない。

「レイプ・カルチャー」を学ぶにつれ、その意味が焦点を結ぶようになった。「レイプ・カルチャー」とは固定された思考回路。女性は男性を満足させるために存在し、世の中ではなぜか男性の欲望が女性の安心感より優先されるという考えが前提にあった。意識するとそれはそこらじゅうにあった。JMZ系統が走るマーシー・アベニュー駅で、建設作業員たちにパイズリしてくれとからかわれた。地下鉄に乗っていた男に携帯で胸の谷間を隠し撮りされ、吐き気がこみ上げた。**これが「レイプ・カルチャー」。これが「レイプ・カルチャー」**。

この世に氾濫するこんなふざけたあつかいを我慢すべきじゃないと、若い世代の子たちはわかっていたようだ。わたしはそこまでの確信をもったことがなかった。自分が少し浅はかで、少し非があるような気がした。あまりにも長いあいだ、社会に張りめぐらされる有刺鉄線をそういうものと受け入れ、結果、彼女たちが中指を立てながら踏み込んでいくのをただ傍観することになった。

2014年頃には、「レイプ・カルチャー」という言葉は《タイム》誌が取り上げるほど浸透した。タイムは、キャンパス内で起こった性的暴行事件の特集を組み、「レイプ」の文字が刺繍された運動部の旗が表紙を飾った。一方で、ほかのメディアは女性とアルコールという、違った切り口のストーリーを展開した。CNNは「なぜ酒を飲む女性が増えているのか」。USAトゥデイは「大量飲酒は若い女性にとって深刻な問題」

この二つを結びつけておおやけに論じるのは、地雷だらけの野原に堂々と足を踏み入れるようなものだった。コラムニストはどこかしらの媒体で定期的に、女性は性的暴行されたくなかったら飲む量を控えるべきと説いた。女性がそこまで大量に飲まなければ、危険にさらされることもないだろうと主張した。そうして彼らが公開討論という名の闘技場に現れるや、内臓を食いちぎられた。反応は強烈だった。「**どれだけ飲もうが、わたしたちの勝手でしょ**」

彼女たちの反発は理解できた。女性はあきれるほど長きにわたり、行儀よくしているよう求められてきた。男性を喜ばせるため、保護するため、見守るために自分の言動を変えることにうんざりしていた。男性はこれまでずっと、立ち小便しながら自分の名前をマーキングしてきたのに。これからのスローガンは「どう振る舞うべきか指図するな。男たちにレイプするなと教えろ」。社会全体の話し合いを通じて、修正されるべき認識が明らかになった。レイプされて責められるべきは女性じゃない。女性がどんな服を着ようと、どう振る舞おうと、「レイプして」と頼んでいるわけじゃない。

それに、女性がどれだけ飲もうがわたしたちの**自由**だ。わたしはその心意気で飲んだし、他人のウイスキーサワーを取り上げるなんて野暮なことはしない。でも、塹壕に囲まれた戦場からの猛々しい一斉射撃を読んでいると、孤独を感じた。わたしの人生はたいてい、同意したか否かが酒のせいでとてもあやふやだった。こぼれたインクのようで、はっきり引かれた直線とはほど遠いものだった。

同意について意見する女性たちが、このグレーゾーンを認めたくないのはわかる。相手が守備範囲を広げるため飛びついてくるのが、グレーゾーンだからだ。でも、わたしはこの問題を、インターネットで炎上するのを避けながら、密かに話し合いたいと思っていた。ポリティカルな視点で見た正しさと、ラストオーダーまで飲み続ける現実の人生の複雑さを、両立させることがどれほど難しいか、正直に話し合いたかった。

社会を改革するとき、なんとなくなんていうあいまいさは許されないけれど、セックスするときはそれが必要になる。わたしにとって、セックスは込み入った取引だった。追いかけっこであり、狩りだった。かくれんぼであり、衝突であり、降伏であり、ひと晩じゅう頭のなかで振り子がゆれることもあった。アリ、やっぱりナシ。いっちゃえ、やっぱり無理。

そんな声をかき消し、性的に解放された女性みたく虚勢を張りたくて飲んだ。心の葛藤に縛られず、男友だちが楽しんでいるみたいに自由を満喫したかった。だから、どうでもよくなる状態まで飲み、でも目覚めるとそのことしか考えられなかった。金曜の夜に繰り返してきたたくさんのイエスは、土曜の朝になるとノーになっていた。同意に関するせめぎ合いがつねに、わたしのなかにあった。

怖いもの知らずになりたくて酒を飲んだ。でも、30代半ばになる頃には、四六時中びくついていた。ブラックアウト中に自分がなにをしゃべったのか、なにをしたのか。やめなくちゃと思うと不安だった。アルコールなしの生活が怖かった。酒はわたしにとっていちばん信頼できるツールだったから。

悩みを吹き飛ばすために、酒が必要だった。セックスへの戸惑いだけじゃない。わたしの自意識、孤独、自信のなさ、恐怖心。言い換えれば自分を人間たらしめるすべてを、飲んで忘れようとした。そして、それは間違った行為だとわかっていた。バーのスツールに居座るためなら、脳内で千ページのパワポのプレゼン資料を速攻で作ることができた。でも、明かりを消しひとりでベッドに静かに横たわるとき、気づいていた。自分の物語の一部が思い出せないなんて、なにかが根本的に間違っている。

この本は、矛盾した回顧録かもしれない。自分が思い出せない出来事について書いているのだから。でも、**ブラックアウトしたこと**はいやというほど覚えている。どれもわたしを打ちのめし、いまも脳裏にまとわりついて離れない。ブラックアウトするたびに、無力な人間になった自分の姿を突きつけられた。わたしにとって、思い出せない夜とは、決して忘れられない夜なのだ。

Ⅰ

飲酒の夜々（よよ）

1 ビール泥棒

わたしはテキサス州ダラスで育った。自分が望んだわけじゃない。愛読する小説や甘ったるいティーン雑誌だと、影響力をもつ人たちはカリフォルニアや東海岸の、ジェイ・ギャツビーとかジョン・ステイモスみたいなタイプが毎日楽しく暮らしていそうなキラキラした街にいた。スティーヴン・キングの小説に夢中になってから、わたしはメイン州に住む夢をふくらませた。メイン州では特別なことが起こる。そう思ってワクワクしていたけれど、**メイン州で特別なことが起こるのはスティーヴン・キングがそう仕向けているから**だと、よくわかっていなかった。

1970年、父はデュポン・ケミカルでエンジニアとして働いていた。でもその後、良心に従った結果、家族の運命は大きく変わった。環境保護の動きがはじまったばかりの頃で、父は未来のため正しい選択をしようと考えた。地球に毒素を垂れ流すのではなく、地球をきれいにしようと、アメリカ全土に支部を開き急拡大していた環境保護庁の仕事に就いた。1977年、わたしが3歳のときに、古風で趣あるフィラデルフィア郊外から、ダラスの未開の地に一家で引っ越した。そこはエジプトと言われれば信じるくらい、いままでとはかけ離れた街だった。

家族で元いた場所に残っていたら、わたしの人生はどれだけ違っただろうとよく考えた。緑が生い茂り、木もれ日の差す通りに囲まれたペンシルベニアのアパートから、コンクリートが熱を帯び、幹線道路が縫うようにめぐるダラスに移ったこと。この単純な環境の変化も、のちに味わう苦しみや疎外感に関係しているかもしれない。

両親は、ダラスのなかでも公立学校の制度がいちばん整った、活気ある地域に小さな家を借りた。この学区にはほかにもよく知られた特徴があったけれど、わたしたち家族がそれに気づいたのはしばらくしてからだった。6年生の子たちが肩から300ドルのルイ・ヴィトンのバッグをさげていたり、アスペンやヴェールにある別荘にスキー旅行にいったり、BMWやメルセデス・ベンツが学校の入り口に列をなしたり。一方で、うちは車体がところどころへこみ、天井の内張りをホッチキスとガムテープで留めたステーションワゴンに乗っていた。ぜいたくする余裕はなかった。

親とは、自分の過去の過ちを正そうとして、結局また新しいミスを犯してしまうものだ。父は、デトロイトの公営住宅で育った。母は、学業を諦めなかったらどんな実りがあったか想像していた。両親は、自分たちより豊かな選択肢を我が子にあたえたいと願った。だから、子どもがみんな大学に進学する地域、大都市の危険から徹底隔離された「バブル」と呼ばれる地域に引っ越した。

そこは、古き良きアメリカの典型みたいな風景だった。２階建ての赤レンガ住宅、通りの角でレモネードを売る子どもたち。兄とわたしは自転車で１・５キロ先のショッピングセンターにいき、ミミズの形をしたグミや手品のグッズを買った。ふたりとも通知表にはA評価がならび、危険とは無縁の毎日だった。実のところ、わたしが知る唯一の泥棒は自分だった。

わたしはこそ泥だった。中学生のとき、スーパーマーケットの「ウールワース」で口紅とコンパクトをポケットにこっそり入れ、笑顔で店員の前を通り過ぎた。子どもはみな度胸試しをするものだけれど、わたしの場合はなにかが違った。なんでもそろった環境にいながら、あたえられたものだけではまだ足りないという意識がぬぐえなかった。だから、他人のクローゼットから服を「借り」た。コロムビア・レコード＆テープ・クラブ［郵便による注文で、音楽のレコードやテープを安価で購入できたサービス］でメンバー登録するたび、名前のスペルを変えたりして詐欺を繰り返した。でも、覚えている初めての盗みはビールだった。

冷蔵庫にある半分空いたパール・ライトの缶を、隠れて味見するようになったのは７歳のとき。コットンのネグリジェ姿でこそこそ台所にいき、誰も見ていないのを確かめてたっぷり二口飲み、リビングでくるくる回りながら、忍び笑いをしたり家具にぶつかったりした。わたしだけの遊園地だった。

しばらくして、同世代の女の子たちから自分の体に目覚めた話を聞くようになった。太もものあいだにシャワーヘッドをあてる。明かりを消して、枕にこすりつける。「やらないの？」

みんなが驚きながらわたしに聞いた。少しバカにした気持ちもあったんだろう。

わたしは別のものに快感を求めた。台所の流しの下にあった、料理用のシェリー酒のボトル。長いこと放置してネジぶたが固まった「コアントロー」のボトル。でも、ビールに勝るものはなかった。シュ―ッという発泡。のどにくる左フック。パーンという衝撃。

高校時代、女の子たちはビールなんてマズくて苦くて、どうやっても飲めたもんじゃないと毒づいた。まるでチョコレートや夏休みの文句を聞いているみたいで困惑した。ビールの味は、わたしのＤＮＡに埋め込まれていた。

ダラスへ引っ越したことで家族みんなが苦労したけれど、いちばん大変だったのは母かもしれない。最初の1週間は、呆然としていた。かつてヨーロッパを一人旅し、高校のときはクラス投票で「いちばん楽観的」のお墨付きを得た人だ。なのに、新生活がはじまってから数日間、母はソファーに座ったまま、倉庫からランプシェードを運び入れることさえできなかった。

想像を超えた変化に圧倒されていた。騒々しくて結束の固いアイルランド系の親族からこんなに遠く離れたことはなく、少し距離を置きたいとは思っても、ここまでは予想していなかったんだろう。それに、母は巷（ちまた）でよく言われるダラスっぽいタイプとは違った。母は化粧をしなかった。ジェーン・オースティンの小説の登場人物に憧れて、ハイウエストのウェディングドレスを自分で縫った。そうして33歳になり、2人の子どもを抱え、尻を振るチアリーダーとメアリー・ケイ・コスメティックスのお膝元で途方に暮れていた。

その頃のわたしは幸せだった。少なくとも聞いた話では。リビングで曲に合わせて体をゆらした。知らない人に手を振った。寝る時間になると、母がそばに身をかがめて言った。「どの女の子でも、好きな赤ちゃんを選んでいいと言われたの。それであなたに決めたのよ」。昼間はお団子にまとめていた母の艶(あで)やかな栗色の髪が、ゆるく垂れ下がり馬の尻尾みたいにゆれた。いまでも、指のあいだをひんやりとすべるその髪の感触が残っている。わたしの顔にかかるカーテン。

許されるかぎり母にくっついていた。幼稚園の初日、母のスカートをにぎりしめてすすり泣いたけれど、どれだけねだったところで決まったことは変えられない。楽園の日々は終わり。指を粘土だらけにした、うるさくて見たこともない生き物たちのテーブルに放り込まれた。

幼稚園の初日は、つらい変化のはじまりでもあった。母乳が飲める最後の日だった。そう、わたしは「標準的」な年齢をとうに過ぎても、おっぱいにしがみつくタイプの子で、成長するにつれそのことで大いに恥をかいた。もぞもぞ動く虫を振りかざすように、いとこたちからこの話を聞かされ、自分の記憶からまるごと消してしまいたいと思った。(ブラックアウトでなくなることを少し期待したけれど、叶わなかった。)

母によると、もっと前に離乳しようとしたらしいけれど、わたしはかんしゃくを起こし、不満を爆発させてほかの子たちに飛びかかった。そして、行儀良くおねだりした。**ママ、あと一回だけ。もう一回だけ。**そういうわけで、母は地球上でいちばん安全な場所にわたしをまたよじ登らせ、気にも留めなかった。子どもはそれぞれのスピードで成長すると母は信じていたし、わたしのような子はただ単にボーナスタイムが必要だった。母は、自分の母親より大らかであろうとした。子どもたちの要求を直感でわかるような母親になろうとしていたけれど、わたしは母の心の叫びに気づいていたか、いまも考えずにはいられない。

この頃が両親の結婚生活でいちばん過酷な時期だった。なにごとも母の望むようには進まなかった。夫も、母自身の人生も。それでも、母とわたしのへその緒で結ばれたような関係は続いた。おむつはお姉さんパンツになり、成長過程の心に長期にわたり記憶が刻まれるようになった。こんなふうにわたしをしがみつかせたのは、母の間違いだったのでは？　世の中が自分の都合に合わせてくれるなんていう、非現実的な期待を植えつけたのでは？　これって愛情じゃなく、共依存の例なのでは？　延々続いた母乳育児がわたしの飲酒に関係あるとしても、それがどんな影響をあたえたのかはわからない。でも、安全な小さな繭（まゆ）のなかで母がくれたなにかを、長いこと探し求めていたのは確かだ。

わたしが1年生のときに母はふたたび学生となり、その後はほとんど姿の見えない存在になった。背景のように消え、部屋から酸素がゆっくり抜けていった。そのうちある日、周囲を見回すと、わたしのいちばん近くにいたはずの話し相手は、夜や週末に登場するだけの脇役になっていた。

母はセラピストになった。傷ついた心を受け止める専門職だ。母は子どもたちとかかわる仕事が好きだった。虐待された子どもや、育児放棄された子どもたちと接するうちに、皮肉にも自分の子どもから遠ざかることになった。茶色の長い髪を切り、80年代のつまらないヘアスタイルにした。切り落としたポニーテールを寝室のクローゼットの棚にある帽子の箱にしまい、わたしはそれをときどき取り出しては昔のように指でなでた。


7歳で初めてビールを盗んだけれど、初めて味見したのは6歳のときだった。夜は父が兄とわたしの面倒を見ていた。父はリビングの柔らかい椅子に腰掛け、テレビで天気や訃報のニュースを見ながらほとんどの時間を過ごした。ふと見るとたいてい目を閉じていたのに寝てないと言い張り、わたしは父がかかわりにいた場所、この世界より快適な代替現実はどんなところなのか想像した。

父は毎晩、ビールを1本ちびちび飲んだ。ときどき2本。父がグラスに注ぎ入れ、わたしはそばを通りながら空中でダンスするホップのにおいを嗅いだ。わずかな香りが、神経の末端をビールのようにパチパチ刺激した。たき火のような恍惚、ガソリンのような有無を言わせぬ誘惑。

父にすりよった。**ひと口飲んでみていい？**

ひと口だけだぞ。わたしはグラスに鼻をつけた。顔に星くずが広がるのを感じた。

いまでも親が子どもにビールを味見させているか知らないけれど、その頃はめずらしいことじゃなかった。子どもはその苦みを知って近よらなくなるはずなのに、あのひと口がわたしの内側に火をつけ、何十年も燃え続けた。

両親は当時それほど大酒飲みではなかったとはいえ、うちには酒飲みの血が流れていた。母方のアイルランド系の血筋は言わずもがな。父は内気で酒好き（この二つは無関係じゃない）なお国柄で知られるフィンランド系だ。アイルランドとフィンランド双方の血を継ぐとはつまり、飲むために生まれてきたということ。とりあえず歌って、まわりがどう思ったかはあとで心配すればいい。

父はわたしのように自意識過剰な人だった。自分の耳が変に突き出ていると思い込んでいたし、腕やすねの白斑が漂白剤をこぼしたみたいだと人目を気にしていた。笑顔がすてきな男前だったけれど、誰からも視線を向けられたくないようだった。いつもベージュの服を着ていた。

父が働く環境保護庁のオフィスは、ドラマ「ダラス」のＪ・Ｒ・ユーイングが詐欺で懐（ふところ）を肥やしていたような、中心部の華やかな超高層ビル内にあった。でも、父とユーイングの性格はまるで正反対だった。父は勤勉な公務員で、「ステーキ・アンド・エール」で会計するとき記入もれがないか伝票を確認した。毎週土曜日にわたしを連れて映画館に行き、見たい作品を選ばせてくれた（二番目の子にとっては忘れられないぜいたく）けれど、上映の時刻に間に合うかやたら心配して、たいてい前の映画が終わるより早く到着した。ロビーで20分ほど時間をつぶし、絨毯敷きの階段に無言のままいっしょに腰掛けていた。

子ども時代、父はいつもそばにいてくれたと同時に、そこにいなかった。父にはフィンランド人、そしてエンジニアに共通する内向性があった。目を合わせることが苦手だった。もしいま、父が子どもだったら、精神科医はどう診断するだろう。父は少年時代に反復行動をしたり、自分を落ち着かせるため体を前後にゆする癖があった。20代のときは、強迫性のまばたきのチック症があった。中年になると、ダラスの宝くじの当選番号をすべて、ノートに精密な幾何学的ブロック文字でリストにし保管していた。規則性のないことを記録する無意味な試みだった。

こうしたことはきっと、わたしよりつらい子ども時代を乗り越えるための手段だったんだろう。父が15歳のとき、父親が心の病（やまい）か酒、またはその両方で神経が衰弱し精神病院に入院した。父の過去のほとんどは父自身と同じくらい、わたしにとって謎だった。シットコムに出てくるような、子どもの髪をくしゃくしゃにして鼻が鳴るまでくすぐる、声の大きい冗談好きな父親タイプじゃないことだけは確かだった。父のコミュニケーションは独特だった。「パパ、愛してる」と言うと、ときどきわたしの頭をなで「うん、ありがとう」と返した。わたしにとっての父親像は、とても誠実で頼れる、ガラスの向こう側にいる人だった。

母は情熱にあふれ、会話を大切にする人だった。考えてみると、このふたりが出会ったことに驚きを隠せないけれど、父と母が付き合っていた頃の話はわたしを幸せな気持ちにしてくれた。父は婚約指輪のかわりに、母のドイツ留学の費用を出した。愛情のこもった矛盾した行為であり、わたしの世の中にたいする視野を広げてくれた。でも夜になると、ふたりのケンカが寝室のドアの下から、煙のように渦を巻いて狭い家のなかにもれ出た。母は優しい反面、アイルランド人らしい炎を内側に忍ばせていた。不満にせき立てられるような声が、毎晩聞こえた。首の横にある血管を、紐（ひも）のように浮き立たせるいつもの口調。**ジョン、なんでちゃんとできないの？　なんでやろうとしないの？**

しばらくのあいだ、この戦場で兄とわたしは同盟を組んだ仲間だった。ジョシュはわたしのヒーローだった。どんなにすさんだときでも楽しいことを見つけられる、空元気が得意な少年だった。毛布を威厳あるマントのように、籐（とう）椅子を銀河のはるか彼方（かなた）の宇宙船のように変えてみせた。兄はわたしの4歳半上で、早熟な知能でルービックキューブみたいに世の中の仕組みを攻略しようとしていた。もちろん、兄は実際のルービックキューブも攻略した。わたしは歯が立たなくてズルをした。

ジョシュも入学当初はつらい時期を過ごしていたのを、わたしは知らなかった。兄は、いまだに南北戦争をしている子どもたちの世界に、突然放り込まれた北軍の少年だった。妹を感心させる頭の良さは、根性が問われるテキサスのアメリカンフットボールの競技場ではなんの役にも立たなかった。中学に入る頃には、わたしたちふたりのものだったはずの冒険は、兄だけの一人旅に変わった。ラジオのコンテストで勝ち取ったごついパソコンに没頭したり、しわくちゃになったJ・R・R・トールキンの本を、ページの隅を折りながら夢中で読んでいた。兄を追って未知の少年の世界に行きたかったけれど、目の前で扉を閉められた。**出ていけ。あっちいけ。**

わたしにも自分の部屋があった。ピンクの壁に赤いカーペット、爆発したストロベリーショートケーキ。ひとりだけのこの空間では誰にも批判されず、どんな演目もわたしが主役だった。空想の世界にはわたしみたいな女の子がたくさんいて、自分の才能を見つけ出そうとしていた。あるときは『グリース』のラストシーンのサンディになり、ホットパンツでさっそうと歩きながら、男たち全員の心をときめかせた。勇気あふれる孤児のアニーになり、助けてくれた大富豪に恩返しした。『フェーム』のココになり、送風機のように足を大きく回しながらカフェテリアを歩いた。

名声（フェーム）。まさにそれこそ、わたしがなによりほしいものだった。有名なら自分を傷つけるものはない。有名ならみんなから愛される。5年生のとき、部屋の壁にアイドルのポスターを貼るようになった。襟（えり）を立てた優しそうな王子様。セレブリティと名声、現実逃避できるこの二つが奏でる音色に夢中になった。

でも、それより身近にあったのがビールだった。


我が家では「パール・ライト」の12缶セットが、クリーム色のケンモア製冷蔵庫の右側の床に置いてあった。厚紙の包装のなかに手を伸ばすと、温かい蝋の桶に両手を入れるような、やましい興奮を感じた。指先に、炭酸がはじけるような快感がつたわった。

母はよく、ひと晩かけて半分飲んだビール缶を冷蔵庫に入れておいた。ふたをしたゴム栓は、口にくわえるライムのくし切りみたいだった。

1981年のことで、炭酸飲料の気が抜けないよう、わたしたち家族はつねに新しい策を練っていた。プラスチックの大きな炭酸水ボトルは、ふたを閉める前にボトルをつぶせば炭酸をキープできると母の姉から教わった。おかげでうちの炭酸ボトルは、飛行機に乗っているみたいに真ん中がへこみ、両側がでこぼこしていた。ゴム栓も、冷蔵庫でビールを長持ちさせる手段の一つだったけれど、効いた試しはなかった。どっちみち炭酸はいつも抜けていた。翌日に缶の残りを飲むと、気が抜けてべとべとしていた。結局、ライムのくし切り型の栓は、妙なアイデアグッズや切れた充電器といった、利便性を追求する実験に失敗したものたちといっしょに、台所の引き出しに入れっぱなしになった。

でも、わたしが母のビールをこっそり飲みはじめた頃は、まだライム型ゴム栓の効果を信じていた。それを引き抜いて数口、すぐにバレるほどではないにしろ、体の内側がふわっと緩むぐらいの量をごくごく飲んだ。そして、置いてあった同じ場所にその缶を戻した。扉側のラズベリージャムのとなり。棚のいちばん上のカンタロープのとなり、ロゴを後ろ側に向けて。

毎日やっていたわけじゃない。毎月でもなかった。特別なときだけのお楽しみだった。とっておきのぜいたく。とはいえ、これを何年も続けた。12缶セットはやがて「サムズクラブ」のお得な18缶セットになり、コットンのネグリジェはストライプのパジャマパンツとデュラン・デュランのTシャツになった。

わたしにとって、ビールはいつまでもたわむれていたい波のようなもので、ときには行きすぎてしまうこともあった。数口余計にがぶ飲みしてしまい、気づいたら缶がほとんど空になっていた。ここまでくると引き返して缶に詰めないかぎり、母のパール・ライトを冷蔵庫に戻せなかった。

そこで、まず缶を飲み干した。次に新しい缶を開け、もともと残っていた量まで飲んだ。すると、頭に虹が架かったようにぼんやりした。空いた缶は自分の部屋にもち帰り、隅にある折りたたみ椅子の後ろに押し込んで、頃合いをみて路地に出てよその家のゴミ箱に捨てた。

一度も見つからなかったなんて不思議だ。母はときどき、ビールが残しておいた量より少ないと気づいたけれど、記憶の片隅にメモして忘れ去った。それに、父は兄に注意を向けていた。兄は名実ともに品行方正なボーイスカウトだったのに。詐欺師はあらぬ方向に気をとられている人を狙うものだけれど、わたしには性差の偏見がとくに役に立った。小さい女の子がビールを盗み飲みしているなんて、誰も考えなかった。

　4年生の頃、うちは近所と同じレベルじゃないのかもしれないと思いはじめた。ある日の午後、車で送ってくれた友だちの父親に聞かれた。「きみのお父さんはあの家を**借りてるの？**」

「そうだと思う」。わたしは答えた。

「なるほどねぇ」。その口ぶりは、納得したというより見下しているようだった。

　金属を舐めたときのように、本能で違和感を察知する瞬間がある。これをきっかけに、わたしは嘘をつきはじめた。小さな嘘、誰にもバレない嘘。**うん、アスペンならいったことあるよ。違う、あれはうちの車じゃない。そうなの、ニューヨークのパフォーミングアーツの学校に合格したの。**父がどこで働いているか聞かれたときは、職業ではなくビルの名前を答えた。「お父さん、銀行員なの？」「そうだと思う」。銀行員は地位の高い仕事だった。銀行員はお金を意味していた。

我が家は近所を貫く大通り沿いにあり、一日中ひっきりなしに車が通るので、仕方なくいつもブラインドを下ろしていた。わたしは裏口から家に出入りするようになった。他人に姿を見られたくなかったし、小さな借家がうちだと知られたくなかった。

母もわたしにとって恥ずかしい存在になった。クラシック音楽ばかり聴き、外でも口ずさんで人目を引いた。なんでも細かく聞いてきて、まるで医師の問診だった。「サラ、あのことどう思ってるの？　もっと話して」。スーパーで赤ちゃん連れの母親とすれ違おうものなら大変だ。これまでのエピソードをあれこれ聞き出さずにはいられなかった。なんてかわいいの、なんて特別な子なの、とかなんとか。母は、メッシュの髪にごつい金のネックレスをつけた、あの元気いっぱいなPTAの母親たちみたく着飾ることもなかった。容姿が悪いわけじゃなかったし、少しでもアイシャドーをつけたらぐっと美人になったはずなのに。

兄でさえ、わたしの不満の一因だった。「きみ、ジョシュの妹？」先生たちは授業の初日、うれしそうに眉を下げながら聞いてきた。でも、どれだけわたしがいい点をとっても、兄の方が点数が高かった。頑張っても無駄。この競争はいつも負けが決まっていた。

胸を張れるものがなにもないこの人生から逃れる、突飛なアイデアを思いついた。わたしはもっとあたえられるべき存在のはず。「Ｊ・Ｃ・ペニー」のカスタマーサービスで、母がなにかの処理を終えるのを待つあいだ、店内に入ってくるかっこいいスカートスーツの女性たちを見ながら、次の人こそ新しい運命をさずけてくれる魔法使いの妖精でありますようにと祈った。

わたしの瞳にスターの印を見つけてと祈りながら、通り過ぎる女性に視線を合わせた。**まぁ、あなたなのね。ついに見つけたわ。**子どもなら誰だってこんな想像をするでしょ？　それとも、みじめな子だけ？

母との関係にとても傷ついた。母は決してわたしを見捨てたりはしなかったけれど、子どもらしい極端な受け止め方でわたしは見捨てられたと感じた。バービーのドリームハウスを買ってくれなかったのを、地獄行きの罪と恨んだように。世の中には暗黙の了解がある。**お母さんもひとりの時間が必要なの。**忙しい平日のあいだ、わたしは慎重に振る舞った。間違ったタイミングで母の肩をたたくと怒りのスイッチが入るかもしれない。母はピアノの前で過ごす時間がどんどん増えた。少女の頃から弾きたくてたまらなかったのに、母親から許してもらえず、いまになってわたしがその代償を払うハメになった。うるさいその楽器を、近所の池にでも投げ捨ててしまいたかった。母がそばにいるのもいやだったし、距離を置かれるのもいやだった。でも週末になると、母のキングサイズのベッドで体を丸め、本を読んでもらい、ふたりの体が連結したパズルのピースみたいになるまでぴったりくっついた。

母はわたしを自分のような文学少女にしようと必死だったけれど、なぜかわたしはかたくなに抵抗した。『若草物語』にはぴんとこなかった。ジュディ・ブルームや『アウトサイダーズ』、問題児が主人公の物語に魅力を感じた。それでも、想像の世界に心から夢中になったことはなかった。スティーヴン・キングに出会うまでは。

キングの小説が子ども向けじゃないのは常識だった。でも、子どもでいることにうんざりしていたわたしには、そこが完璧だった。年上のいとこたちが教えてくれたキングの小説は、きしむ扉をそっと開けて入る立ち入り禁止の地下室のようだった。なにがあろうと、**絶対に中に入るな。**だから、そっと忍び足で進み、心臓がドラムのように鳴った。顔の間近にあの息づかいを感じてから、それ以上にわたしの興味を引くものはなかった。国語の授業でつかう堅苦しい小説なんかつまんない。ほかの子たちが趣味で読んでいる本の猛獣も魔女もコスチュームもときめかない。言葉を話す森の生き物とか、魔法の絨毯に乗る話なんかに用はなかった。

だって、パール・ライトのゴム栓を抜き金色の液体をのどに流し込めば、魔法の絨毯は現れたから。リビングのカーペットが宙に浮き、世界が上下逆さまになり、わたしは笑いが止まらなくなった。そもそもなんで笑ってたんだっけ？　なにがそんなに面白かったんだっけ？　でも確かにここには入ってはいけない、誰も知らない部屋ならではの高揚がある。みんなが姿を消し、自分だけが残っているときの特別感。

伯母のバーバラの提案で、ジョシュとわたしは夏になるとカラマズー［ミシガン州ロウアー半島南西部にある都市］で伯母一家と過ごした。わたしが8歳のとき、母が学校の課題を片付けるあいだ、子どもたちを引き取ると伯母が買ってでた。「苦しんでるなら助けてあげる」という姉らしい寛大さと、「どうすればいいかよく見てなさい」という優越感の両方があったんだと思う。

伯母と伯父のジョーは、大きな坂道の行き止まりにある静かなところに住んでいた。家にはウォーターベッドがあった。木製のクランクを入れるともち上がるフットレストが付いた、大きなふかふかのソファーがあった。特大のテレビは、コンソール付きだった。「1982」と書かれたタイムカプセルのなかに、足を踏み入れたような家だった。

母からは、テレビを見る時間や砂糖の摂取量を厳しく制限されていた。シリアルの陳列棚の前で言い争うのは、議会で法案を通そうとするのに似ていた。一方、伯母はそんなのはヒッピーのたわごとだと鼻で笑った。伯母の家では、「キャプテンクランチ」や「リトルデビー」といったお菓子をしょっちゅう食べた。わたしは昼までネグリジェ姿で、ゲーム番組や連続ドラマを見ながらだらだら過ごした。夜は特大テレビのまわりに集まり、ゴールデンタイムのドラマやR指定の映画を見た。

ジョシュとわたしには、いとこが3人いた。ジョーイ、キンバリー、スコッティを入れたグループのなかで、わたしがいちばん年下だった。仲間内で最年少だと、いいことも悪いこともあった。肩の上にかつがれ未知の冒険に繰り出せると同時に、誰かのおならを自分のせいにされるような感じだった。自分たちでオリジナルの『スター・ウォーズ』を撮影し、監督兼プロデューサーの兄は、どうしてもレイア姫をやりたかったわたしにR2-D2役を命じた。セリフを覚える機会さえあたえられなかった。ピーとかヒューーといった雑音をときどき言うだけだった。

レイア姫の役は、前髪がさらさらのかわいくて生意気なキンバリーに決まったのに、彼女がセットに姿を見せず、製作は失敗に終わった。彼女はわたしみたいに従順じゃなかった。自分は世界のてっぺんにいると思い込む男の子たちを、あきれながらバカにしていた。キンバリーはジョシュと同い歳だったのに、わたしといっしょに遊びたがったのは、妹と弟子を同時にもった気分になれたからだろう。クロスローズ・モールに連れていってくれたり、セックスについていろいろ教えてくれた。母の「ふたりの人間が恋に落ちるとね……」からはじまる講義では絶対に出てこない内容だった。

キンバリーはわたしをもっと図太くしようとした。軟弱ですぐにすすり泣くわたしを、まるで自分の使命とばかりに鍛えようとした。わたしたちがよくやったのはこんなゲームだ。「これから庭に植物を植えるんだぁ」。彼女はそう言いながら、わたしの腕の内側の柔らかい皮膚に指をそわせた。最初はただくすぐるように、それから徐々に爪に力を入れ強くこすった。「これから庭を熊手で掃除するんだぁ」。そう言いながら、爪を突き立て引っ搔いてピンク色の痕（あと）を作った。「これから庭に種をまくんだぁ」。そう言いながら、親指と人差し指でつねった。男同士の取っ組み合いを女性に置き換えたような、なんともいびつなゲーム。女の子は攻撃的な気持ちをかなりひねくれた方法で表現したりする。なんでただ殴り合ってすませられないんだろう。そうするかわりに、わたしたちは痛みをあたえ合い、受け入れ合うことで、奇妙な性的興奮を少しずつ味わう。キンバリーには絶対に勝てなかったけれど、わたしは歯を食いしばり、涙をのんで耐えた。

彼女みたいに強くセクシーになりたかった。ツラの皮の厚さをわけてもらいたかった。**なに見てんのよ。わたしのこと見ていいなんて、誰が言った？**　他人に頭を下げるんじゃなく、免許証や登録証を見せろと要求しながら、世の中を我が物顔で歩くってどんなに楽しい気分だろう。

でも、１９８４年の夏はこれまでと違った。わたしはもうすぐ10歳で、キンバリーは14歳だった。わたしが到着すると、彼女は赤いタイトなヒョウ柄タンクトップを着て迎えてくれた。目のまわりにあざやかなブルーのアイラインを引き、両耳に眠気を誘うようなピンクの円盤イヤリングをつけ、動くたびそれがくるくる回った。部屋を横切る彼女を、男たちが目で追った。彼女はもう前ほど笑わなかった。

新しいキンバリーは、「グリース」のラストシーンのオリビア・ニュートン＝ジョンみたいだったけれど、まったく陽気でも明るくもなかった。ヒョウ柄のトップスにわたしの心はざわついた。こんな衣装チェンジは予想していなかった。それでも午後、彼女がどこかへ出かけるとハンガーからそれをこっそり取り、自分の体のまだ慣れない曲線に合わせた。そして、５年生の新学期がはじまってもいないのに、高校生になったみたいな刺激を味わいながら、うっとり鏡を眺めた。

その年、恐ろしいことが起こった。

5年生になってまだ数日目に、わたしはリビングの床で若く自由気ままな女の子らしく足を広げ座っていた。すると、いっしょに話しながら笑っていた母が、いきなり沈黙した。わたしがはいていたお気に入りのショートパンツの股に、赤さび色の10セント硬貨大の染みを見つけたのだ。

浴室にかけ込んだ。そしてトイレで徹底的に調べた。そのあいだ、母は両手でわたしの赤らんだ頬をなでていた。

「ごく自然なことなのよ」。母は言ったけれど、お互いそれは違うとわかっていた。わたしは10歳になったばかりだった。バスタブの排水口から、自分の子ども時代が流れ落ちていくのをじっと見つめた。

しばらく前から早めの思春期が訪れていたけれど、どの変化も対応できる範囲内だった。4年生で胸がふくらみはじめたときは、厚手のケーブルニットのセーターで押さえつけた。陰部に毛が生えはじめたときは、オオカミ人間になる前兆のひげ並みに受け入れがたく、なめらかな汚れなき肌を保とうと母のカミソリをあてた。でも、毎月血が出るとなると、これまでのようなごまかしは通用しなかった。

5年生のとき、わたしが猫背で歩くのを心配しはじめた先生が、ある夜、母に電話をかけてきた。「サラは自分の体に自信をもつべきです」。先生は言った。「あんな女性らしい体型に恵まれて」。なに言ってんの？　先生は数学のテストを採点するべきであって、わたしの姿勢に口出しする権利なんかない。そのときまで、自分の体に関して大人がなにかしら思っている可能性なんて考えもしなかった。こうなると、みんながなにかしら思っているわけで、あまりに無力な自分を呪った。前かがみで歩いたり、体を覆ったり、恥ずかしい部分をなにもかも暗い場所に押し込んで隠してきたのに、どういうわけか白髪交じりの女教師が、教室の向こう側から秘密を見つけ出した。

その夜、電話を切った母がわたしの部屋に入ってきた。そろそろブラジャーを買う時期かもしれないと言う。我慢して聞いていたけれど、それが世界最悪の提案だって、なんで母にはわからなかったんだろう。自分の体の成長と闘う女の子にとって、5年生はまるで拷問部屋だった。男の子たちは、わたしの背後から近づいてブラを引っ張った。女の子たちは、わたしのいないところでうわさ話をした。両方の乳輪に的でもぶらさげて登校すればよかったのか。油性マーカーで股方向に矢印を描けばよかったのかも。**ただいま出血中。**

母はわたしの髪をなで、ひたいにキスをした。母の手は、いまもわたしがこの世でいちばん好きな手だ。

この年、わたしはお泊まり会で、戸棚から酒を盗み飲みしようと女の子たちを誘いはじめた。彼女たちにも度胸をつけたかった。スペルコンテストのグループリーダーを喜んで買ってでた。いとこの家で見たエディ・マーフィの映画で仕入れた、下品なジョークや罵り言葉を彼女たちに教えた。授業中にメモを回し、机のなかにあるプラスチックの索引カード入れにおさめる画期的アイデアを思いついた。頭の足りない女の子がいかにも考えつきそうなことだ。規則を破るだけではもの足りない。証拠をまとめて保存しておかなきゃ気がすまないらしい。

ある日の午後、体育の授業から戻ると、先生がわたしたちのいたずらをかき集めた机を前に腰掛けていた。メモのなかのわたしは、自己顕示欲のかたまりだった。先生をビッチ呼ばわりし、あきれるほどおせっかいだと書きつらねていた。うちに電話してきて以来、ずっと抱えていた恨み節だった。

「あなたに好かれてるって、本気で信じてたのに」。先生が言った。

「**ほんとに**好きです」。わたしは返した。だって、なんと言えばよかった？　もともとはそっちのせいでしょって？

わたし以外の女の子は全員、外出禁止になった。うちの両親は、外出を禁じても意味がないと考えていた。

ベッドにいると、母が部屋に入ってきた。手にはあのメモがあり、そこにあるわたしを母に見てほしくなかった。

「なんでそんなに怒ってるのか、説明してよ」。母が言った。

でも、皿をたたきつけたり、子どもたちが寝付いたあと父と口論していたのは、わたしじゃない。その年、両親のケンカは激しかった。その怒声を消すために、わたしはラジオのボリュームを上げた。毎晩、トップ10カウントダウンを聴いた。ほかの子たちが羊を数えるように、マドンナやマイケル・ジャクソン、プリンスの曲を追いかけた。

「怒ってないよ」。わたしは答えた。

「それならなんなの？」母が聞いた。

たぶん自分が悪いんだと思った。突拍子もない考えがどんどんふくらんで、それが積み重なっていくたび、自分はおかしい、どうかしていると不安が強まった。わたしは肩をすくめた。涙が頬をつたい落ちた。

「ごめんね」。わたしを抱きよせながら母が言い、思わぬ展開に面食らった。わたしの家族はまったく理解不能だ。トラブルを起こしたのはわたしなのに、なぜか母が謝っていた。


初めて酔っ払ったのは、6年生の夏だった。キンバリーは16歳で、「スター・ワールド」という大風呂敷を広げた名前のゲームセンターでアルバイトしていた。ネオンで照らされた暗い店内には、カチャカチャ鳴るマシンや、ワンプレイ25セントのゲーム、まだ飲酒できないお子ちゃま向けのバーまであった。

その頃には、わたしの自意識は手に負えないほどふくれ上がっていた。「ギャラガ」に夢中なぼさぼさ頭の男の子たちが気になって仕方なく、でも言葉がのどの裏に張りついていた。一日中あのゲームセンターにたむろしていたのに、一言も声が出なかった。誰かがキンバリーに聞いたくらいだ。「きみのいとこって、口がきけないの?」

夏の終わりに、スター・ワールドのスタッフが湖畔の家でパーティーを開いた。最初の2時間、わたしはいつものように片隅でじっとしていた。ティーンエイジャーたちはテーブルで25セント硬貨のゲームをやり、わたしの知るかぎり、ファジーネーブル、キューバ・リブレと酔っ払うための飲み物はなんでもそろっていた。

そのとき、でっぷりしたアシスタントマネージャーにビールを手渡された。わたしを不憫に思ったに違いない。キンバリーのいとこのガキが、またベンチから恨めしそうに見ているって。もしくはいい感じに酔いがまわって、くだらない考えが斬新なアイデアに思えたのかも。みんなで雪におしっこして名前書こうぜ。あの犬を酔っ払わせようぜ。彼は冷蔵庫からバドワイザーを1本取り出すと、当選した宝くじをそっとにぎらせるようにわたしに渡した。**ねぇ、きみ、イケる口だろ?**

あと2週間でようやく12歳になるところだったけれど、何年も前からこの瞬間のために練習してきた。どうやって缶を開ければ、顔に降り注ぐ午後の淡い日差しみたいに、心地よい**プシューッ**の音が出せるか知っていた。舌の上のビリッとした感覚や、口のなかの腺がにぎりこぶしみたいに縮こまるのを、どうやり過ごせばいいか知っていた。すすり飲みも、がぶ飲みも、お手の物だった。はい、もちろん、イケる口です。

そのビールを飲んだ。さらにもう1本飲んだ。すると、血管のなかで夜が輝きはじめた。レッドカーペットで言葉が口からあふれ出た。完璧な復活。フルスピードの燃焼。わたしは飲み続けた。シロップをミックスした甘い酒。手榴弾を食道に投げ込むみたいに、クリアリカーをショットで飲んだ。とんでもなくマズかったけれど、そんなの誰が気にする？　わたしは変身した。神々しい光に貫かれた。物心ついてからずっと求め続けてきた幸せに満たされた。

7回吐いた。トイレに突っ伏していたとき、キンバリーが横にいた。スター・ワールドのマネージャーが、わたしを2階のベッドに寝かせた。「こんなふうに飲むのは早すぎるよ」。顔に罪悪感をにじませた優しい人で、わたしはうなずいてみせた。彼は分別があって、頭が固くて、わたしの倍の歳。22歳だった。

翌朝、震えが止まらず、ブルーベリーヨーグルトを口に入れるのがやっとだった。それに、キンバリーがへんなことを聞いてきた。「昨日の夜、ズボン脱いだときのこと覚えてる？」わたしは笑った。そんなことあるわけない。キンバリーがいる部屋で着替えたことすらなかった。

スター・ワールドのパーティーで服を脱ぐなんてあり得ない。

でも、キンバリーの口ぶりには、現場を目撃した証言者ならではの深刻さがあった。

「階段のいちばん下に座って、泣きながら言ってたんだよ。サラよりわたしの方がずっとみんなに愛されてるって。覚えてないの？」

覚えてなかった。

記憶をなくすって、なんて残酷なんだろう。それなのに、信じられないことにちっとも痛みを感じない。ブラックアウトはチクッともグサッともせず、傷跡も残さずに記憶を奪う。目を閉じて、また開ける。そんな感じだ。

ブラックアウトは前の晩の記憶に魔法の粉を振りまき、わたしは消えてしまった時間におびえた。こんなことが起こり得るなんて知らなかった。その場にいながら、まったくそこに存在していない。あの最初の数杯は、日常から逃避する希望をあたえてくれた。でも、希望がいかに仇(あだ)となるか、出口に見えるものが実はもっと危険な迷路の入り口だと、スティーヴン・キングの小説で学んでいた。

だから、もうあんなふうには飲まないと誓(ちか)った。そして何年ものあいだ、その誓いを守った。酒は飲み続けたけれど、**あんなふうには**飲まなかった。決して**あんなふうには。**飲酒の初心者にありがちな失敗だと、自分を納得させた。でも実は、あれは未来の自分の姿だった。

2 飢え

中学生の面白いところは、かなりどうでもいい悩みでも、その苦しみがすごく特別に感じられることだ。イケてないジーンズ、発音しにくい名字、集会の最中に人気者の男子が背中に投げてきた紙くず。**こんなに苦しんでるのって、わたしだけでしょ？** 母からはよく、どんな子だって悩みを抱えているのよと言い聞かされた。いじめっ子でさえも。「いまって誰にとってもつらい時代よね」。母は言い、エチオピアについて話しているみたいに憂い顔をした。視野の広い、いい意見だとは思う。でも、わたしの不幸はほかのみんなよりもっと深刻な自信があった。

6年生のとき、毎日ひとりで歩いて帰宅した。兄がアメフトの練習から帰る前、両親が仕事から戻る前の静かな時間、わたしは新しい息抜きを求めて戸棚のなかを引っかき回した。グラハム・クラッカー。チェダーチーズの塊は電子レンジできっかり7秒温めると、外側が溶けてくる。ときどきビールをすすり飲むくらいでは、もう満足できなかった。感覚を麻痺させる砂糖や塩が必要だった。

うちのような家庭で大食いするのは、簡単ではなかった。知恵を絞らなければならなかった。母が買うオーガニックの油分たっぷりのピーナッツバターは、スプーン1杯のシロップを混ぜればリーシーズ［ピーナッツバターベースのチョコレート］に近い味になった。パントリーの棚の4段目にはケーキ用アイシングチューブがあり、毎日4本、自分の口のなかに絞った。

この新しい息抜きのせいで、新しい苦しみも味わうようになった。「お前、デブってきたな」。ある日、ソファーで「オプラ・ウィンフリー・ショー」を見ていたわたしに兄が言った。兄とわたしはもう以前ほど話さなかった。兄は自分の部屋にこもり、趣味に没頭していた。それでも、年上のきょうだいならではの、急所を探し当てる探知機をいまだにもっていた。「デブ」は女の子にとっていちばん残酷な言葉だ。間違いなくこの世でいちばん傷つく言葉。

7年生のとき、初めてダイエットに挑戦した。学校の食堂で食べるランチは、アイスバーグレタスに低カロリーのランチドレッシングを少しかけるだけになった。ダイエットコーラを大量に買い込み、1日に3、4本飲んだ。放課後はキャシー・スミスのエアロビクスに励んだ。夕食は、リーン・キュイジーヌの冷凍食品しか食べないよう自分を戒めた。チーズのピザ。チーズのカネロニ。チーズのラザニア。（同じ材料が違う形状になっただけ。）1980年代、ダイエット熱はアメリカ全土に猛威を振るい、その影響でレッグウォーマーやV字カットのレオタードが大流行した。健康意識の高いフードコープ（生活協同組合）通の母でさえ、カロリー表がのった本を買い、わたしはそこにある項目を聖書の言葉のごとく暗記した。ヨハネによる福音書3章16節を聞かれても困るけれど、ブルーベリーマフィンならまかせて。426キロカロリー。

カロリー制限のつらさはみんながよく口にする。でも、少しは楽しい面もあることを、ほとんどの人は語らない。自分はどれだけ空腹に耐えられるか。どれだけ食べる幸せを我慢できるか。自分の苦しみを自分でコントロールするって、なんて倒錯した悦(よろこ)びなんだろう。

わたしの過激なダイエットは、母との権力争いに発展した。「ウェット・アンド・ワイルド」のメイクが濃すぎるとか、毎日昼間にシットコムばかり見過ぎだと注意されて揉めるのと同じように。いまやこの家では**わたし**が皿をたたきつける人だった。体重に執着してよかったと思えるのは、ほかの女の子たちとの絆が深まったことだ。その頃には、わたしたちのほとんどがユニタードを着て汗を流していた。友だちふたりがある日の午後、水着姿でベッドに横たわり、お互いの体の欠点に油性ペンで印をしたと教えてくれた。その話を聞いたとき思った。**それって愛だよね。**

8年生になる頃、かなりの確率でお世辞がもらえる意外な収入源を見つけた。スティーヴン・キングの小説にヒントを得た陰気な短編を書いたところ、先生やクラスメートたちからわたしの歪んだ想像力や大学進学適性検査みたいなボキャブラリーを褒められた。書くことで、学校は不安が押しよせるかわりにチャンスが訪れる場所になった。もちろん、国語はわたしの得意科目だった。

国語の授業で、初めて本気で夢中になる相手と出会った。ジェニファーは大きな茶色の目、長い茶色の髪をしていて、ボヘミアンなビーズのネックレスはピンク・フロイドを教えてくれた姉の影響だろう。わたしの真正面に座り、リベラルな考え方や、ダークな世界観に憧れるティーンの必読書『ヘルター・スケルター』を通じて意気投合した。

ある日、彼女から破った紙のメモをこっそり渡された。**金曜の夜、遊ばない？** あとになって、彼女は授業中ずっとその小さな希望のかけらを手ににぎりながら、わたしに渡そうと勇気をかき集めていたと教えてくれた。

金曜の夜、彼女の部屋に座りブルーベル・アイスクリーム1箱約4リットルをふたりでたいらげた。それだけお互い緊張し、興奮していた。自分だけの地獄のような苦しみの数々を打ち明け合い、結局どれもそこまで特別なものじゃないとわかった。痛みを共有する以上に、友情が深まることってある？　その日から、わたしたちは金曜の夜はたいていいっしょに過ごした。

自分は繊細な感性の持ち主だと思っていたけれど、ジェニファーはわたしが出会ったなかでいちばんセンシティブな女の子だった。あるとき、ノースパーク・モールに向かって歩いている途中で、翼を怪我した鳥を見つけた。幹線道路沿いの歩道に倒れ、止まり木を探して脚をばたばたさせていたその鳥を、彼女は両手ですくい上げると予定を変更して家に戻り、丸い脱脂綿を敷いた靴の箱に寝かせた。そのあいだ、わたしはリミテッド・エクスプレス［1980年代にスタートした若い女性向けファッションブランド］にいくことしか考えていなかった。

「そんなドジな鳥、いちいち助けてどうすんの」。キンバリーから借りた口調で言った。ベビーシッターのバイトで貯めたお金で、バブルスカートを買いたくて仕方なかった。

　ふたりのなかではわたしがリード役だったけれど、緑色のカーペットが敷かれた中学校の廊下では、わたしたちは対等だった。ふたりともアート的な雰囲気のものを愛し、チアリーダーとオタクのあいだに広がる領域で、両岸から引っ張られながら立ち往生していた。毎日、茂みに身を隠す人類学者のごとくお互いの好きな男子の行動を記録し、そのメモを交換した。（「今日のクロードは赤いシャツを着てた。ドアに近い席に座ってた」）。メモは簡単な折り紙のようにたたみ、彼女からもらったすべてをクローゼットのペイレス・シューソース［靴のディスカウントショップ］の箱に保管した。メモがどんどん溜まっていくのを見るのが好きだった。自分の価値を教えてくれる、わかりやすい目盛りだった。自尊心はプレゼントできるみたいに、メモは褒め言葉のクリームで飾られていた。**あなたは美人だし優しい。ほんとに大好き。いままででいちばんの親友だよ。**べったべたの大げさな言葉が盛りだくさん。わたしたちのやりとりは、アメリカ史の授業に退屈している生徒というより、ナチスから逃れて離ればなれになった恋人同士のようだった。

　ベストフレンドのシルバーリングを「ジェームズ・エイブリー」でいっしょに買った。中学生にとっては婚約指輪も同然だった。そのリングを指に光らせていることは、わたしは誰かのものという意味だった。それに、もし好きな男子のものになれなくたって、少なくともわたしたちにはお互いがいる。指輪は二つの手がからみ合うデザインで、一つの手がどこで終わり、もう一つがどこからはじまるのかわからず、一心同体のわたしたちを象徴していた。ふたりは永遠の親友であり、ほとんど姉妹だった。でも、そのあと高校時代がやってくると、結んだ手はほどけはじめた。

9年生になり、わたしは上級生の目を引こうと必死だったけれど、興味をもたれたのはジェニファーだった。彼女はちやほやもち上げられたあと、まだ生きているとわかる範囲で突き落とされた。ぷっくりした頬はどこかへ消え、長く形のよい脚をみせるタイトなミニスカートをはいた。その年、彼女は重度の拒食症になった。無糖ガムを一枚食べようものなら、カロリーを燃焼するため近所を走って一周した。様子がおかしいとは思っていたけれど、彼女の摂食障害がわたしのより断然うまくいっていることのほうが悔しくてたまらなかった。

自分の背が低いのも、劣等感に拍車をかけた。女の子たちのなかには、小さいことは「プチサイズ」で「かわいい」と考える子もいた。でも、わたしにとっては「ずんぐり」で「ちっぽけ」という意味だった。身長は権力。身長は華やかさ。雑誌で得た情報だとスーパーモデルは最低175センチあったけれど、わたしは157センチで止まっていた。一方のジェニファーはうらやましいことに170センチまで伸びて、わたしは話すとき頭を上に向ける癖がついていた。あるとき、キッチンカウンターに上って高い棚に手を伸ばしているわたしを見て、ジェニファーが言った。「かわいいー」

「全然そんなことない」。キレて返した。自分の体が期待外れだった人のどこがかわいいの？

金曜の夜、彼女の部屋でこんないさかいは話題にしなかった。くすくす笑ったり、うわさ話をして楽しんだ。ジェニファーは父親が隠している「シェーファー・ライト」をわたしのために盗んでくれた。おしゃべりしながらわたしはそのビールを飲み、どうしても彼女の太ももを見て嫉妬（しっと）してしまう、そんな自分のなかのわだかまりを、アルコールでとかした。

ジェニファーはビールが好きじゃなかったかわりに、別のやましい習慣があった。夜中に家の裏窓からこっそり抜け出し、両親のオールズモビルを運転するのが好きだった。そのグレーの車にいっしょに乗り込み、ラジオより大きな音で心臓を鳴らしながら、近所の通りをすべるように走り抜けると、家の私道にそっと車を戻した。わたしは車の運転にはまるで興味がなかった。でも、彼女がしてくれたように、わたしも彼女の小さな犯罪の共犯者になった。それくらい、わたしたちは親友だった。いつだって相手が必要なもののために協力した。

うわさ話が聞こえだしたのは、高校2年生のときだった。**誰々が飲んでるって知ってた？**

何々なら買えるって知ってた？ その人がなにを飲んでいるか、なんのドラッグなら買えるかなんて説明は不要だった。ティーン版のマフィアみたいな感じで、つまり暗黙の了解だった。

わたしたちの学校は、保守的な信心深いコミュニティーだった。大きな試合の前の決起集会では「祈りの戦士」がスピーチした。強い力をもつ長老派教会の若い牧師たちは、ランチどきにカフェテリアであちこち勧誘して回った。人気者の女の子たちは十字架のシルバーネックレスを着け、ノートに「すべては主の手のなかに」と書き添えた。とはいえ、この先にはフラタニティとソロリティ［前者は大学・大学院の男子学生の社交グループ、後者は女子学生の社交グループ］という大学公認の放蕩生活が待っているわけで、高校時代はゆっくりそっちへ導かれていく過渡期だった。わたしは頭のなかで、誰が悪魔の側に堕ちたか、リストを作っていた。

しばらくのあいだ、飲酒は隠れて楽しむ社交だった。家柄のいい地域にある、両親が休暇に出かけた（アスペンかヴェール？）子の豪邸に顔を出し、気づくと同じラケットスポーツの授業をとっているマリファナ好きと真面目な会話をしていた。あとになって、どうやって友だちになったのか聞かれても、適当に返すしかなかった。**えっと、なんかで知り合っただけ。**酒を飲んでいると、予想もしないつながりができた。酒は、長いことわたしたちを縛りつけてきた社会的序列を解体した。ホームパーティーが舞台の『ブレックファスト・クラブ』みたいに。

ジェニファーも酒を飲みはじめた。ぶどうのワインクーラーや甘いミックス酒。女の子らしい酒だ。彼女は、学校の向かいの角でタバコを吸っているような年上グループと付き合いはじめた。わたしは演劇部の子たちと親しくなり、ベストフレンドの指輪は引き出しにしまった。あんなのは、もはや子どもじみていた。

　わたしが新しく夢中になったのが演劇だった。情熱を注ぐ対象は、文学からパフォーマンスに移った。あらゆる演目に出演した。一つでは足らず、二つの合唱グループに入った。ステージに上がるため、体重を落とした状態をキープしなければならず、パーティーでは1本102キロカロリーの「クアーズ・ライト」を3本までしか飲まないよう自分を制した。体型への執着はカッコいいものではなかったけれど、少なくとも酒の量を抑えることはできた。

　新しくできた友だちのステファニーは、演劇オタク仲間だった。わたしたちは放課後に長い有酸素運動の散歩をした。そのあと「ブラック・アイド・ピー」でマールボロ・ライトを吸いながら、ベジタブルプレートをつついたり、ニューヨークで輝いている未来の自分たちについて語り合った。「あー、こんな町、とっとと出ていかなくちゃだよね」

　ステファニーはブロンドヘアの迫力ある美人だった。それに身長は175センチあった。ぽってりした唇を突き出し、感情のない目をしたランウェイのモデルみたいな表情で廊下を軽やかに歩いた。6年生のときから彼女を知っていた。当時はかわいらしい読書好きのひょろっとした子だったけれど、高校2年生になった彼女の体は圧倒的な存在感を示していた。豊かな胸、優美な腕、永遠に続く脚。授業中、男の子たちはわたしのそばにくると、まるで彼女が有名人みたいに友だちなのか聞いた。

高校は、自分のもっているものをつねに比べられる。男の子たちからの注目度、仲間や先生たちからの賞賛、学芸会の役柄。クラスのなかでも特別目を引く美人といっしょにいるのは、危険なギャンブルだった。自分のなかのマゾな部分がそうさせたのか、それとも見栄か、両方なのかわからない。ステファニーといるときのような嫉妬心に蝕まれる感覚を、ほかで味わったことはない。レザーのニーハイブーツを履き、長いストレートヘアを後ろになびかせながら部屋に入ってくる彼女を見ると、自分の身分は百姓だとしみじみ思い知った。でも、似たもの同士だとも思えた。わたしは彼女にメモを渡すようになっていた。ふたりともデイヴィッド・レターマンに憧れていて、ジョークのスキルを磨く必要があったから、メモはトップ10リストの形式で書いた。将来の道は当然決まっていた。大学にいき、それから『サタデー・ナイト・ライブ』のキャストになる。

ジェニファーと縁を切るつもりはなかった。ジェニファーからステファニーにバトンが渡る決定的な出来事があったわけじゃないけれど、女同士の友情はこんなふうに入れ替わることもある。一度にトラックを走れるランナーの数は限られている。

わたしは新しくできた演劇仲間たちとホテルでパーティーを開き、ジェニファーも招待した。「ラ・キンタ」に到着した頃には、彼女はもう酔っ払っていた。心配になるほど感傷的になって、吐き出すようにお世辞をならべはじめた。**あんたは超かわいい。会いたかったよぉ。**ジェニファーは友だちの彼氏といちゃついて、あれやこれやの騒ぎを引き起こした。次の日、わたしは彼女の顔をまともに見られなかった。

「なにがあったの？」いっしょに車でホテルをあとにしながら、彼女に聞いた。「完全に頭おかしくなっちゃったわけ？」

彼女は黙っていた。なぜって、覚えていなかったから。彼女はブラックアウトし――まさに近い将来、お互いそうするように――楽しそうな方へ気まぐれに身をまかせたのだった。

あの夜がわたしたちの友情を断ち切った。ジェニファーは学校を一年早く卒業した。わたしには恋人ができた。もう、わたしは彼のものだった。

ついに両親に尻尾をつかまれたのは、高校3年生のとき。学校から帰宅すると、12本セットのうち半分は飲んだ「クアーズ・ライト」が、わたしの部屋のドアの前にメモといっしょに置かれていた。**お父さんが帰ってきたら話し合いよ。**

そのビールは、恋人のマイルズからのプレゼントだった。楽しくて、繊細な顔立ちで、『モンティ・パイソン』とデヴィッド・ボウイの両方を語れる男の子だった。16歳の誕生日に、クアーズ・ライトとGAPの25ドルのギフト券をくれた。当時のわたしが求めていた優先順位がよくわかる。クローゼットの奥の汚れた服の下に12本セットを隠し、ときどき1本こっそり取り出した。3本は布製のバケツ型バッグに入れてもち出し、ダンスの前に友だちとすすり飲んだ。

スリルを味わいたいがために、モックタートルネックの下の胸の谷間に突っ込んで、昼間に堂々と父の前を横切ることもあった。土曜にだらだら部屋で過ごしながら1本飲み、そのさりげなさが気に入っていた。まだ女子高生だけれど、大学生みたいな気分になれた。

そんな知恵を絞った作戦も、母がわたしに貸したシャツを取り返そうとクローゼットを引っかき回したことで台なしになった。銀色に光る密輸品を、薄暗いなかでも母は見逃さなかった。

両親がどう反応するか、想像できなかった。ふたりはほかの親たちとまるで違った。その頃、友人の半分はもう親が離婚していた。ジェニファーの父親は、町の向こうにある家具なしアパートに住んでいた。ステファニーの母親は二世帯住宅に娘たちと引っ越し、だんだんと離れていった父親は、やがて彼女の生活から完全に消えた。きらきらして幸せだったあちこちの家族が、親権の取り決めや2度目の結婚へと分裂していった。それなのに、どういうわけかうちの両親は夫婦のままだった。母は前より明るくなり、情緒も落ち着いていた。週4で通いつめたセラピーのおかげだ。新築の家ほどの値段で健康な母を買えたと、家族でよく冗談を言い合った。わたしが小学生のときの両親はケンカの連続だったかもしれないけれど、あの夜、リビングにわたしを座らせた頃にはふたりは団結していた。

「お父さんもお母さんも、このビールをどこで手に入れたか知りたいの」。母が言った。

どんな作り話をすればいいかわからなかった。どこまでほんとのことを言って大丈夫？　このときまでにもう何年も我が物顔で飲んできたし、なにも知らないふりをするのはプライドが許さなかった。とはいえ、うちの両親はあまりに純朴で、未成年の飲酒について知っているのは、『60ミニッツ』みたいな番組でティーンエイジャーが病院に担ぎ込まれる場面から得た知識くらいだ。もちろん、わたしたちのパーティーでも収拾がつかない事態になったことは何度かあって、わたしでさえ引くほどの狂乱ぶりだった。ある男友だちはついこの前、酔って運転し車を衝突させた。肝を冷やしたけれど、おかげでまわりがどんな気持ちになるかわかった。「こんなの見つけて、びっくりするよね」。両親に言った。「でもね、知らないと思うけど、これはお酒で悩んでる友だちに頼まれて、あずかってるものなの」

ふたりに嘘をつくのは嫌な気分だった。両親はとても誠実だった。コッカー・スパニエルをがっかりさせているみたいな気持ちになった。でも、これは必要な嘘だ。マイルズの1972年型のシボレー・ノヴァに乗り込んでは夜遅くにドライブしていたのを、「ただおしゃべりしてただけ」と説明するのと同じ。嘘のおかげで自分の好きなようにやり続けてこられたし、両親を罪悪感や恐怖から守ることもできた。子どもが親に嘘をつく理由は、親が子どもに嘘をつく理由と同じ。わたしたちはみんな、お互いを守ろうとしている。

父は完全には納得していなかった。「お父さんの目を見て、あれは自分のビールじゃないと言ってみなさい」

わたしは父の目の高さに視線を合わせた。「あれはわたしのじゃない」。1ミリの迷いもない声で言った。そして思った。**すごっ。この先もこんな楽勝なの？**

楽勝だった。わたしはありがちな悩みの兆候をまったく見せなかった。優等生名簿に名前がのった。みんなに好かれる恋人がいた。高校4年生の舞台で、ステファニーを破り主役の座を勝ち取った。日曜は両親が通う同性愛者に優しい進歩的な教会で託児所を任され、なんとチルドレン・オブ・アルコホーリクス［アルコール依存症の親や養護者と暮らす子どもをケアする施設］で初めての仕事にも就いた。わたしは子どもの面倒見がよかった――それが二度と会うことのない幼児でも、茂みに隠れて嘔吐しながら母親の愛情を求める野球少年でも。

高校4年生の頃は、金曜の夜にみんなが集合住宅の裏の駐車場に集まった。演劇部だけでなく、ドリルチームのダンサーやバンドオタク、体育会系、熱心なクリスチャンも。いまやわたしたちみんな悪魔の側に堕ちていた。

いっしょに飲めば飲むほど、母は正しかったと気づいた。わたしたちはみんな同じだった。みんな悩んで、傷ついていた。嫌いだった子でも、ビールを1本か3本か分け合って飲めば、ほかでは得られないつながりを感じられた。アルコールは孤独を癒やすドラッグだ。いろんな効き目があるけれど、わたしみたいなティーンエイジャーにとってはこれがいちばんの魅力だった。もう誰も、のけ者になる心配をする必要はなかった。飲んでいるときは、まるで帰属意識をもたらす新種のパウダーが天から散布されたみたいに、みんながみんなを受け入れた。

わたしはオースティンの大学に進学した。こんな町出ていってやると、ことあるごとに息巻いた末に行き着いたのは、幹線道路をほんの290キロ南下したところだった。

「大学にいく女の子」だと、みんなから何年も励まされてきた。成績はいいけれど人気者になれなかった女の子に、大人が言うセリフだ。大学生になるくらい、たいした変化じゃないと高をくくっていた。ところが、わたしが入ったのは巨大な寮で、刑務所に近かった。ホルタートップにイヤリングをぶら下げて交流イベントに参加したわたしは、おしゃれに着崩したクラスメートたちが忌み嫌うプレッピーのようだった。「めちゃくちゃダラスっぽい」。ある男に言われ、それが侮辱だとわかった。（大学で最初に学んだのは、出身地を嫌うこと。）ほかの子たちは破れたジーンズやベビードールドレスを着たり、ごついドクターマーチンを履いていた。これまで4年間、金持ちが多い高校でなんとか溶け込もうと曲芸に励んできた。そしていま、わたしはまた自分を曲げて一からやり直さなければならなかった。

はじめの1か月はとんでもなく孤独だった。寮の裏にある競技トラックを歩いて、目標体重までなかなか減らない最後の数キロを落とそうとした。朝8時からのドイツ語の授業の前に、早起きして化粧した。キャンパスではときどき、高校時代の恋人マイルズとばったり顔を合わせた。わたしたちは夏のあいだに別れたけれど、ふたりとも同じ州立大学に入学した。ドラマチックに出ていこうとしたのに部屋のドアに鍵がかかってた、みたいな感じ。夜、監獄みたいなベッドに横たわり、CDディスクマンでU2の「ワン」を聴いた。苦悩に満ちたその曲を、何度も何度も繰り返した。自分の苦しみのなかで丸まって、しばらくじっとしていると心が落ち着いた。

　幸運にもアナと出会った。わたしを担当する学生相談員で、つまりみじめなわたしを救い出すのは、彼女の実際の役目だった。アナは1歳上で、洗練された趣味をしていた。コーヒーをブラックで飲んだ。ダークな世界を覗きたい女子大生には欠かせないシルヴィア・プラスや、名前からして不穏な予感がするアン・セクストンを読んだ。わたしはあえて意識していなかったけれど、男性の芸術家にばかりのめり込んだ。でも、アナは女性に魅了されていた。密かに日記を書きためていた作家、哀しい恋をギターでかき鳴らすシンガーソングライター、狂気に身を裂かれた女性。アナは、エドワード・ホッパーの『オートマット』という絵を机の上に飾っていた。夜の人気のないレストランで女性がひとり、目を伏せている。特になにが起こっているわけでもないその絵に引き込まれた。一方で、わたしの机まわりには高校時代にダンスしたときの写真が飾ってあった。女友だちみんなで腕を組み、キメ顔で笑っている。ひとりでたたずんでいる女性があんなに美しいなんて、それまで気づいたことはなかったと思う。

　その秋、アナとわたしはクリストファー・デュラングの戯曲をもとにした低予算舞台に出演するあいだに仲良くなった。（ふたりとも演劇専攻ではなかったけれど、一般教養科目の小規模プログラムで、生徒が面白半分に舞台を制作していた。）リハーサルを終えいっしょに帰る途中、男友だちの寮でタバコを吸わないかと誘われた。彼は数日出かけていて、9平方メートルの独房をまるまる自由に使えた。

気軽なおしゃべりがその後の運命を変える、そんな夜だった。マールボロ・ライト1本のはずが1箱に、ダイエットコーラ2本が6本になり、チーズピザ1枚も加わった。わたしたちは信州刃物のコレクションを見せ合うみたいに、自分の哀れな昔話を次から次と明かした。**ほら、右にあるのが、わたしの気まずい初体験だからよく見てね。そうそう、わたしの苦々しい後悔はもう見せたっけ？**

その夜、マイルズのことをたくさん話した。わたしたちは理想的な高校生カップルだった（わたしが浮気したことをのぞいて）。彼は面白くて優しくて、わたしだけのジョン・キューザックだった（浮気したわたしを振ったことをのぞいて）。自然に終わりを迎えただけと、頭では納得していた。でも、わたしのなかの乙女なハートが彼を諦めきれなかった。ときどきキャンパスで、彼がコンバットブーツにライダースジャケットを着た女の子と歩いているのを見た。牛追い棒で電気ショックをあたえられた気分だった。**誰よ、あの女。**

さらに困惑することに、マイルズはわたしが付き合っていた頃とは別人になっていた。大学は彼にとって、アイデンティティーが入れ替わる電話ボックスみたいだった。新しい彼はレインボーカラーのニットのベレー帽をかぶり、かわいかった無造作な前髪は伸びてらせん状にカールしていた。ひげは雄ヤギというより、悪魔みたいに伸びていた。どこまで我慢できるか、わたしの愛を試しているようだった。

でも、気持ちは止められなかった。アナに話すと、彼女はティッシュの箱をそっとわたしの方に向けた。もはやわたしの知る彼じゃなくなっているのに、忘れられなかった。こんなはずじゃなかった。大学生になったら、もっとイケてる女になるはずだった。なにごとにも縛られない。自由。それが、気づけば例の女に成り下がっていた。高校時代の恋愛を、大学1年生になってもテディーベアみたいに地面に引きずって歩いているような女。実際にマイルズがくれたテディーベアと、わたしはまだ毎晩いっしょに寝ていた。

アナは高校時代、恋人はいなかった。卒業生総代で、小説がいちばんの親友だった。わたしがポップソングに詳しいように、本に詳しかった。彼女の話を聞いているとときどき、自分が真面目に授業を受けていたらどれだけ学べたんだろうと思った。

それから、ティーンエイジャーがみな酒を飲むわけではないこともわかった。アナが18歳のとき、バーにいくとかっこいい男の子が2人いた。気に入られたくて、誰かのビールの缶を手に取ると、話しながらそれを飲むふりをした。警官が入ってきたとき、男たちは出口に走り、アナは初めて違反切符をきられた。警察に捕まった人は、みな同じセリフを言う。「でも、おまわりさん、わたしのじゃないんです」。アナは史上初めて本当のことを言った未成年者だったのかもしれない。

わたしたちはその日、夜明けまで語り合った。すっかり疲れ、自分の部屋の薄っぺらいフォームマットレスに倒れ込みながら、気分は高揚していた。この夜のことを、わたしはときどき「アナとわたしが恋に落ちた夜」と呼ぶ。「わたしたちがいっしょになった最初の夜」と言うときもあるけれど、「寮のマークの部屋で、タバコを吸いまくってチーズピザを食べた夜」とは言えない。だって、それは何度もそのあと繰り返したから。

大学時代の後半になると、アナとわたしは友だちの部屋のベランダでワインを飲んだり、ピクニックテーブルの椅子に腰掛けトルティーヤ・チップスやマルガリータをこぼしたりした。その頃には、アナは酒の飲み方を覚えていた。でも、いっしょに過ごした最初の1年は、14階建ての寮のなかだけで完結する冒険だった。お互いにミックステープを作った。手紙を書き、ふたりとも受け取るときの興奮を知っていたから、45メートルしか離れていない場所に住んでいるのに、郵便局に投函した。長くとりとめがない会話を通じて、アナにコンピューター並みの記憶力があると気づくようになった。彼女は、わたしの過去のいちばんどうでもいい話を思い出すことができた。マイルズの車の車種と型。わたしのいとこたちの名前。日記を読まれているみたいで毎回ドキッとした。

高校時代、完璧な記憶力は**わたしの**スーパーパワーだった。わたしには、役に立たない知識のアーカイブがあった。『スリラー』からシングルカットされた曲の数（7曲）。『ベスト・キッド』で悪役を演じた俳優（ウィリアム・ザブカ）。友人たちはよく、共有する過去の思い出の空白部分を埋めるのに、わたしの記憶を頼った。インターネットがこの世に生まれる前のことで、思い出すという行為はわたしを『ジェパディ！〔アメリカで放送されている長寿クイズ番組〕』で優勝を狙う天才キッズみたいな気分にしてくれた。**1年生のときの保健の先生はなんて名前？　9年生のときいっしょにいったコンサートはどこ？**

そして、わたしは思うのだった。「なんでみんな自分のことなのに忘れられるの？」

でも、大学に入ると、わたしの記憶力なんて足元にもおよばないアナみたいな人たちがいた。感嘆させられると同時に、高校時代のスター選手がプロに入ったみたいに少し自信をなくしたりもした。

「なんでそんなこと思い出せるの？」心底びっくりしてアナに聞いた。

すると、彼女は左の眉をもち上げたお気に入りのミステリアスな女性のポーズで、答えを煙に巻いた。

なんとかして彼女と対等になりたかった。今後の会話にサプライズとして放り込むため、アナの過去に落ちている流木を集めた。どうよ！　アナがアイホップ〔アメリカを拠点とするレストランチェーン店〕で働いてたときの同僚の名前、知ってるなんてびっくりでしょ？　じゃーん！　哲学の授業で誰がアナのとなりに座ってたか、知ってるなんて思わなかったでしょ？　わたしの部屋の棚には、途中で挫折した本や理解できない教科書がならんでいた。でも、アナの過去にまつわるテスト勉強は欠かさなかった。彼女が話すひとことひとことに全集中力を傾けた。そのときまで、他人の人生を記憶に刻むというこの行為が愛だと気づかなかった。

春学期になると、マイルズと過ごす時間が増えた。わたしたちは「友だち」になろうとしていて、別の言い方をすると、わたしはヨリを戻したく、彼はわたしと寝たがっていた。どちらにとっても都合よくいっていた。

夜は食堂によらずマイルズの寮で、同じ階の部屋の男の子たちもいっしょに、昔の『スター・トレック』のエピソードを見た。わたしには『スター・トレック』は退屈だったけれど、男だらけのなか紅一点でいるのが好きだった。彼らがマリファナの水パイプを回し吸いして想像力を羽ばたかせているあいだ、わたしは大きなクッションに埋まって「カルロ・ロッシ」を飲んだ（ジャグワイン1本、5・99ドル）。

マイルズはマリファナにハマっていた。酒がわたしの問題を解決してくれるように、マリファナが彼を自由にした。わたしもいっしょに2回吸い、2回とも簡単な単語を忘れた。「椅子」とか「机」とか。マリファナは、わたしが違法薬物に期待していたものとは真逆に作用した。思考が停止し、被害妄想が強くなった。マリファナは長期記憶に影響をおよぼすと読んだこともあるし、このままマイルズが吸い続けたらどうなっちゃうのか不安だった。高校時代の彼は頭の回転が速く活動的だったのに、いまは濃いシロップ薬でも飲んだ方がいいような声をしていた。**おいぃぃぃぃ、よおぉぉぉぉ。**

わたしはドラッグが怖かった。マイルズとまたいっしょにいたかったから言わなかったけれど、ドラッグは汚いし、間違ってるし、有害だと思った。80年代の「ただノーと言おう」キャンペーンは無意味だったとよく批判されるけれど、ひとりには効き目があった。あんな類いのものは、なんであろうと手を出すのが怖かった。**コカイン一列でぽっくり逝く。ヘロインは口に銃をくわえるようなもの。**マイルズがマリファナをパイプに詰めたり、薄いしわくちゃの紙で巻いてその端をコツコツたたくのを見ながら、わたしの頭にはこれしか浮かばなかった。**普通の人みたく飲むだけじゃダメなの？**

でも、彼のそばから離れなかった。彼を愛していた。少なくとも自分にそう言い聞かせていた。それに、しばらく彼の手のとどく範囲にいれば、マリファナの煙とともに彼のまともな判断も窓の外に消え、二段ベッドの下でまたいっしょに目を覚ます関係になれる。その可能性は十分あると思った。

「これってどういう意味？」ある朝、わたしは彼の胸に頭を乗せて聞いた。

彼は頭上の木製の厚板をじっと見た。「寝たってだけの意味だよ」

わからなかった。二人掛けのボックス席でいちゃついていた高校時代の恋人にまた戻ってくれる、そう期待し続けてきた。でも、いまの彼は大学生の男の子で、どんなチャンスも逃すまいと、すべてのドアと窓を開放していた。数週間後、寮の彼の部屋を掃除した。巣穴の母グマみたいに。シリアルが固まったボウルを水に浸した。アリがたかっているつぶれたビール缶を洗って、リサイクルゴミに捨てた。枕の下にコンドームの空袋を二つ見つけた。わたしたちが使った数より一つ多い。わたしは自分に言い聞かせた。**誰かが彼のベッドを使ったに決まってる。**彼の寮は夜になると大騒ぎだったから、あり得ることだった。**上の段に寝てるルームメイトのが、一つ落っこちてきたのかも。**なんておめでたいんだろう。でも、認めたくない真実から目を背けるためなら、人はどんなバカ話でもでっち上げる。

数日後の夜、このときマイルズの部屋で女の子はわたしひとりじゃなかった。かわいい赤毛の子が、弦理論（げん）についていて講釈をたれていた。コンバットブーツにライダースジャケットで部屋に立ちよった彼女は、ベネズエラ出身だった。なまりのある口調で「ベニーズウェェエラー」と、正しい発音を念を押すみたいに言った。

わたしはジャグワインをがぶ飲みした。もうどうでもよかった。カロリーを計算するのも、適量をグラスに注ぐのも、2キロやせればその気がない男の子を取り戻せると努力するのも疲れた。二段ベッドの下に腰かけながら次々にカップを飲み干し、ほとんど宇宙から俯瞰するようにみんなの輪から離れ、自分の殻に閉じこもった。

マイルズとはもうヨリが戻らないとわかったし、それは正しいことだった。彼にとって、女の子はわたしひとりじゃないとわかった。それどころか、彼はこの先もいろんな女性と出会うだろう。知的で、楽しくて、『スター・トレック』が本気で好きかもしれない女性たち。彼女たちは毎朝マスカラをつけたりしないし、脇毛さえ剃らないかもしれないけれど、彼はそこに顔を埋めるんだろう。やせてもいない、ベネズエラの女の子にしたみたいに。彼女は豊満な体型で口も悪かったけれど、彼は好意をよせていた。彼女は誰の真似もせず、ありきたりな美しさなんてかまわず、堂々としていたからだ。わざと暗くした部屋で、彼女は彼といっしょにパイプを吸う。一方で、わたしは拡大鏡の前に立ちながら、自分の瞳にきらきらした光をあてていた。

さよならも言わずに、彼の部屋を出た。自分の寮に戻る頃には、すっかりワインの酔いが回っていた。正面玄関の外の茂みに倒れ、扉を探そうとしばらくそこでもがいていた。覚えている最後の記憶は、明るい廊下にザ・キュアーのTシャツ姿で天使のように舞い降りてきたアナだ。彼女のがたがたゆれる小さなシンクに吐くあいだ、アナがわたしの髪をもっていてくれた。手足がぐにゃぐにゃの赤ちゃんにワンジーを着せるように、ゆったりしたTシャツに着替えさせてくれた。

アナ、ありがと。アナ、ほんとごめん。アナ、大好き。

「大丈夫だから」。優しくなだめながら彼女が言った。「心配しないで」

それから何年も、いちばん基本的な情報を友だちに頼るようになった。昨日の夜、どうやって帰ってきたんだっけ？　わたしのジーンズ、なんでこんなになってるの？　どうしてベッドにアメリカンドッグがあるの？　しばらくたつと、悟られないようもっと慎重に探る必要があった。「昨日の夜ほんと楽しかった。あのバーの名前、なんだったっけ？」さも気軽に聞くわたしに、みんなも気軽に返してくれた。平然としながら正しいタイミングで笑っていれば、自分の言動の現地報告書はたいてい完璧にそろえることができた。

あの夜、ブラックアウトしたあとに撮られた写真をまだもっている。ベッドに座り、両目は笑うとなくなりそうなほど細い。なんでアナがこの写真を撮ったのか、よくわからない。その頃、わたしたちは毎日のあれこれを記録しながら、頑張っている自分たちを褒め合っていた。でも、わたしがこの写真を机の前に貼ることはなかった。これを撮ったあと、わたしがこれまでないほど激しく泣きはじめたと、後日アナが教えてくれた。わたしは手の付けようがないところまでいった。心にぽっかり穴が空き、どう修復すべきかアナにもわからなかった。同じ言葉を繰り返し言い続けていた。**わたしを愛してくれる人なんていない。わたしを愛してくれる人なんていない。**

その話を聞きながら、激しく動揺した。どっちをより心配すべきかわからなかった。またブラックアウトしたことか。それともブラックアウトしたときに、自分のいちばん奥深くにある、いちばん正直な部分がぱっくり割れて、あふれ出てきたものが渇望だけだったことか。

3 男物の服を着る

大学2年生の秋に、父の服を着るようになった。夏のあいだに父のクローゼットをあさり、グレーのフランネルのシャツを1枚、ペンキがまだらについたLeeのジーンズを1本抜き取った。

「これもらっていい?」

父は困惑していた。「そんなの、どうするつもりだ?」

小柄な娘が、父親の着古した昔の作業着を引っかき回すのは不思議だったはずだ。でも1993年の秋、うっかり木こりになっちゃったみたいな出で立ちは、わたしの定番だった。父のフランネルのゆったりした着心地が好きだったし、ジーンズが腰からすとんと落ちる感じも好きだった。小さい女の子が巨人の服を着ているみたいに、いつも引っ張り上げなければならなかった。

父のアンダーシャツも2枚もらった。どちらも生地が薄く、何度も洗ってほとんど透けた状態ならではの、うっとりするような柔らかさがあった。ブラまで透けて見えるのが気に入っていて、思春期からずっと自分の体に自信がなかったことを思うと、筋が通らなかった。そのシャツは根本的な矛盾を表していた。見せびらかしたい、でも隠したいという願望。わたしにとって、アンダーシャツは注目されたい気持ちを間接的に満たす手段だった。わざとらしくなりすぎないよう気をつける必要があった。あらゆる罪のなかでも最悪なのは、必死すぎることだ。

ときどき、そのアンダーシャツを裏返しにして着た。ルールを無視するのが大胆でカッコいいとでも思ったのか。そうでもないかぎり、なんでこんなことをしたのか自分でもわからない。

「シャツが裏返しだよ」。パーティーである男の子に言われた。

「あなたは人生がひっくり返ってる」。言い返すと彼は笑った。

「確かに」

彼に一目惚れした。マテオは『バートン・フィンク』のジョン・タトゥーロみたいになよっとしたカールヘアで、その他大勢の19歳と同じように、ぶっきらぼうで無愛想だった。でも、会話でうまくイジればかわいくもなったし、お調子者にもなった。わたしのアパートで撮った彼の写真がある。Tシャツの上に、わたしの光沢あるヴィクトリアズ・シークレットのブラを着けたもの。もう1枚は、わざと興奮しながら昔の《ティーンビート》誌をめくっているもの。

キャンパスの外に借りたわたしのアパートはその年、パーティーの拠点だった。カスバ（アラビア語で「要塞」）と命名され、その名に恥じないようほとんど義務みたいにそこで遊び尽くした。わたしが飲んだのは「キーストーン・ライト」。フィエスタ・マートでロング缶6本を2セット、5ドルで買えた。ショート缶16本分と同じ量で、ウェンディーズのバリューセットと同じ値段。よって、「キーストーン」はわたしたちの乱痴気騒ぎの非公式スポンサーになった。「乱痴気騒ぎ」。自分たちのパーティーをそう呼んだ。怒りとお天気用語が混じったみたいなこの言葉は、翌日のリビングの状態を的確に表している。ハロゲンランプは倒れ、ビール瓶は水槽のなかに浮いていた。**昨日の夜、なにがここで大暴れしたの？　あぁ、そうだ。自分たちだ。うちらが大暴れしたんだった。**

マテオとセックスしたのは、こんな乱痴気騒ぎの最中だった。その頃、わたしたちは同じ舞台に出演していて、公演前や公演中、楽屋でお互いのひざが太ももにあたる距離で座っていた。数週間かけていい雰囲気になったけれど、わたしにはきっかけになる出来事が必要だった。ディーゼル燃料に点火するマッチが。わたしたちは、崩れそうなシンダーブロックがならぶわたしの共同アパートの外通路にいた。わたしはひっきりなしにタバコを吸い、1本吸い終わらないうちにもう1本に火をつけた。そして、ビールを6本飲んでふくらませた自信にまかせ、彼に言った。「いまわたしにキスする勇気なんてないでしょ」

彼は壁にもたれかかっていた。前かがみのまま横目で見上げ、ひたいが小さな波のように動いた。駐車場に目をやり、まわりにいる大勢に目をやった。そこらじゅうを見ていたけれど、わたしにだけは視線を合わせなかった。そして言った。「それはきみの見当違いだと思うよ」

自分から男の子に言いよるのは初めてだった。高校時代に試したことはなかった。マイルズがキスしてくれるまで待った数か月は、何年もの長さに感じられた。わたしが媚びているサインは、授業で彼のとなりに座り、自分の髪をいじり、細く見えるよう脚を組んだとき。彼の言動にいちいち意味を見つけようとした。**昨日の夜、彼が電話してきたんだけど。あれって、どういうつもりなわけぇぇぇぇ?** これが誘惑なんだと思っていた。粘り強く相手をおびきよせ、でも彼が飛びかかってくるまではじっと座って待つ。

この筋書きが、大学でひっくり返った。新しいルールは、男の子を手に入れたかったら、自分から追いかける。なにをためらうことがある?「フェミニズム」みたいな言葉は——「コンシャスネス・レイジング」とか男女平等憲法修正案みたいな、前世代のもったいつけた言い方——わたしたちは使わなかったけれど、男の子たちと対等に付き合うべきという意味で理解していた。彼らと議論する。セックスやアーネスト・ヘミングウェイにたいする彼らの考え方に、異論を唱える。彼らはあまりにも長いあいだ拡声器をにぎり続けてきたわけで、わたしたちはそれを奪い取る必要があった。わたしはオーデコロンもつけた。カルバン・クラインの「オブセッション・フォー・メン」。首筋にたっぷりつけたそのリッチなオーク系の香りは、ゾクゾクする興奮をあたえてくれた。まるで、ジョニー・デップのできそこないに体をすりよせているみたいに。

ところが、せっかく女性とパワーについて学んでも、授業では発揮できなかった。わたしは進んで手をあげるタイプじゃなかった。「ポスト・ホロコーストの文学」のゼミはC評価だった。成績の25％は発言内容で評価されるのに、どうしても意見を言えなかったからだ。ある日、キャンパスでゼミの教授にばったり出くわした。ドレッドヘアと苦笑いが印象的で、それが教授をこんなにカッコよく見せるなんて意外だった。すこし雑談すると、彼女が言った。「不思議ね。なんであなた、授業で話さなかったの？」わたしは顔を赤らめて言った。「シャイなんです」。彼女が返した。「そんな、もったいない」

ほんと、もったいない。本来わたしはシャイな**はずなかった。**自分のアパートのバルコニーでは違った。夜空の下で、キーストーンのロング缶があれば、正義の天罰を下せた。そうやって有罪判決の味を楽しんだ。

そんなわけないでしょ。あんた間違ってる。証明してよ。

男にへつらうのは、もううんざりだった。彼らのエゴを満たすのも。ブリーフをたたんであげるのも。壁に瓶を投げつけてやる。そんなの誰かほかのやつが片付けたらいい。わたしは化粧鏡をのぞき込むのも、髪をブローするのもやめた。古い洗濯物とマールボロ・ライトの臭いが染みついた服を着た。すると、気負いを捨てた新しいわたしに、男たちは魅力を感じたようだ。彼らは言った。「俺たちは強い女性が好きなんだ」。彼らは言った。「自分らしくいればいい」。だから、不安でそわそわする女の子はもう封印。これからはビール片手にタバコを吸いまくる女になる。もうリングノートにハートのいたずら書きはしない。もう生物学の授業で目が合った男の子を、かたっぱしから好きになったりしない。でも、ベッドに倒れ込むとなると、これはまったくの別問題だった。

まさにあの夜、マテオとわたしはベッドに倒れ込んだ。まだパーティーが続いているなか、わたしの寝室にふたりで逃げ込むと、暗闇で怒りをぶつけ合うようにお互いの服を脱がせた。マイルズ以外の人と寝るのはどんな感じなのか、だいぶ前から想像していた。わたしの鼻先が、子犬の腹のように柔らかい彼のきめ細かい肌、短い針金のような野性的な茂み、その下へとすべっていくのを。でも、マテオとのセックスがどうだったか、言葉にできなかった。翌日に思い出せたのはほんの一瞬、5秒のフレーム映像だけ。彼の上にいるわたしが、両手で彼の胸をかきむしり、狂ったように髪を振り乱している。あとから教えてもらった話だと、叫んでいたそうだ。アパートの薄い壁を貫くほど興奮した声で。

「楽しかったかなんて、確かめるまでもないよね」。翌日、コーヒーを飲みながらルームメイトのタラが言った。

いや、いい質問だ。だって正直言って、まったく記憶になかった。

「経験アリ」はナシよりカッコいいと思っていた。マイルズとセックスしたのは16歳のときだった。キラキラした紙吹雪も、空に一斉に羽ばたく鳩も見えなかった。それどころか、性器にボウリングのボールを押し込まれたような感じだった（とても優しくて愛のこもったボウリングボールだったけれど）。わたしはマイルズが大好きだった。でも、ふたりの性欲の音量は違った。トランジスタラジオで言うと、わたしのはせいぜい中程度のハム音くらい。マイルズのは11まで振り切れていた。

ティーンエイジャーの男の子なんてそんなもんでしょ？　彼らにとっては、なんだって寝る対象になる。家具とも寝る。床板とも寝る。彼らのペニスは、誰かの下着のなかに金が埋もれてないか永遠に探し続ける占い棒だ。一方のわたし？　わたしはロマンティックなものに憧れる女の子だった。優しくなでたり、そっとキスしたりするのが好きで、そんな夜はとろんとして胸がいっぱいになった。

わたしは清純派でもなんでもなかった。そんなのは高校では汚名だった。**純情ぶるなよ。**男の子たちは、ひざを縫い合わせたようにくっつけ、キスしても舌が怠け者のナメクジのように反応しない、かたくなな不感症の女の子たちをジョークにした。わたしはそんな態度をとるつもりはなかった。舌は優雅に巻き付いた。ひざはきしむ音ひとつたてず開いた。ブラはすべるように床に落ちた。彼を引きよせ、自分の体じゅうを這わせ、彼の口であちこちに電気が流れるのを感じた。でも、そのあとだ。

それからどうなった？

イッたふりをしたとは言わない。そんなのわざとらしく聞こえる。まるでオーガズムとはどんな感じか知っていて、故意にイッているのを装ったみたいだ。わたしの知るオーガズムは、男の人と付き合えば得られるものという認識に近かった。彼氏ができた。それならイッてる？　たぶんイッてる！　手足を必死にバタバタさせればサーフィンできるようになるかもしれないというように、大きくあえいだりうめいたりしながら、快感が高まるのを期待した。

「イッた？」マイルズがひたむきな青い目でわたしを見ながら聞く。

わたしは笑顔で答える。「うん」。それは願望の成就と、演技の不安と、性的未熟さを一つにまとめた言葉だった。

セックスが上手になりたかった。なりたくない人なんている？　セックスが**下手**になりたい女性なんている？　ミッキー・ローク主演のNC17指定の映画を見てから、セックス上手とは背中を反（そ）らせ口を開けながら狂った動物みたいにヤリ合うことで、そうすれば二つのオーガズムが雷鳴を轟（とどろ）かせるんだと思っていた。真似するのにそれほど難しいポーズじゃなかった。腹を引っ込め、ちょうどいい照明を探し、大暴れすればいい。

実際にセックス上手になるためには、解放感や自分の体への肯定感が大切で、要するにわたしはどちらももち合わせていなかった。かつて、お泊まり会の前に陰毛を剃っていた少女は、そう簡単に男に触れられることを許すわけにはいかなかった。わたしには「立ち入り禁止」のテープが巻かれていた。背中にあるほくろを、絶対にマイルズに見られたくなかった。二の腕の肌がざらざらしていて（毛包炎と呼ばれる症状で、そんな意味ないけれど卑猥な言葉に聞こえる）、いちゃついているときにマイルズの手が近づこうものなら払いのけた。

問題は――ほかにもたくさんあるけれど――自分の体や、どうすれば気持ちよく感じるかについて、ほとんど知識がなかったことだ。それなら他人にこうしてほしいと言えるわけがない。わたしの性器は知らない人の遊び場みたいだった。わたしはマスターベーションをしたことがなかった。怖かったのか、恥ずかしかったのか、ただ興味がなかったのか、理由はわからない。マスターベーションは指でヤッてくれる人がいない、離婚して歳をとったさみしい女のものと思っていたのかもしれない。25歳のときにようやくバイブレーターを買った。初めてイッたとき、その感覚はほかに間違えようがなかった。やっとくしゃみが出たみたいな恍惚感。我に返り、心底バカらしくなった。ちょっと待って、**これ**がオーガズム？　まったく、どうりでみんな大騒ぎするわけだ。

大学時代は自分の体について、他人が褒めてくれるパーツしか知らなかった。わたしのおっぱいは発光するトラクタービームで、崇められたり賞賛されるのがうれしくて、ときどきその光源をパッと露出させた。それに、胸が目立つことで太ももや尻への視線をまぬがれるのも気に入っていた。アイルランド人のチビのじゃがいも農家みたいな太ももは、先祖代々の呪いだ。長くエレガントな脚をえんぴつみたいに組む、カットオフジーンズ姿の女の子たちにたいして、わたしのスカートはひざまで届いた。

大きなフランネルのシャツを、小柄な自分の腰にいつも巻いた。そうすれば下半身を隠せた。さりげないカムフラージュだ。**ここ、ちょっと暑いから、お尻が見えないようまるごと隠そうかな。**

酒が助けてくれた。それはもう頼りになった。空のビール缶が要塞になって、恐怖や批判から守ってくれた。酒はわたしの腰回りの緊張を解き、にぎった拳をこじ開け、何年も不安で人目を意識していたあとに味わう自由はすばらしかった。路地でおしっこしながら、しぶきに素足を浸すのは気持ちよかった。芝の植え込みや、アパートのふかふかのグレーのカーペットに、顔面から倒れ込むのは気持ちよかった。ソファーの上で跳びはね、腰のフランネルのシャツを振り回して、頭に巻き付けるのは気持ちよかった。

酒がやりたいように、なりたいようにする許可をあたえてくれた。わたしの人生のほとんどは、「夕飯、どこで食べたい?」に「わかんない。**あなた**はどこで食べたい?」と返す、永遠のループだった。でも、あのガソリンをタンクに注ぎ込めば、自己主張の塊になった。**わたし、いますぐ「タコベル」食べたい。わたし、いますぐタバコ吸いたい。わたし、いますぐマテオがほしい。**そして、自分がほしいものをようやく口に出すと、面白いことにときどき——いやほとんどの場合——それを手にできた。

マテオと恋人同士になれると思ったかって?　勘弁してよ。わたしにだって分別はあった。……けれど、答えはイエスだ。恋人になりたかった。でも、自分の幼稚な願望を抑えていた。

わたしたちが「デートしている」関係じゃないことは、それがどういう意味にせよわかっていた（「ステディーな関係」とか「特定の相手がいる」みたいな昔の言葉だ）。その頃は、フックアップ［気軽に後腐れなく性的関係になること］という言い方さえなかった。ただ、ふたりの関係はなにかだった。マテオとわたしには**なにか**があった。ふたたびなにもなくなるまでは。

セックスした次の日の夜、マテオが部屋にきた。わたしはだぶだぶしたストライプのフランネルのパジャマを着ていた。着られる毛布みたいな二日酔い用の服だ。わたしはソファーにあぐらをかいて座り、マテオは水槽の前をいったりきたりした。カールした柔らかい髪を引っ張り続けていた。彼は言うべきことがあって、どう言えばいいかわからなくって、でもはっきり言う必要があった。つまりこうだ。ほかに女の子がいた。わたしも知っている子だ。ウィノナ・ライダーみたいなタイプで、バンビのような目をして、コンバースのスニーカーを履いていた。彼とその子はそのとき付き合っているような、いないような関係だった。彼が言っておきたかったのは、わたしはそれはもう魅力的で、昨日の夜はそれはもうすばらしかったけれど、要はつまり……問題は……。

「わかってる」。わたしは彼に言った。「全然平気だから」

「ほんと？」心底ほっとしたようだった。すごくうれしそうな彼を見て、わたしもすごくうれしかった。わたしが簡単に手を差し伸べたことで、ふたりのあいだにあった10種類近くの気まずさが吹き飛び、以前の楽屋のような親密さをまた感じた。すべてがスムーズだった。

彼が帰ったあと、アナに電話し大泣きした。

デイヴという男の子と親しくなった。彼は、わたしが寝ていないたくさんの男友だちのうちのひとりで、この関係は気が合うからこそあたえられた贈り物なのか、自分の究極のモテなさ加減を示す証拠なのか、わからなかった。男の子たちと仲良くするのも、彼らの軽率な一夜かぎりのセックスや、煮え切らない恋愛について意見するのも好きだったけれど、こう思ってしまう自分もいた。**なんで、わたしじゃないの？　うちらの最高の友情を危険にさらすほど、セクシーじゃないってこと？**

デイヴとわたしは、いっしょに酔っ払ってお互いを笑わせるのが好きだった。わたしたちの夜は、どっちが笑いで一歩抜きん出るか勝負するゲームだった。いまこの瞬間、どこまで限界に挑めるか？　どんな見たこともないネタを考え出せるか？　わたしは『ショーガール』の動きをしょっちゅう真似していた。ダンサーがストリッパー（か、なにか）になるつまらない映画だ。セリフが犯罪的にひどくてお気に入りだった。あの若さゆえの優越感がもたらす安っぽい興奮。自分で砂の城を作るより、蹴り壊す方がずっと楽しい。

ある夜、デイヴとオクトーバーフェストの静まりかえった会場内を歩いていた。わたしは酔っていた。（当然だ。わたしはいつも、つねに酔っていた。）レーダーホーゼン［革製の半ズボン。ドイツ南部バイエルン地方の民族衣装］を着て、飴の杖みたいに背中を丸めた70歳くらいの男性が近づいてきて、わたしはシャツをめくり上げ、ブラをすばやく露出した。なんの警告も、前触れもなく。完全に不適切な行為だった。デイヴは地面に崩れ落ちそうになるほど爆笑した。こんなふうに彼を降参させられて、有頂天になった。彼が恋する女の子になれないなら――それはわたしのルームメイトのタラなんだけど――せめて彼を圧倒する女の子にならなきゃ。

タラは優しい子だった。二日酔いの日曜日、デイヴとわたしのために卵とベーコンを調理しながら、わけのわからない変な鼻歌を歌った。わたしたちの部屋を、ヒマワリとフリーマーケットで買った小物で飾った。彼女がカーテンを開けると、デイヴとわたしは吸血鬼みたいに不満の声をもらしたけれど、タラは太陽が気分を上げてくれると知っていた。これこそ、わたしがイメージするタラだ。暗闇に降り注ぐ光。それなのに、ある朝、彼女はわたしを座らせると、「例の会話」をもち出した。「昨日の夜、わたしのことずっとビッチ呼ばわりしてたんだけど」。彼女が言い、わたしは思った。**そんなわけない。こんな優しい子に向かって。**

なんでそんな言動をとったのか、思い当たるのは一つだけだった。バーボンのせい。

デイヴがきっかけで、バーボンを飲むようになった。ジム・ビーム、メーカーズマーク、エヴァン・ウィリアムス。彼はマンハッタンの入ったタンブラー片手に、パーティーを楽しんだ。男のロマン――スポーツカーやカウボーイブーツ、レコードにパチパチという音がいまも残る昔のブルースの興奮——に魅せられていた。バーボンを「本物の酒」と呼び、わたしはなんとも腹が立って自分も飲まずにはいられなかった。

わたしは蒸留酒に興味がなかった。正直言って怖かった。ライトなラガービールのふわふわした口あたりが好きだったし、ビールはぱっと見ではわからない無意識状態に連れ去ってくれた。バーボンは、デート開始から20分でソファーに突っ伏すような感じだった。それでも、タラがバーボンを飲みはじめたので、もちろんわたしも負けてはいられなかった。

わたしたちのグループは、酒が飲めない女の子をバカにした。2杯飲んで吐く子。カクテルに果物や氷砂糖を加え、酒をバースデーケーキみたいにしないと飲めない子。わたしは、浴びるように飲める自分の体質に誇りをもっていた。だから、あの琥珀色のボトルにふらふら近より、その刺激を飲み下す術（すべ）を学んだ。何度も繰り返すうち、自分のなかにある快感の仕組みがまるごと変わる。ふわふわした口あたりじゃもう物足りない。体が血を求めている。**ほら、かかってきなさいよ。もっと本気出してみなさいよ。**

わたしが暴走したのは、テキサス大学とオクラホマ大学のアメフトの試合を見るため、3人でダラスに車で向かったときだった。わたしはアメフトなんてどうでもよかった。母校と生まれた州を象徴する、あの熱狂的なくだらないアメフト愛を毛嫌いしていた。でも、タラとデイヴはわたしの不満に耳を貸さなかった。ふたりは校章の入った服や缶ホルダーみたいなガラクタ一式をもっていた。金曜の午後、彼らは友人のフォード・エクスプローラーに乗り込み、わたしもいっしょにいく以外に選択肢はなかった。アメフトより、置いてきぼりにされる方がきつかった。

助手席に座ったデイヴが、音楽と酒の順番を仕切っていた。なかで泳げるほど大きいプラスチックのカップに、ジム・ビームとコーラを混ぜた。

「あんまり急いで飲むなよ」。わたしに言った。彼はそういう人だった。見守る人。高校時代にライフガードだった彼は、いまだにどんなパーティーでも溺れそうな人がいないか見張っていた。

「急がない。約束する」。そう答えたけれど嘘だった。どうしてもハイペースで飲んでしまうのは、もともとそういう飲み方だから。わたしは生まれついての大酒飲みだった。オースティンを出て45分、ガソリンスタンドによったときにはすでに巨大カップで2杯目を飲んでいた。立ち上がると、これまで飲んだ酒が体じゅうをかけめぐった。西部劇で、ポーカーのテーブルから起立して卒倒するギャンブラーみたいになった。最後に覚えているのはトイレの外に立ち、タバコに火がつけられずにいると、親切な人が逆さにくわえていると教えてくれたことだ。

そのあとの4時間は記憶にない。トイレに流れていった。その週末、幸運にも両親は町を離れていて、ダラスの実家で目を覚ましたわたしは、子どもの頃のベッドで裸で丸まって震えていた。壁から引き剝がしたジェームズ・ディーンのポスターを、毛布のようにかけていた。なにかとんでもない間違いを犯していた。

教えてくれたのはタラだ。翌日電話してきた声は冷ややかだった。「いまみんなちょっとムカついてるの」。彼女が言い、わたしは電話のコードを人差し指にきつく巻きながら、指先が赤から白に変わるのを見ていた。いっしょに大酒を食らってきた仲間を敵に回すとは、並大抵のことじゃない。

わたしが思い出せなかった顚末は、何度も語られるネタになった。ダラスの端まできたところで、わたしは尻を出すことにしたらしい。尻を露出するのは、80年代のセックスコメディの定番シーンだ。私立高校の男子生徒たちが、従順な青春に反旗をひるがえす「アニマル・ハウス」のようなジャンルの映画。自分がそんな懐かしの映画にオマージュを捧げたんだと思いたい。いくつかの大きな失敗をのぞいて。一つは、わたしといっしょにいたのは同じテンションの男子高校生ではなく、ほとんど酔っていない怒った大学の友人たちだったこと。二つめは、ああいう映画で尻を見せているのは、夜に幹線道路を猛スピードで走っているときで、わたしの場合は夕方5時の渋滞中だったこと。そう、わたしは州間高速自動車道でのろのろ進む車の列に向かって尻を出した。これって誰かに尻を見せながらそのまま10分、その人とスーパーのレジにいっしょにならぶ感じにちょっと似ている。**ねぇ、調子どう？　ごめんね、友だちが尻見せてるけど気にしないで。すごい酔っ払ってるんだ。試合、楽しみ？**

三つめの、いちばん大きな違いは、わたしが女だったこと。女には、いいヌード（おっぱいをゆらす、脚を開く）があれば、悪いヌード（便座に腰かける、乳輪の毛を抜く）もある。まだお天道様が見えている時間、車の窓に白いデカ尻を押しつけるのは、**間違いなく**悪いヌードのコーナーに掲載されるはずだ。

翌週は屈辱のビュッフェだった。人には死にたくなるときがある。もはや一回死ぬだけじゃ全然足りない気がするときもある。ほかの人たちの命を借りて終わらせないと足りない。自分の苦痛を消し去るには、そこらじゅうを死で埋め尽くすしかない。時間がたつにつれ、これは笑えるエピソードになったけれど、誓って言える。あのときは二つの選択肢しかないと思った。あの車もろとも、みんなを闇に葬る。もしくは、二度とバーボンを飲まない。

あの日、わたしはブラウンリカーをやめた。**二度と手を出さない。**そう自分に言い聞かせた。すべての大失敗がそう簡単に解決するわけではないけれど、このときはその部分をはさみで切り落とすだけですみ、わたしはそれから何年もパーティー生活を続けることができた。みんながわたしを許してくれた。それが大学時代の美しいところだ。誰もがお互いの見苦しい写真をもっていた。

それでも考えずにはいられなかった。なんで、わたしってこうなんだろう？　大学時代とは自分探しの時間だ。そして、酒は「大いなる発見の源」だ。でも、わたしはらせんのなかにさらに迷い込んだ。酒を飲んでないときは隠して、へべれけに酔うと全裸になるってどういうこと？　タラが大好きなのに、7杯飲んだら罵倒しちゃうのはどうして？　デイヴなんて好きじゃない（いや、たぶん好き）のに、なんで認められようと無茶するの？　わたしはこの根底にある秘密を暴く必要があった。この飲んだくれを掘り下げる必要があった。

大学卒業間近になって、ようやく恋人ができた。そして、なにより不思議だったのは、彼は酒を飲まなかった。わたしには信じられないことだった。昔は飲んでいたけれど、もうやめていた。**自分の意志で。**パーティーで出会ったとき、彼は1960年代のジンの広告から抜け出たみたいな格好をしていた。ゴールドのジッポーを取り出すと慣れた様子でこすって点火し、キャメル2本に同時に火をつけ、1本をわたしにくれた。フランク・シナトラみたいに。

2週間後、いっしょにロードトリップに出かけ、ニューメキシコ北部のどこかで星空の下にテントを張って寝た。こんなことは小さい頃以来だった。キャンプは計画してするもので、流れでこんなふうに過ごしたことはなかった。南西部の赤い岩山の渓谷に感動しながら、わたしは思った。どうしてこんなに美しいの？　昔からずっとこうだったの？

パトリックはプロの料理人だった。仕事から帰ってくるのは真夜中で、彼の服は薪を燃やしたオーブンの匂いがした。指先には、むらさき色の三日月形をした火傷の痕があった。彼の友人たちも料理人や同じような快楽主義者で、上質なワインを飲み、盛り付けにこだわりがあり、彼が一体わたしのどこに引かれたのかしばらく疑問だった。でも、自分以外の人に心の扉を開くと、ときに大きな喜びを得る。彼はトム・ウェイツと真牡蠣と、男の人が人差し指で背中の感じやすい部分をなぞると全身に震えがかけめぐることを教えてくれた。

いっしょにビリヤードをした。典型的な男のスポーツ、ハスラーの腕比べだ。ビリヤードは好きだけれど、パトリックに出会うまでルールをよく知らず、勢いだけ真似していた。テーブルでボールが散弾みたいに四方に散らばる音が好きで、毎度でたらめにショットを突いた。パトリックの手さばきはあざやかだった。どう動けばいいか知っていた。

「もっと落ち着いて」。後ろにより添いながら、わたしをからかった。目線を合わせるため姿勢をどう低くすればいいか、指のあいだでキューをゆっくり優しく引くにはどうすればいいか、弓矢を後ろに引っ張るみたいに教えてくれた。ボールに回転をあたえるにはどうすればいいか、わかる言葉で説明してくれた。ここぞというときは後ろ手にキューをもち、絶妙な力加減でボールを突けば、緑のフェルトをすべっていちばん難しいコーナーポケットに**コトン**と静かに落ちる。「必要なときだけ、力を入れるんだ」。唇からタバコをぶら下げながら言い、コーナーめがけてショットを打った。バーン。ボールが沈む。

わたしはもう父のジーンズははいていなかった。タイトなペンシルスカートや、体の曲線が出る黒のワンピースを着ていた。髪は赤褐色に染めた。法的に飲める年齢になってからの初めての酒は、パトリックがいっしょだった。彼が連れていってくれた「スピークイージー」というシガーバーは、廃墟だった倉庫街に新しくオープンした、禁酒法時代を彷彿(ほうふつ)させるオシャレな店だった。わたしはウォッカマティーニを注文した。「ダーティー［ドライジンにオリーブの浸漬液を加えたもの］の方が好きだと思うよ」。またしても彼の言う通りだった。

でも、酒が口論の原因になった。飲めば飲むほどわたしは彼がほしくなり、彼はわたしを遠ざけた。

「また酔っ払ってるな」。欲望を抑えられなくなるまで飲み、突進してくるわたしを、彼はそう言って突き放した。酒断ちした人が、飲酒をコントロールできない人と付き合うなんて、変な話だと思うかもしれない。でも、わたしたちはお互いの気持ちが理解できた。双方が近よれない場所から手招きしていた。彼はわたしのなかにかつての放蕩を、わたしは彼のなかに未来の希望を見ていた。それでうまくいった。しばらくのあいだは。

付き合いはじめてから半年後のある夜、パトリックにもう愛していないと言われた。これをわたしがどう受け止めたか。いちばんわかりやすく説明すると、わたしはそれから7年、誰ともデートしなかった。

でも、ビリヤードでたくさんの男たちを倒した。鼻息を荒くした彼らが、床にキューを立てたままテーブルのわたしの動きを目で追っているのを、視界の片隅でとらえた。あの男たちがこんな小娘に負けたかって？　少なくとも、わたしの一夜かぎりの男ふたりはこうした勝負がきっかけだった。そのほかの男たち？　どうしてそうなったか思い出せない。

4 仕事中も飲む

小さい頃から文筆家になりたいと思っていた。本当のところは、文筆家で女優で監督になりたかった（ほんの短期間だけれど、迷走していた時期はダラス・カウボーイズ［ダラス・フォートワース複合都市圏に本拠地をおくアメリカンフットボールのプロチーム］のチアリーダーで文筆家で女優で監督になりたかった）。こうなったのは自分がまいた種だ。わたしは真っ当な媒体に記事を書いたことがなかった。ジャーナリズムなんて頭によぎりもしなかったけれど、大学の日刊紙の編集長になったルームメイトのタラから、記事を書かないかと誘われた。青白い顔のチェーンスモーカーたちが大学のクーポン券について言い争っている、むさくるしい地下室に下りていった。入り口に看板が掛かっていた。**GPA（成績平均値）の墓場、《デイリー・テキサン》紙へようこそ。**

わたしはエンターテインメント部門に配属になった。ここなら、小汚いコンサートTシャツを着た男の子たちが「ペイヴメント」の最新アルバムをめぐって取っ組み合いをしているあいだ、町の舞台公演をなんでも好きに取材できた。**今日**書いたものが、**明日**にはキッチンテーブルの上に乗っているなんて、初めての経験だった。なんというスピード感。ジャーナリストを目指すばらしい理由はいくつもある。弱者を支援するため。プロフェッショナルな好奇心を発揮するため。わたしの場合？　無料でいろいろ手に入るのと、紙面で自分の名前を見るのが好きなだけだった。

編集部の仲間付き合いにも魅力を感じた。執筆はいつも孤独な作業だったけれど、キーボードをカタカタ鳴らしているパーティションの横を縫うように歩くのは、幕が開く直前のバックステージにいる気分だった。わたしはもう舞台に立っていなかった。人から見られるのが居心地悪くなったからだ。ジャーナリズムは、幕が閉じたままの舞台で演じるような、自分をさらけ出す別の方法を教えてくれた。

23歳のとき、地元で愛されているオルタナティブ週刊紙《オースティン・クロニクル》で働く機会を得ると、すっかり舞い上がった。本物の給料だ。「医療給付」とか呼ばれるものもついてくる。いま、階段の一段目に立つ自分のずっと先に、《ニューヨーク・タイムズ》が見える気がした（想像するのは自由でしょ？）。と言いながらも、《オースティン・クロニクル》は一生そこで働き続けてもいいと思える職場だった。記者たちはビーチサンダルを履いて、朝10時過ぎに出社した。毎日午後になると大きな樹のそばでマリファナに耽っているグループがいたし、バレーボールの試合のため5時に作業を切り上げる部署もあった。毎朝ロビーで朝食用タコスを1ドルで売る女性がいた。どこからともなく現れた人が二日酔いに食べものをあたえてくれるのも、オースティンの数え切れないほどある魅力の一つだった。

わたしのデスクはレンガの壁に面していて、ミュージカル『レント』の巨大ポスターを飾っていた。大学院に通う兄に会うため、初めてニューヨークを訪れたときに買ったものだ。兄が連れていってくれたブロードウェイの舞台で、きしむ座席から自由奔放な世界――ジェルで固めたパンクヘアのドキュメンタリー作家や、ドラッグ中毒のミュージシャン、口紅を塗って黒のキャットスーツを着たレズビアンたち――に釘付けになりながら、わたしもいつかそこの住人になりたいと夢見た。

《オースティン・クロニクル》に入社して1週間後、制作部のみすぼらしい男がポスターの前で立ち止まると、指をさし頭を振った。「マジで?」そう言って去った。『レント』が90年代のひたむきさや、わざとらしい過激さを象徴するジョークのネタになっていたなんて知らなかった。エイズ患者が恋する胸の高鳴りを五部合唱すると、老女の顔を殴りたくなる同僚がいるなんて気づかなかった。この日、わたしは初めてポップカルチャーの残酷な一面を学んだ。主観的センスは間違っている場合もあるのだと肝に銘じた。

その土曜、まわりに誰もいないのを見計らって『レント』を剥がし、『ブレードランナー』のポスターに貼り替えた。SFオタクやシネフィルたちが熱く語る映画だけれど、わたしにはよくわからなかった。一度しか見たことがなく、しかも途中で寝落ちした。

月曜、例の制作部の男がふたたびデスクのそばを通った。「それだよ、それ」。親指を立てながら去った。

昔からポップカルチャーには詳しいと思い込んでいたわたしにとって、《オースティン・クロニクル》はまわりに許容してもらえるインディーズのセンスをやしなう短期集中コースだった。中学生のとき、さりげなく会話に出せるよう慣れない単語を記憶したように、詳しくなるべきアーティストのリストを頭に入れた。ジム・ジャームッシュ、フランソワ・トリュフォー、アルバート・メイスルズ、ヴェルヴェット・アンダーグラウンド、ジェフ・バックリー、ソニック・ユース。オルタナティブ週刊紙の精神とはつまるところ、オルタナティブでいること。わたしたちの使命は、メインストリームの外にあるいちばん重要なストーリーに着目することだった。あと付け加えるなら、トップ40［ラジオの音楽チャート番組］なんてものはゴミ。

毎週木曜の午後、防空壕のような窮屈な会議室にスタッフが集まり、その週のネタを出し合った。話し合いがいつも脱線するのは、彼らがなにかにつけいちいち口論するからだ。いちばん過大評価されているグランジバンド、客観的ジャーナリズムの概念、黒いんげん豆かフリホレス豆か。わたしは座ってひざに手を置いたまま、自分に話が振られないよう祈った。それなのに、誰にも指名されず会議が終わると、なぜかがっかりした。なんのためにあれだけ緊張したのか。

注目を浴びることに、つねに複雑な思いがあった。視線に込められた熱は心地よく感じても、吟味されるのは嫌だった。人生の半分はソファーの後ろに隠れ、もう半分はなんで誰もこっちを向いてくれないのと悩んできた、そう断言できる。

週末は同僚たちとカラオケにいくようになった。自分への自信のなさをごまかすには完璧だった。観客席で次から次にビールを飲み、「もう知るか」という境地に達してからマイクをにぎった。カラオケは脳の美意識から解放された部分に直結していて、「ジャーニー」の歌に夢中だった子どもの頃にたちまち戻った。どんな歌声でも、どんな趣味でも非難されない——それは《オースティン・クロニクル》の哲学とはほぼ真逆だったけれど、それでも同僚たちは楽しんでいた。批評するのが仕事の人たちでさえ、密かに批判とは無縁の世界を求めているんだと思う。

会社のホリデーパーティーのカラオケ大会で、「愛のかげり」のこれでもかバージョンを、声帯が破裂する勢いで歌った。さんざん飲んでミラーボールの世界にいたわたしは、自制の糸が切れて割れんばかりに声を張り上げた。

次の月曜、気難しい編集長が会議で口火を切った。「ホリデーパーティーの件で一つ言っておきたい」。わたしの方を向くと目を輝かせた。「サラ・ヘポラ、サイコー」

わたしがどれだけよろこんだか、宇宙からでも目視できたと思う。それまで、編集長がわたしの名字を知っているかどうかも怪しかった。

月日がたつにつれ、ジャーナリズムをキャリアとして真剣に考えるようになった。この仕事がここまで刺激的だなんて、想像もしていなかった。音楽フェスティバル、有名人たちへのインタビュー、クエンティン・タランティーノがくるパーティー。こんな田舎にもIT企業の金が流れ込んで、街が成長するにつれ新聞も広告出稿で潤った。ボーナスが出て、お祝いに無料のバーが提供された。大学を卒業して1年後に《オースティン・クロニクル》に身を置くのは、5年間のハウスパーティーを終えた挙げ句、おとぎの国の破れたソファーに倒れ込むようなものだった。

略奪品。そう呼ばれる、おそろしいほどの数のプロモーショングッズが届いた。Tシャツ、トートバッグ、ノベルティーのおもちゃ。「メリーに首ったけ」と書かれたビーチボールは1年間、廊下を回転草のようにあちこち転がっていた。

無料の映画、CD、本が手に入った。キッチンには無料の「ティトス・ウォッカ」のボトルがならんでいた。冷蔵庫にはシャイナー・ボック〔テキサスの地ビール〕がときどき入っていた（これにはみんなお金を払った）。毎週水曜の夜は新聞をベッドに寝かしつけ――わたしたちは新聞を我が子に見立ててこう言った――会社の裏のピクニックテーブルで、校正係や制作部の男の人たちと遅くまで飲んだ。「究極の二択」ゲームをしながら、スタッフ全員のなかで寝たいと思う人は誰か、お互いの名前は出さないよう用心しながら絞り込んでいった。

最初の頃は、それほど書く仕事はなかった。イベントの一覧表を担当したり、無駄に形容詞を盛り込んだ下手くそな舞台評を書いた。ジャズのリフのように、かなり攻めた比喩やパラグラフをならべる、ある気鋭の若手音楽批評家がいた。どうやったらそんなに上手く書けるのか聞いたところ、答えは「ＬＳＤをやったんだ」。でもそれだけじゃない。彼はすべてのライターに必要なもの、自分ならではの視点をもっていた。

わたしにはなかった。わたしが書くものは、文章のカラオケ版だった。自分が尊敬する年上の批評家たちの形式や言い回しを猿まねした。ときには友人たちの意見を舞台評に拝借した。わたしの感想よりよっぽど的を射ていると思ったからだ。毎週、会議室で特集記事のラインナップに耳を傾けながら、あのスポットライトを強烈に求めていた。でも、視線を浴びたところでなにを話せばいい？

大学時代に新聞を読んだことはなく、なんで新聞の仕事をしているのかほんのちょっとだけ気まずく思った。読者は新聞になにを求めているの？《オースティン・クロニクル》は主に、批評と報道という二つの柱があった。でも、わたしはそのどちらにも深い知識がなく、書く訓練も受けてこなかった。同僚たちが会議室で職権を振りかざす一方で、わたしはなにをどう答えてもしくじりそうで不安になった。黒いんげん豆かフリホレス豆か。上等な豆は**どっち？**

芸術のセンスにも自信がなかった。世の中は「皮肉の時代」に突入していた。ローカルチャーはハイカルチャーになり、愛することと嫌うことの差は紙一重だった。わたしみたいな人たちは、無関心を装ったり、ポップカルチャーの知識をひけらかしたり、嫌味な態度をとって、本心を隠した。バレなければ、誰に心を傷つけられることもない。

　わたしは『ブレードランナー』を剝がし、バックストリート・ボーイズの写真を飾った。そしてスタッフ全員に、誰がいちばん好きか投票させた。

「知るわけないだろ」。気難しい編集長を廊下で呼び止めるとこう言った。「金髪の、笑顔がかわいいやつ」

《オースティン・クロニクル》で働きはじめて約9か月後、初めての大きな仕事を命じられた。わたしは高校のプロムに潜入した。数か月前にコロンバインで銃乱射事件があってから、「現代のティーン」を取り上げる誇大妄想的な記事が氾濫していた。わたしのは一人称語りのふざけたとんでも記事みたいなものだったけれど、一面に掲載されるのはほぼ確実だった。

　一つだけ問題があった。わたしはプレッシャーであせりまくり、一文字も書けなかった。点滅するカーソルを何時間も凝視しながら、書いては消しを繰り返した。締め切り前夜、なんでもいいから解決策がほしくて、ワインのボトルを開けた。**もう知るか。これでなんとかなるかもしれないし。**

　それまで、書いている最中に飲んだことはなかった。紙面整理を待つあいだ、ビールを数本飲んだことはあったかもしれない。でも、書くのと飲むのは、根本的に正反対の行為だった。食べるのと泳ぐのぐらい違う。書くには、冷静な鋭い視点が求められる。酒を飲むとは、大声で騒ぎ視界がぼやけることだ。

ワインは、自分への不信感をしずめてくれた。スランプ状態のライターは、どの発想もありきたりで、どの言葉も平凡すぎると自分をいじめる頭のなかの声と闘っている。麻薬常用者は、より研ぎ澄まされた意識レベル、別次元の入り口に到達できると語るけれど、わたしにただ必要なのは、頭のなかの批評家を引きずりだす巨大な釣り針だった。

その夜、飲んだわたしは書くモードに入った。言葉がずっと解かれるのを待っていたように、指先から転がり出てきた。あまりにも上手くいき、信じられない思いだった。記事が掲載されたあと、スタッフたちが廊下でわたしを呼び止め、気に入った箇所を教えてくれた。

というわけで当然、それは日常的な行為になった。ポンプに呼び水を差すためグラスを数杯。ときには自分の散らかった狭いガレージアパートで、人目を気にせず我を忘れるほど飲んだ。これは意図してやったことだ――目を半分閉じたままキーボードを端から端までたたきまくる状態、自在にピアノを弾くレイ・チャールズみたいになるまで飲んだ。意味不明な単語の羅列になると思われても仕方ない。実際そういうときもあった。でも、それ以外のときは、あとで読み返して思った。**嘘でしょ、これけっこういいじゃん。こんなこと考えてたなんて、自分でも知らなかった。**書き上げたページには、綴(つづ)り間違いや文法ミスがたくさんあったけれど、列車が猛スピードで高原を突っ走るような、催眠術がかかった勢いがあった。読者をぐっと引きよせるような、締め切り目前ならではの率直さがあった。**もう残り数分しかない。なにもかもぶっちゃけてやる。**

そんなに飲んで、しかもクビにならないなんてどうしてと、ときどき人に聞かれた。でも、酒飲みはぴったりの仕事にありつくものだ。

「シークレット・サンタ」のくじ引きでわたしの名前を引いた編集長が、両側にビールホルダーが付いた帽子をくれた。「これでもっと職場で飲めるぞ」

25歳の誕生日に、車でアナの家に向かった。彼女はサンフランシスコに引っ越し、ゴールデン・ゲート・パークの近くのカフェでよく長い手紙を書いてくれた。彼女の文章には、いつもスキップしている女の子みたいな軽快さがあった。

一方で、わたしはあんなに苦々しく憂鬱な気分で誕生日を迎えたことはない気がする。まだ若く、しかも恵まれた仕事をしているくせに、なにが不満だと思われるかもしれないけれど、25歳とはこの世でまだ手にしていないものを突き止める達人で、この年の誕生日は自分が達成していないすべてを確認するために建てた記念碑みたいだった。恋人もいない。本を出版する契約もない。あるのはほんのちょっとの名声だけ。「新聞で名前見たよ」なんて言ってくるやつらがいる。なんでそれが褒め言葉になると思うわけ？　**名前見たよ。**へー、ありがと。で、そのあと2000文字の記事は読んでくれた？

友人たちはまっとうな仕事に就くため沿岸部の都市へと逃れ、わたしはそのあとを追う気概がない自分を責めた。アナは、カリフォルニアで非営利の法律関係の立派な仕事をいくつか経験しながら、社会の公正を追求していた。ルームメイトだったタラは、ワシントンで報道記者になった。わたしといっしょに《オースティン・クロニクル》に採用された友だちのリサは、マンハッタンに進出し《ニューヨーク・タイムズ》の仕事を得ていた。

「こっちにくるべきだよ」。定期的に電話でおしゃべりしていた彼女は言った。そんなお金ないと答えた。もっと正確に言うなら、怖かった。

高校時代の演劇部の友人、ステファニーは臆病じゃなかった。数年前からニューヨークに住んでいた彼女は、例のめったに見られない生き物の一つ「人気女優」になっていた。NBCの犯罪ドラマの弁護士役を勝ち取り、80年代のラッパー、アイスTと共演していた。『LAW&ORDER:性犯罪特捜班（略称SVU）』という番組で、わたしは「SUV」と呼ぶ方が好きだった。かつていっしょに夢見ていた通り、大都市で成功をおさめ、金ぴかの熱気球に乗り舞い上がっていく彼女を、わたしは地上で棒立ちのまま見送り、重ねてきた人生の失敗を数えた。

恋人ができない悩みには、特にエネルギーを消耗した。《オースティン・クロニクル》に署名記事を書いていれば、アーティスティックなカッコいい男たちと次々出会えると思っていたけれど、実際に会ったのは宣伝担当者だけだった。シャイナー・ボックとチーズ・エンチラーダを何年も貯め込んだ体は少なくとも18キロ増量し、ゆったりしたVネックのトップスと引きずるほど長いレーヨンのスカートで隠したけれど、この世にまかり通るダブルスタンダードを見逃さなかった。男性スタッフはぼんくらみたいな格好をしていても、口のまわりをふいてくれて、彼らのバンドにキャーキャー言ってくれる美女を見つけられた。それなのに、わたしは彼らにとってクールな姉妹的存在でしかなかった。わたしを誘惑してくれるメールはどこ？職場で口説(くど)いてくれる人はいないの？　なんで誰も**わたし**の才能に惚(ほ)れてヤリたいと思わないの？

というわけで、カリフォルニアへの旅が必要だった。たったひとり、5日かけてテキサス西部からニューメキシコ、夕暮れのオレンジ色したクリームシクルみたいなネバダ砂漠を車で走り抜ける。ラスベガスでは、ハンター・S・トンプソンが『ラスベガスをやっつけろ』に書いた、目眩(めまい)がするようなサーカスホテルに部屋をとった。認めるのは悔しいけれど、一度も読んだことがなかった。でも、トンプソンの作品は、わたしが根城(ねじろ)にしたくなるような、放蕩と創造的ノンフィクションが交差する場というイメージがあった。

その夜、ラスベガス・ストリップの安宿が集まったエリアにあるワンコインのアーケードゲームで遊び倒し、200ドル勝った。明らかに機械が壊れていて、同じボタンを繰り返したたけば毎回勝てた。セクシーなメイド服を着たブルネットヘアの女性がチップをもってきたけれど、機械の電飾はぴかぴか光らなかった。コインがじゃらじゃら落ちてくるわけでもなかった。大当たりしたのに少し損したような、変な気分だった。

アナの家に着いたときには、空が暗くなっていた。車を停めると、角に立っていた彼女がヘッドライトに照らされ、下唇を噛みながらふざけて小躍りした。

「このあたりは飲みたいとき、そんな真似しなきゃいけないの？」わたしが聞き、長い道のりをへてやっとお互いを見つけ出したふたりみたいに笑った。でも、アナがわたしの車から荷物を取り出したとき、彼女のなかでなにかが沈み、もう戻ってこなかった。わたしが着くのが遅すぎて怒った？　あまりに太ったのを見てがっかりした？　親友同士のあいだには、不気味な霊感がはたらく。わたしたちは飛行機に乗った猫で、客室内の気圧が下がるたび察知できる。そしてこのとき、アナとわたしは垂直に降下した。

アナの話によると、わたしの車に近づいたとき、後部座席に散乱した空のビール缶が目に入った。彼女が真実を悟った瞬間だった。わたしは道中、ずっとひとりだった。孤独な冒険と、荘厳な自然に酔いしれたけれど、それでも杖がわりにセブンイレブンで安ビールを買わずにいられなかった。不思議なのは旅のあいだ、いつもより飲まなかったことだ。いまでも、彼女の見方を正したい気持ちにかられる自分がいる。わたしが責められるべきだったのは酒の量じゃなく、リサイクル缶への意識だったとでもいうように。

でも、アナはこのほかにもいろいろ知っていた。わたしの失敗談は積み重なっていた。ニューヨークにいったとき、泥酔して階段から転げ落ち、脳しんとうを起こして病院に運ばれた。ある夜、オースティンで友だちとカラオケに出かけ、痛飲してステージに飛び入りし、「リトル・レッド・コルヴェット」を歌っていた男性におそいかかると、可哀想なことにマイクを奪い取った。そのあと酒を注文しにいくと、バーテンダーが言った。「申しわけありませんが、あなたにはもう出せません」。もう出せない？　なんで？　あのプリンスの曲をばっちりキメてやったから？

　怪しげな男たちとのエピソードや、翌朝プランド・ペアレントフッド［全米家族計画連盟。避妊薬の処方や、人工妊娠中絶の処置などの医療サービスを提供する非営利団体］にかけ込んだエピソード、コンドームをかたくなにこばみひどい罪悪感におそわれたエピソードもあった。こうした秘密もアナに打ち明ければ、浄化され救われた気がした。でも、彼女の胸のなかに、重たく突き刺さる心配を積み重ねていた。

　テキサスに戻ると、アナからまた手紙が届いた。今度の文面はスキップしていなかった。腹のなかで雷鳴が轟いているような気持ちで読んだ。黄色のハイライトが引かれているみたいに、拒絶の言葉が次々と目に飛び込んできた。「心配してた」「もう見てられない」「どうかわかって」。酒をやめてとは書いていなかったけれど、これ以上わたしの告白を黙って聞いていられないとあった。それは、いちばん書くのがつらい種類のラブレターだったのに、わたしはそうは受け止めなかった。目の前で、寝室のドアを勢いよく閉められたような気分だった。

1年後に酒をやめた。永遠ではないとはいえ1年6か月。わたしには永遠に感じられた。酒を断ったっていたその期間、たくさんの幸せが舞い戻ってきた。腰回りがやせた。ビールに消えるはずだったお金が、口座にどんどん貯まった。臆せず権利を主張して、自分が望む人生を手に入れようと、行動しはじめた。ある日、編集長の部屋にいき、ドアを閉めるとエクアドルに移住すると宣言した。

この旅は、わたしの人生のなかでも最高の時間になった。エクアドル、ペルー、ボリビア――怖いけれど興奮する日々だった。半日は本を読み、残りの時間は好きなように過ごした。でも、ようやく幸せを手にしたときこそ要注意だ。いまここにないたった一つに、執着しはじめることがある。

わたしは酒が恋しかった。この新しい世界はすばらしかったけれど、あのふくらんだ泡の解放感抜きに完結しない気がした。四六時中、飲むことばかり考えていた。また酒さえ飲めたら、この見知らぬハンサムにすっかり身をまかせて、つきまとう自信のなさに足を引っ張られたりしないのに。語学学校のほかの生徒たちみたいにあの「ピスコ」サワーをすすり飲めたら、スペイン語を話すのが不安すぎて目をそらすかわりに、神の予言みたく知らない単語をすらすら言えるのに。わたしは27歳で、すべてを手に入れていた。ビール2杯、いや3杯の甘美な儀式以外は。あの川に、またつま先を浸したくて仕方がなかった。つま先を浸す、いや飛び込んだっていい。

渇きはますます強くなり、酒に付随するドラマがほしくてたまらなくなった。なにが恋しいかわかる？　二日酔いだ。なにを求めているかわかる？　後悔する夜だ。「ブックデポ」で出会った、ひげを伸ばしっぱなしのバックパッカーの両手が、両すねにむらさき色の痣ができたわたしの体を、あちこちまさぐるところを想像した。

旅に出て3か月たった頃、エクアドルが初めてワールドカップへの出場権を得た。サッカーにはなんの興味もなかったけれど、これは祝わなくちゃ。広場でお祭り騒ぎがはじまった。600ミリリットルのビール缶を開けがぶ飲みすると、つま先までほどけていくのを感じた。2時間後、2本飲んだわたしは宿の前庭でひとり、スペイン語バージョンのシャキーラの曲に踊り狂っていた。批判なんて知るか。分別なんかどうでもいい。**ほんとのわたしに戻った。**

アメリカに帰り、なんでまた飲みはじめたのか、友だちにうまく説明できなかった。なにしろやめる理由を説明してから、たいして時間がたっていなかった。とりあえず、いまは前より健康になったと話した。これからは気をつけると。友だちの大半はうなずき、どう反応すれば協力的か、もしくは騙されたように見えるか、推し量っていた。「みんなしょっちゅう禁酒したり、また飲みはじめたりするでしょ」。わたしは言った。20代後半になだれ込んだわたしたちは、悩み多き道をもがき進んでいた。結婚生活が破綻したり、レズビアンがまた男と付き合いはじめたり、信じていた夢が間違いだったと気づいたり。

数週間後、わたしはまたブラックアウトした。今度は300人の前で。

コメディアン3人とよくつるんでいたわたしは、彼らのアドリブの才能に魅せられていた。彼らが潜在意識の扉を開けるたび、爆笑が転がり出てきた。彼らのひとりが司会するイベントに出演しないかと誘われ、勇気を出していっしょにステージに立とうと思った。やってみろ。失敗を恐れるな。エリオット・スミスが「セイ・イエス」と歌ったように。

というわけでイエスと答えた。でもなにをする? わたしは即興トークもできなければ、楽器も弾けなかった。仕方なく「酔っ払いQ&A」という企画を考えた。ほろ酔いになったわたしが、観客のどんな質問にも答えるというもの。簡単でしょ? まさかあんなにたくさんの人が見にくるなんて、想像もしなかった。

それに、ダラスでデートしていた男がきたのも想定外だった。リンジーとは2週間前から長文メールを送ったり、夜に電話したり気軽な付き合いがはじまったところで、どこまで真剣になるべきか迷っていた。彼のことは好きだけれど、本気になるほど好き? あの夜、驚いたことに彼はオースティンまで3時間運転して、わたしのステージを見にきた。その堂々とした意思表示に緊張し、落ち着かない気持ちになった。彼が見にきたいと思ってくれたのはとてもうれしかったけれど、その期待やわたしを見る優しいまなざしに応えられるか自信がなかった。風車のように回るこの不安を解消するには飲む、さらには浴びるほど飲むのが最善策だった。

ショーがはじまった頃には、外の芝生エリアをよろめきながら、通りかかる人たちを呼び止めていた。「わたしの新しい彼氏、紹介したっけ？」一方の手で彼の手をにぎり、もう一方でワインのカップをにぎりながら言った。「カッコいいでしょぉぉぉぉぉ」

そのあとすぐステージに上がると、観客から質問が飛んできた。でも、覚えているのはクマのプーさんについて、まったく意味不明な話をしていたことだけ。

翌朝目が覚めると、打ちのめされた気分だった。この2年、自分を変えようと進んできたのに、いままた昔の岩の下に這い戻ろうとしていた。リンジーとカフェに入ると、テラスにいた男がわたしに気づいた。「ねぇ、昨日の夜の酔っ払ってた子でしょ」。男が言い、気持ちが沈んだ。「最高に面白かったよ！」

ブラックアウトしながら飛行機を操縦するパイロットや、複雑な機械を操作する人たちの話を聞いたことがある。わたしも同じ空白状態でステージに立ったところ、どういうわけか潜在意識の扉が開き、爆笑が転がり出たのだった。

新しい恋人に目をやり、彼の反応を見た。喜びに目を輝かせていた。「もう有名人だね」。彼がわたしの手をぎゅっとにぎった。

リンジーと同棲するためダラスに引っ越し、《ダラス・オブザーバー》紙の音楽批評家になった。古き良き時代のワゴン車に、また乗り込んだような感じだ。クラブのオーナーが勘定を払ってくれたり、レーベルのオーナーが酒を奢ってくれた。わたしが音楽批評をする資格はなきに等しく、会話の半分はごまかしながら切り抜け、間違ったことを口走っても酒が緩衝材になってくれた。恋人もクッションになってくれた。リンジーは趣味で音楽活動をしていて、夜は曲のミックス作業に費やし、昼はデータベースを構築する仕事に就いていた。わたしの新しい仕事は、彼がいままで観客席の後方からしか見たことがない世界に、どこからでも出入りできた。「大統領の妻になった気分だよ」。ある夜、ミュージシャンたちといっしょに飲んだあとで、彼が言った。それが良くないことかもしれないなんて、考えもしなかった。

わたしの記事は注目されるようになった。自分らしい、といっても酔っ払った、言いたい放題のコメディアンになって書きはじめていた。新人バンドから送られてきたアルバムなんて聴いた試しがないとおちゃらけたけれど、それほど笑えもしなければジョークにもなっていなかった。それでも、わたしは刺激的だと方々で言われた。人生に失敗し、笑顔の裏に悲劇を隠しているのは自分だけじゃないとわかりうれしかったのだろう。わたしは、統一感のないオンライン文芸誌《モーニング・ニュース》に寄稿するようになった。インターネットの片隅に追いやられたこのサイトで、誰も読んでいないつもりで、恐ろしいほど素の自分のまま記事を書きはじめた。

ところが、読んでいる人は**いた。**《ニューヨーク・タイムズ》の編集者から突然メールが届き、記事を書いてみないか誘われた。彼女の編集部は、主張のある書き手を探していた。

リンジーとわたしはいい組み合わせだった。彼は手の込んだ料理を作ってくれた。ラム肉のスブラキ、タイのレモングラスのスープ。わたしはキッチンカウンターに座って足をぶらぶらさせながら、金魚鉢に棒が付いたみたいな丸い大型グラスでワインをすすった。彼は喜んでわたしの面倒を見てくれたけれど、お互い自分のことにかまうのは好きじゃなかった。わたしたちの生活は「ウィルコ」の曲みたいだった。「灰皿が言ってる、ひと晩中眠れなかったんだね」。わたしたちの生活は「オールド97'S」の曲みたいだった。「酔いが覚めたら、ぼくを見捨てるの？」タバコの煙をひっきりなしに窓の外に吐きながら、いっしょに聴いていたこうした曲は、痛みを感じたり二日酔いならなにも間違っていないとふたりを安心させてくれた。

土曜日の朝は、自分たちを癒やすためあぶらっこいメキシコ料理を食べた。卵、チーズ、チョリソー。ときどき、わたしたちはこれでいいのか迷いがふくらんだ。なにか意味のあることを積み重ねているべきじゃないか。お互い29歳で、母がわたしを産んだときと同じ歳だった。リンジーは、オーストラリアからはるばるやってきて、自分でビジネスを立ち上げた父親の話を教えてくれた。それで、**わたしたち**はなにを成し遂げた？

でも、結局そのあとふたりでバーにいき、前日の夜と同じことを繰り返すだけだった。ドアを開けて店に入るや、バーテンダーはいつもの「ハープ」を注いだ。**わたしたちは成し遂げた。店にたどり着いた。**

リンジーといっしょに酔った。ふたりでしこたま飲んだ。でも、痣やこぶができるのはわたしだけだった。帰るとき歩道に立っていると、わたしだけいつも縁石から足を踏み外した。「なんでかな」。定期的にしていた電話デートで、アナに愚痴った。「彼も同じくらい飲むのに」

「彼の方が30センチ背が高いからだよ！」アナが答えた。

懲りずにアナに秘密を打ち明けていたけれど、慎重に〝編集〟していた。親密な距離感は保ちつつ、心配させないように話した。悩める酒飲みの狡猾な手口だ。親友たちに告白するときは何人かに分け、決してひとりだけに真実を必要以上ぶちまけない。

アナは心配していなかったかもしれないけれど、わたしはしていた。リンジーとは見た目にはうまくいっていても、そもそもの情熱がなくなっている気がして仕方なかった。わたしはもっとほしかったけれど、そんなふうに求めるのは非現実的なんだろうとも思った。満たされていない人と、永遠に満足できない人って、なにが違うんだろう？

リンジーは朝、わたしよりまるまる2時間早い8時半に出勤し、わたしは玄関で見送るとふたたび布団に潜り込みながら、二日酔いのだるさと不毛な気分をまた味わった。彼が飼っている大きな茶色のとら猫がベッドに飛び乗り、わたしの腹の上で丸まった。この猫が大好きだった。なぜだか許された気がした。

彼がつけた名前で猫を呼ぶのをやめた。この小さな抵抗こそ、より大きな心の迷いを物語っていた。でも、高級車の名前で呼ぶなんて、どう考えても似合っていない。だから、新しい名前を一定期間いろいろ試しては、最終的に一つに絞った。バッバ。大きな茶色のとら猫にはぴったりだ。

お互いここから動けなくなっちゃったね。腹の上で丸まっているバッバに言ったものの、本当にそうなのはわたしたちのうちひとりだけだった。動けないと、わたしは**身をもって感じていた。**恵まれた居心地のいい生活にどっぷり浸かり、それでも満足できなかった。

あえて挙げるなら、リンジーとの関係に問題があると気づいたのは、バスタブのなかで立ち上がったわたしに、彼が背を向けた夜だと思う。昔は、真夜中過ぎにかぎづめ状の脚がついたバスタブに堂々といっしょに入り、かけ合った湯がタイルの床に置いたお互いのメガネにばしゃばしゃ飛んだ。それなのに、あの夜はわたしが立ち上がり、湯が裸の肌を流れ落ちると、彼は目をそらした。わたしを**見ていられない**ようだった。このほんの些細な行為に、裏切りを感じた。

「わたし、太ったと思う?」数日後、勇気が出るまでワインを飲んでから聞いた。

なんと返すべきだったか。そんなことないって?　彼はMBAを取得していて、どんな言い争いにも分度器をもち出すような人。スカートが入らなくなったことは当然知っていた。それでも彼の口から聞きたかった。嘘をつくか、気づいていないふりをするか、どんな体型でもきれいだと信じさせてほしかった。「そうだね、太ったと思うよ。4・5、もしくは7キロくらい」

「4・5キロよ」。言い返した。本当は9キロだとお互いわかっていた。

酒をやめたらとは一度も言われなかった。普通の人みたいに飲んだらとは言われた。ほどほどに。自分を保てる範囲で。元のふたりの関係に戻れるよう、わたしはいろんなインチキに挑戦した。アトキンス・ダイエット。サウス・ビーチ・ダイエット。体重が落ちれば、彼はまた熱い視線を向けてくれるはず。でも、食べる量を減らすにつれ、わたしは転ぶ回数が増えた。ひざをひどく打ち付け、整形外科医のところへ行かなければならなかった。リンジーに見張りを頼むようになった。わたしからわたしを救うために。

「3杯以上、わたしに飲ませないで」。ある夜、出かける準備をしながら言った。

彼がわたしの肩に手を置いた。「4杯目を飲んでたら、その手から空手キックで蹴り落とすよ」

でも、2杯目のビールを飲み終えた頃には、もう約束を守る気はなかった。彼に目で伝えた。「わたしの手から4杯目を奪ったら、**切りつけてやる**からね」

朝、目を覚ますと彼が背を向けていることが多かった。わたしは職場の男性たちとつるむ機会が増えた。わたしがマティーニをひっくり返しても、彼らはまだ笑ってくれた。

あえて挙げるなら、**リンジーが**この関係に問題があると気づいたのは、酔っ払いすぎて家の裏階段を上れないわたしを、子猫だと思い込ませた夜だと思う。ブラックアウトしたわたしは、がたついた階段を両手と両ひざでよじ上り、月に向かってニャーと鳴きながら、ありもしない尻尾を振ろうとしていた。リンジーにとって、こんな姿はもうかわいくも、面白くも、微笑ましくもなかった。哀れだった。

今回は本気だとわかりやすく証明するため、アルコール専門のセラピストに会いにいった。彼女の診療所はダラス郊外にあり、家のなかには鳩時計がやたらたくさんあった。

「男は飲みすぎる女を捨てるのよ」。すり切れたソファーの端を引っ張るわたしに、彼女は言った。「あなた、彼に捨てられるわよ」。わたしは思った。**そんなの不公平じゃない？　女はいつだって飲んだくれ男のそばにいるのに。**こうも思った。**でも、酒をやめてふたりでなにすればいいの？**　こうも思った。**この女になにがわかるっていうのよ？**

数か月後、冴えないギリシャ料理店で夕食を終えると、リンジーがわたしに向かって言った。「もう無理なんだ」。マズいギリシャ料理のことじゃないのはわかっていた。

ショックは受けなかった。激怒していた。付き合っているあいだ、彼の株は上がりっぱなしだった。イケメンだったし、ファッションもダサいビジネスマンじゃなく、わたしが彼に紹介したイースト・ダラスのミュージシャンっぽい雰囲気だった。たいする自分は、彼が道路脇に捨てようとしている、酔っ払いのデブみたいに感じた。でも、傷ついたプライドの裏で、別れるのは正しい選択だとわかっていた。2年半、彼への愛情に疑問をもちながら過ごし、自分をますます嫌いになっていた。わたしの望みは不公平だった。自分のかわりに二人分の愛を、彼に注いでほしかった。

変わる必要があった。心の痛みを我慢するため酒に頼る人生を、変える必要があった。リンジーに振られた翌日、覚悟を決めた。

「猫はわたしがもらう」。彼に言い渡した。「それから、わたしニューヨークにいく」

5 知らない人

ニューヨークに移住してから数か月後、パリにいく仕事をアサインされた。午前11時、ブルックリンの自分の寝室で、二度寝しようと横になっていた。日差しをさえぎるため顔に枕を押しつけたわたしは、端から見たら相当ヤバい人に違いなかった。窒息死しようとしているみたいな。

ザックが電話してきたのはそのときだった。「金曜、なにしてる？　パリにいく気ない？」猫がぎょっとして飛び上がるほど、ものすごい速さで起き上がった。「あんた、からかってんでしょ？」わたしは聞き返した。他人をおちょくるのは彼の特技だ。

「いきたくないなら、別の人を探すからいいよ」。彼は気楽な調子で言った。

「違うの、もちろんいける。はい、いきます」

こんなチャンスが訪れるのは、映画のなかだけと思っていた。1分前まで二日酔い地帯でぐったり倒れていたのに、その1分後には世界でいちばんキラキラした仕事がひざの上に届いている。

とはいっても、「世界でいちばんキラキラした仕事」は盛りすぎかもしれない。ザックは機内誌の編集者で、《エスクァイア》誌から突然、オファーの電話がかかってきたのとはわけが違う。わたしの記事は最終的に、機内座席の網ポケットに《スカイモール》や椅子を救命具にするラミネート加工の説明図といっしょに入る運命だ。

それに、記事そのものがくだらない内容だった。パリでシーズン8を撮影している、人気恋愛リアリティ番組の司会者にインタビューするという企画。「これがファイナルローズです」のセリフで有名になった男性に、雑誌がわざわざ大西洋を越えてまでわたしを会いにいかせるなんて、変な話だった。でも、誰かのおごりでサクッとヨーロッパにいけるとなれば、四の五の言わずにただ従うべきだ。なんといっても、わたしはニューヨークでどうにか食いつないでいるフリーランスライター。柔軟剤「ダウニー」の社内報に書く仕事だって引き受けていただろう。

「わたし、パリにいくの」。キャットフードとタバコを買っている食料雑貨店で、顔なじみの面々に話した。

「いいねぇぇぇ」。完璧な反応だった。

ニューヨークにきて3か月しかたっていないのに、わたしはかなりの金欠だった。でも、雑誌が1000ドルの経費を認めてくれた。2日間で1000ドル！　自分のまわりを20ドル札が竜巻みたいに回転する、ゲーム番組のお立ち台に立っている気分だった。

飛行機は苦手だった。わたしはひじ掛けにしがみつきながら、勝手に大惨事を想像するタイプの人間だ。渦を巻く広大な海原を越えるというのに、そう簡単に他人に身をあずけられない。どんなフライトでも、ある時点で通路に飛び出し、叫びたい衝動にかられる。「みんな、わたしたち雲のなかにいるのよ！　そのうち落ちるに決まってる！」そんなふうに取り乱さないよう、かわりに睡眠薬を口に放り込み、小さなボトルワインを2本飲んだ。飛行機で酒を飲む行為は、「絶対ひとりで飲まない」ルールブックに例外として認められている。誰だって飛行機で飲むときはひとりだ。乗客みんながひとりで飲む。

パリ初日は平穏に終わった。リュクサンブール公園からそう遠くない、左岸の14区の住宅地にあるホテルが宿泊先だった。天井が高く明るいロビー、大理石の柱はクリスマスイルミネーションが飾りつけられ、すてきな雰囲気だった。雑誌が手配してくれたから、わたしは直接いくだけでよかった。

「こちらが鍵になります、マドモアゼル」。フロントの男性がプラスチックのカードを差し出しながら言った。

午後は観光客になって過ごした。地下鉄に乗ってエッフェル塔にいき、両手をべとべとにしながらチョコレートクレープを食べ、公園を歩き、リボンを引きずりながら歩いている女の子の気分だった。静かな通りにひっそりかまえる居心地のいいカフェを見つけ、ボルドーを1杯注文した。コーヒーより安かった。2ユーロ。「絶対ひとりで飲まない」ルールブックにあるもう一つの例外は、旅のあいだはひとりで飲んでもよし。いっしょに飲む人なんていないんだから。客のまばらなバーで、自分の孤独と対話しながらひとり飲むのが好きだった。

ワインはわたしに合っていた。ゆっくり楽しめた。ピューリタン的な抑圧がない文化のなかで育っていたら、そこまでワインにフェティッシュな欲望を感じなかっただろうと、ときどき思う。アメリカとは、特製ショットとビアボングの国。たがが外れると、とまらない。

有名な雑誌の編集長が毎日、ランチにグラス1杯のシャンパンを飲んでいるとかつて読んだ。グラス1杯。こんな上品なことってないと思った。わたしもそうしたかった。女性らしい曲線を描くクリスタルのフルートグラスでチン、チン、チン。唇をグラスによせると、鼻先にキスするように泡がのぼってくる。

だから、わたしも真似して赤ワインを1杯、ちびちび飲んだ。ほんの1杯。そして、舌の上のサンドペーパーで転がした。この味わい方がワインには合っていた。ちょっぴり一口ずつ。すると、温暖前線みたいにわたしの血流のなかをふわりと通過した。生きている、そう心から実感したと言っても過言ではない。この一瞬一瞬をじっくり味わった。

そして、2杯目を注文した。

その夜、右岸にあるにぎわった広場で、リアリティ番組の司会者とその妻に会った。幼い子どもとかわいらしい赤ちゃんを連れ、石畳の上でベビーカーを押すのに苦労していたけれど、絵になる姿だと挨拶し合った。記事の目的は、子連れで訪れるパリのすばらしさを紹介すること。とはいえ、司会者と妻には、パリ旅行よりベビーザらスとミニバンの方が優先度が高いような気がした。

客観的に見て、司会者は小柄でハンサムだった。彼にいい印象はもたないだろうと、事前に予想していた。むしろ、嫌いになりたかった。世界一バカげた社会実験の当事者だから。ところが、彼と妻はかなり感じのいい人たちだった。現に数年後、タブロイド紙がふたりの破局を報じたときに思った。**あんな幸せそうだったのに。**まるで、自分が彼らについてなんでも知っているみたいだ。

イタリア料理のレストランのテーブルに着き、赤ワインのボトルを注文してインタビューをはじめた。わたしが聞く内容は、いわゆる鋭い質問ではなかった。

「どうして今回のシーズンを、パリで撮影しようと決めたんですか？」

彼は咳払いし、笑みを浮かべた。

パリを選んだのは、世界でもっともロマンティックな街だから。パリでは誰だって恋に落ちる可能性がある。みんな落ちたんだ！　彼が話すのを聞きながら、わたしの頭のなかに今シーズンのハイライト映像が流れた。シャンゼリゼ通り沿いのキャンドルを灯したディナー、エトワール凱旋門の上空を飛ぶヘリコプター、ドラマチックなバラード曲でピークに達し、わざとらしいアコーディオンの音色のあとコマーシャルに入る。

　2002年当時、スタートしたばかりのこの番組をこき下ろすのにわたしは夢中だった。ビキニから水をしたたらせ、『ステップフォードの妻たち』みたいな笑顔で会ったばかりの男と結婚しようと策略する、あの頭からっぽな女たち。こんな低俗な番組を見て、わざわざ自己嫌悪に陥るバカがいるの？

　やがてわかったその答えは、わたしだった。数年後のある夜、テレビのスイッチを入れたとき、こうした退屈なエンターテインメントこそ思考の電源を抜くのに最適だと気づいた。アナもこの番組を見はじめ、エピソードが終わるたび電話で文句を言い合った。欲望の謎を紐解いていくのは、時間を逆行する楽しさがある。**彼、なんで彼女を選んだの？　彼女、なに考えてたの？**　あの間抜けなバチェラーたちのことを話す方が、アナの現実の恋人について話す時間より長かったかもしれない。アナの恋人はその年、彼女の夫になった。

　インタビューのあと、司会者の自宅アパートに招待された。準備してくれていた赤ワインのボトルを彼とわたしが空にするあいだ、妻は子どもたちを寝かせた。どれだけの夜をこうして過ごしてきただろう。夫じゃない男性と会話を深めていく一方で、妻は夕食の皿を洗ったり、子どもの世話をしたり、わたしたちの声が大きくなりすぎるとシーッと注意したり。

妻がわたしたちのそばに腰を下ろし、あくびした。

「もう1本、ボトルある？」彼が聞くと、疲れて充血した目でじっと夫を見て、ゆっくりうなずいた。

「そろそろいかなきゃ」。わたしが言うと、彼女はやや早すぎる返事で受け入れた。

タクシーに乗ったのは午後10時。自分が無敵だと感じる、あのハッピーな気分だった。こんなとき、タクシーの運転手と話すのが大好きだった。台本のない思いつきの会話は、ニューヨーク生活の醍醐味の一つだった。黄色いタクシーに飛び乗り、透明なプラスチックの仕切りのそばに座って、運転手の名前や顔をよくよく眺めながら、どんな生い立ちか当てようとした。

「セネガル出身でしょ」。わたしが言うと、彼が笑う。そんなバカな。セネガルじゃないよ。全然違う。

「ウクライナ出身でしょ」。わたしが言うと、彼が驚いて認める。なんでわかったかって？なんでそんなに鋭いのかって？

わたしを乗せたパリの運転手は、あまり英語がわからなかった。でも、車内でタバコを吸わせてくれたから大好きになった。タバコの火が曳光弾（えいこうだん）のように、視界に残す軌跡を見ていた。輪郭がぼやけたウェディングケーキみたいな白い高層ビル群を、勢いよく通り過ぎた。急停車して床に転げ落ち、すねを固いプラスチックに打ち付けた。

運転手が急いで振り向いた。「大丈夫？」

あとになって、すねにずきずき痛む痣を見つけた。でもタクシーのなかでは、なにも感じなかった。「大丈夫よ」。そう答え、座り直すとシートで脚を組んだ。「全然平気」


翌朝早くに目が覚めた。さて今日はなにをしよう。サクレ・クール寺院の近くで行われる、リアリティ番組の司会者の写真撮影に少し顔を出した。モンマルトルの丘で、彼の家族は寒さに震えるのを隠しながらポーズをとった。

「今朝はあの最後のボトルのつけが回ってきたよ」。彼が言った。

「あー、そうよね」。わたしは答えた。それほど具合は悪くなかったけれど、二日酔い同士の連帯感は好きだった。

「昨日の夜、あれからなにかしたの？」

「いや、べつに」。ホテルのバーで、ワインをグラス2杯飲んだことは省いた。

凍るような寒さの丘で彼らと別れ、なんと楽勝な仕事だったのかと罪悪感に近いものを感じた。丸一日、パリで自由に過ごす時間があった。ルーヴル美術館にいくべき？ セーヌ川沿いを散歩？　結局はホテルに戻り、心の底からリラックスできるふかふかの白いベッドにもぐりこんで昼寝した。

起きると外は暗かった。これがパリ最後の夜。友だちとディナーの約束があり、たっぷりある本日分の出張手当を使いたくてうずうずしていた。その夜、いつにも増してめかし込んだ。髪をストレートアイロンで整え、黒いコルセットを着て余分な13キロのうち半分を帳消しにした。

友だちのメレディスは、わたしのホテルから数ブロックのところにあるアパートに住んでいた。彼女が《ニューヨーク・タイムズ》で働いていたときに知り合い、その後《インターナショナル・ヘラルド・トリビューン》に転職して彼女はパリに移住した。

「コニャック飲んでるの」。メレディスのキッチンに入ると彼女が言った。コニャックは本来、夕食のあとに飲むものと彼女はしぶしぶ認めたけれど、こんなふうに早めに夜9時を迎えるべき日もある。「1杯飲まない？」

わたしはそれまでコニャックを飲んだことがなかった。でも、もっと上品に飲もうと努めていた時期だった。銘柄を重視するマンハッタンのクラブで、高級なウォッカを注文するようになった。「パトロン」のテキーラがお気に入りで、耳を傾けてくれる人になら誰彼かまわず、テキーラとはゆっくり味わうべきで一気飲みするものじゃないと説明し、悦に入った。

「ありがと、飲みたい」。彼女のアパートは《アーキテクチュラル・ダイジェスト》誌の切り抜きみたいだった。1階の天井はガラスで、見上げると2階の天窓とその向こうの星が見えた。こんな家に住むには、リアリティ番組の司会者を毎月何人くらいインタビューすればいいんだろうと思った。

モダンなミッドセンチュリーのソファーに座りながら、ブランデーグラスを左右にゆらした。一口飲むと、炎がのどを焼くように下りていった。**くぅぅぅ。**なんでいままでの人生で一度も飲んでこなかったの？　火照るような圧倒的な快感。**コニャヤヤヤッツック。**官能的な語感も気に入った。2音節の豊かな音色。メレディスにもう1杯飲むか聞かれ、ほんの一瞬だけためらった。パリ最後の夜だ。イエス以外に答えはなかった。

ディナーはモンパルナスにある、F・スコット・フィッツジェラルドが常連だったというレストランだった。ちょっと観光客向けすぎたかもとメレディスは心配していたけれど、わたしは「失われた世代」の空気に浸るのが楽しかった。アールデコの調度品、高い天井、白いテーブルクロス。メレディスは流ちょうなフランス語でワインのボトルを1本注文し、わたしは彼女に恋したも同然だった。

これをそのままテーブルで口走ったかって？「あなたにちょっと恋しちゃった」。言ったかもしれない。酔ってテンションが上がると、いつもこんな告白をした。女性はたいてい、足首に自尊心の重りを巻き付けて歩いているから、彼女たちが自信を得られるよう手助けするのが、自分の役目のように感じていた。**あなたってすっごい美人。あなたが完璧なフランス語でワインを注文したときのこと、もう話したっけ？** 酒はわたしの嫉妬心を、まるごとバタークリームに変えた。

　わたしたちは牡蠣を注文した。エスカルゴを注文した。メレディスが提案したものなら、なんでも迷わず賛成した。酒がわたしを興奮状態にした。電源オフのスイッチがないモーターのように、ペダルをこいでいた。そして、自分を落ち着けるために飲み、同時に自分を回転させ続けるために飲んだ。

「これ、めちゃくちゃ美味しい」。彼女に言ったけれど、酔っているときはスパゲッティオーズ［子ども向け缶入りパスタ］でさえ、わたしには美味しく感じた。

　ウェイターがきてデザートを勧め、メレディスとわたしは意味ありげな視線を交わした。**コニャックをもう2杯ください。**

　伝票をもらったときは11時をゆうに過ぎていて、ふたりで吸ったタバコの箱は半分になっていた。わたしは合計金額を見もせずに、自分のクレジットカードをさっとテーブルに出した。

「全部払ってもらうわけにはいかないよ」。そう言うメレディスにウインクした。「心配しなくていいって。わたしが払うんじゃないから」

ふたりでタクシーになだれ込んだ。そして、ここから夜が途切れスキップしはじめる。車のなかにメレディスがいて、顔までマフラーを巻いている。寒くて身をよせ合い、酔っ払いすぎてお互いの太ももが密着しているのも気にならない。いまやわたしたちは親友だ。気心知れた旧友だ。タクシーメーターに赤い染み、隅にぼやけた点がある。意味不明なユーロ。**このじゃらじゃらある硬貨はなに？**

それからメレディスが言うはずだ。「あなたのホテルから歩いて帰るね。外の空気を吸いたいから」。別れのハグをするに違いない。**すっごく楽しかった。またこうやって会おうね。**でも、これはわたしの記憶のなかで起こったこととは違う。わたしの記憶ではふたりで立ち話をしていて、それから——彼女は消えた。場面が飛ぶ。真夜中近いパリの静かな歩道に降る、11月の枯れ葉。わたしは回転するガラスのドアの方に向き、なかに入る。

コンシェルジュのあの背の高い男性。前にも見たことがある。

「今晩はいかがお過ごしでしたか、マドモアゼル」。おどけているみたいに低い声。「バッソ・プロフォンド［非常に深い低音］」。母ならこう言うだろう。

「楽しかったわ」。わたしは答える。声に違和感はない。完璧だ。ヒールを履いた人にとって、こんなツヤツヤした床はいじわるな敵。過去にも何度か転倒させられた。ぴんと背筋を伸ばして歩いていたのに、次の瞬間**ドーン。**顔面を床に打ちつけている。コンシェルジュに手を振りながら、おやすみの挨拶をする。ここの人たちはみんな感じがいい。ほら見て。わたし、ロビーを一度も転ばずに歩けた。

そしてそのあと、幕が下りる。次になにが起こったかはもうご存知だろう。でも、本当のところはわたしにもあなたにも、謎のままだ。


昔よく、演目の途中で舞台に押し出され、なにを言えばいいのかわからないという悪夢を見た。別の夢では、違う演目のセリフを暗記してしまい、舞台でなにを言っても、ほかの登場人物たちとかみ合わなかった。そうして自分のベッドで目を覚ますと、鎖骨が汗でべとついて、シーツが両足に縄のように巻き付いていた。のちに、こうした夢は不安症状の典型だと知り、ほっとすると同時に自分をダサいと思った。わたしは潜在意識までも平凡だった。

こんな夢のあと、おびえて頭にもやがかかったみたいな気分で目覚めたときは、自分によくこう言い聞かせた。こんなことは起こり得ない。舞台の演目を知らずに、初日を迎える人なんていない。こんなのは脳の神経細胞が作り出した、大惨事の台本に過ぎない。現実じゃない。にもかかわらず、パリのあの夜、頭のなかの幕がまた上がったとき、わたしは会ったことさえ覚えていない男とベッドにいた。そのときのセリフはこうだ。

わたし「いかなくちゃ」
彼　「さっきは泊まりたいって言ったのに」

自分があまりに冷静だったことに驚く。わたしはまだコニャックの心地よいまどろみに包まれていて、どこにいるかまるでわからなかったけれど、たいして心配しなかった。**そのうちわかるはず。**

ここは自分のホテルで間違いないだろうと思った。渦を巻いたような茶色のカーペット、ブラシで研磨したようなスチール製ライト。ベッドには同じふかふかの白いシーツがかかっていた。ところが、なんともおかしな考えが頭をよぎった。この男はわたしの恋人なのかも。この人にインタビューするためにパリにきたのかも。深い眠りから目を覚まし、夢のなかのめちゃくちゃな論理を、現実に無理矢理あてはめようとしているみたいだった。枕にキスしながら起きると、枕が優しい目のちょいハゲに変身していたみたいだった。

パニックにおそわれたのは、時刻に気づいたときだ。午前2時になろうとしていた。

「ヤバい、フライトまであと数時間しかない」

実際に飛ぶのは午前11時だったけれど、それでも全然時間が足りないのはわかった。自分がいる状況のひどさに、自覚が芽生えてきた。ベッドの足元にある塊からタイツを引っ張りだし、犬歯がゆがむほどものすごい速さでブラをパチンと着けた。飛んだりよろめいたりしながら、ブーツのファスナーを上げた。いろんなものをなぎ倒し、がちゃがちゃ背後で音がした。徐々に感覚が戻ってきた。体の変なところが痛かった。あとになって、おしっこするとき刺すように痛んだ。

「楽しかったわ」。とってつけたように言った。

彼はベッドに寝たまま、片方の腕を伸ばしていた。まだわたしがそのなかにいるみたいに。

さりげなく片手を上げた。選ぶ立場にない人が肩をすくめるように。

「じゃあね、かな」。彼が言った。

わたしはドアを閉めた。カチャッと鍵がかかる音にひと安心した。窮地を脱した合図だった。

気づいたのはエレベーターに向かっていたときだ。かばんがない。


かばんがないと言っても、かばん自体のことなんかどうでもよかった。ステッチが入った黒いビニール製で、すでに壊れかかっていた。でも財布がない。パスポートがない。お金も、運転免許証も、ホテルの部屋の鍵も、ブルックリンのロフトの鍵もない。

わたしには家に帰る手段がなかった。

振り返り、後ろに続く部屋の入り口をじっと見た。**くそっ。全部同じに見える。どれだっ**

た？　こんなめちゃくちゃな話があるだろうか。**たったいま起こった**ことなのに、思い出せない。

意味がわからなかった。１９８５年に味わった６年生のときの屈辱を、人生の半分引きずることもある。なのに、20秒前に起こったことがまったく見当もつかない。

待って。落ち着いて。考えて。自分の行動を振り返った。エレベーターまで５部屋通過した？　４部屋？　赤いカーペットにヒールが踏んだ跡を探そうにも、舌の割れた蛇が通ったみたいな渦巻きで覆われていた。なんの手がかりもなかったけれど、どんな蛇の跡でもいいから探し続けた。**あの非常口サインは通過した？　床に置いてあるこのルームサービスのトレーは？**

いろいろ積み重ねて推測したところ、わたしが出てきたのは角部屋だと思われた。彼の窓はわたしのより大きかったし、部屋がL字に近い形をしていたからだ。わたしは廊下を戻っていった。深呼吸し、ドアをノックした。不本意ながらという、控えめなノックだった。「ほんと申しわけありませんけど」のノック。「お忙しいのは十分承知してます」のノック。

なんの反応もなかった。誰も出てこなかった。

となりのドアを見た。考え直すとやっぱりこっちだったかもしれない。たぶん家具の配置も同じで、L字型の部屋でもなかったんだ。あらためて、今度はさっきより大きくノックした。なにもない。誰もこない。

彼はシャワーを浴びているのかもしれないと思った。もしくは、もう気絶したみたいに寝ているんだ。わたしが出てきたときと同じ体勢で、いびきをかきながら。飲みすぎた人はなかなか起きないものだし。

最初のドアの前に戻った。深呼吸し、激しく連打した。両方のにぎりこぶしで何度もたたき、もしこれが違うドアだったらどうなるのか、必死で考えないようにした。のぞき穴からじっと見る男に、妻が聞く。「誰なの？　ハニー」

なんの反応もなかった。誰も出てこなかった。

廊下の方を向き、視界の前方にならぶドアの列を見た。わたしがおかしいの？　それともこのドアが無限に増えた？　自分の髪をつかむと、体を折り曲げ声にならない叫びを上げた。

壁にもたれてへたり込み、二つのドアのあいだのスペースに尻をついた。目を閉じ、長いことじっとしていた。その瞬間、ほしいものがたくさんあった。アナに電話したかった。恋人に電話したかったけれど、もう彼は恋人じゃなかった。バッパを抱き、胸の上で丸まったときの安らぎや、わたしの首を触ろうとしてなかなか届かず、彼の小さな鼓動と自分の鼓動が胸郭に響くのを感じたかった。二つの心臓が会話しているような感覚。

どれだけの時間、廊下に座っていたかわからない。10分か、10年か。

ある考えがひらめき、ようやく立ち上がった。

大学時代、わたしたちは「ウォーク・オブ・シェイム」というスラングに頼って笑いにした。日曜の朝に、疲れ果てた目でふらついている人を指す言葉だ。眉をひそめるほかの女の子たちの前を、くしゃくしゃの髪で片方のヒールが壊れたまま歩かなきゃいけないとき、そう言った。「ウォーク・オブ・シェイム」みたいな言葉が便利なのは、シャレにして羞恥心を濾過できるところだ。泥酔した自分への視線に耐えて歩くのは、もはや恥ずべきことじゃない。人生を謳歌する人なら誰でも身に覚えのある、通過儀礼を経験しているのだから。ほかのたくさんの言葉――へべれけ、廃人、ずたぼろ、ぐでぐで――と同様、「ウォーク・オブ・シェイム」について深く考えたことはなかった。

でも、真夜中にコンシェルジュのデスクにいくのは、紛うことなき「ウォーク・オブ・シェイム」だった。エレベーターで下りながら、両まぶたの下にげんこつを押しつけた。ウールのスカートをまっすぐに引っ張った。地下の洞窟から這い出てきた女じゃないと信じてもらえるよう努力した。

「ボンジュール」。コンシェルジュに言った。わたしの声を、真夜中過ぎにやってくるあのうつろなエコーが追った。

「こんばんは」。彼が言った。「どんなご用件でしょうか？」

デスクの上の方で、いくつもの時計が世界各地の時間を刻んでいた。ニューヨークはまだ夜の8時30分だ。それを見てほっとするとともに、はるか遠くに感じた。

「ある人の部屋にかばんを忘れたの」。わたしは言った。

「おまかせください」。彼はコンピューターをたたきはじめた。

「お部屋の番号は？」

わたしは頭を振った。カウンターの上に人差し指で8の字を描いた。「わからないの」

「ご心配なく」。彼は言い、またなにか打ち込んだ。「その方のお名前は？」

一筋の涙が頬をつたい、それがぽとりと落ちるのを見た。「わからないの」

彼は無表情で口を結んだまま、うなずいた。それでも、目が同情しているのがわかった。哀れんでいた。その共感のかけらは、壊れかけた心の鎧を打ち砕くのに十分だった。わたしは泣き崩れた。

「泣かないで」。彼がわたしの手をとった。乾いた冷たい指が、わたしの指を包み込んだ。

「きっと大丈夫です」

彼を信じた。そうするしかなかった。

酔って、知らない人からとんでもない目に遭った話をよく聞く。でも、わたしの経験ではほとんどの場合、その反対だった。頼まれもしないのに助けてくれる人の好意に、甘え続けてきた。テーブルの下から蹴飛ばした靴を探してくれるバーテンダー。トイレの個室で便器の縁に頭をもたれかけ、口の端から釣り糸みたいによだれを垂らすわたしに、水の入ったグラスを扉の下から差し入れてくれる女性。**ハニー、わたしも通った道よ。**

そして、わたしの友人たち。階段をいっしょに上り、寝室まで運んでくれた真の友だち。わたしをタクシーに押し込み、無事に帰宅するまでテキストで確認してくれた。わたしを思ってしてくれたことだ。彼女たちのためなら、わたしだって同じことをする。大酒飲みの人生の教訓。酔っ払いには親切にすべし。みなそれぞれが、大きな試練に立ち向かっているのだから。

「今夜、あなたがバーで話していた男性という可能性はありますか？」コンシェルジュが聞いた。

こうして、ついに見つけた。最初の手がかりだ。

当たり前だ。もちろん、わたしはホテルのバーにいった。それはロビーのすぐ先にあった。**コンシェルジュの前を通って右に曲がったところ。**初日の夜にインタビューを終え、ホテルに戻ったものの、楽しかった時間に白旗を揚げるにはまだ早すぎると向かった場所がそこだった。

あの男にナンパされたの？　それともわたしの方から？　そもそも「ナンパ」って言い方で合ってる？　バーは狭く、革張りのボックス席と木のテーブル席が少しあるだけだった。こんなところなら会話をはじめるのもごく簡単だ。寝る相手をバーで1時間以内に探すなら、気の利いたセリフどころか脈を探る必要さえない。

彼　「ここよくくるの？」
わたし「当然でしょ」
彼　「一発ヤル？」
わたし「当然でしょ」
彼　「まず名前言うべき？」
わたし「気にしないで。どうせ覚えられないから」

酔うと性に貪欲になる自分が恥ずかしかった。わたしらしくないと感じた。それに、ブラックアウトしたあと、自分が言ったりやったりしたかもしれないひどいことを想像しては、自分を責めた。恐ろしい最悪の事態を、延々と考え続けた。

コンシェルジュのデスクで、そんな想像にふける余裕はなかった。わたしはその男を覚えているふりをした。この泥沼から抜け出すためなら、どんな虚勢でも張る。

「そうよ」。両手をたたきながら彼に言った。「その男性に間違いない。じゃあ、あなた今夜、わたしが彼といっしょにいるところを見たのね？」

彼は微笑んだ。「もちろんです」

神様ありがとう。わたしには目撃者がいた。

彼がわたしの部屋の新しい鍵をくれた。男性の名前を調べるけれど、1、2時間かかるかもしれないと話した。「もう心配しないでください」。彼は言った。「さぁ、休んで」

「ねぇ、あなたの名前は?」

「ジョンソンです」

「わたしはサラ」。そう言うと、彼の手を両手で包んだ。握手のサンドイッチだ。「ジョンソン、あなたは今夜、わたしの物語のヒーローよ」

「どういたしまして」。彼はにこりとした。

エレベーターに向かって歩きながら、新しい女性に生まれ変わった気分だった。秩序を取り戻し、この夜の錯乱状態をおさめるチャンスを得たのだ。ジョンソンがあの男の名前を突き止めてくれるはず。わたしは男と階下で落ち合い、雑談する屈辱に耐えてから、荷物を受け取って風のように逃げればいい。いや、もっと都合よくいけば、ジョンソンが男の部屋をノックして、かばんを回収してくれるかもしれない。かばんさえ戻ってくれば、どんな方法であれかまわない。すべてはうまくいくはずだった。

わたしは自分の部屋に戻った。するとそこ、入り口の左、なんの変哲もない棚の上に、口を開けてぐったりしたビニールのずだ袋があった。嘘でしょ、こんなところに……。

ある女性から、ブラックアウトの最中に自分の服をたたんでいた話を聞いたことがある。彼女が目を覚ますと、部屋は片付いていた。奇妙なことだ。でも、前後不覚になるまで飲んだくせに、なんでいつも通りに振る舞おうとするのか、わたしには理解できた。

その秋、わたしはニューヨークであまりにもたくさんのものをなくした。サングラス。帽子にマフラーに手袋。孤児院に配給できるぐらいの量を、タクシーの後部座席に置いてきた。でも、自分でも驚くのが、どれだけのものをなくさずにすんだか。両目が頭蓋骨の奥まで引っ込んでいるときでさえ、決して携帯電話をなくさなかった。鍵も一度もなくさなかった。冷蔵庫のドアを開けっぱなしのまま起きたことはあったけれど、高価なパールのピアスはシンクの横にきちんと置いてあり、複雑なキャッチも両方装着してあった。

この理由の一つは生存本能だ。心のどこかに警戒心をもっていないと、この世のなかを女ひとりで生き抜くのは難しい。わたしは歩道でつまずき、壁に激突した女。同時に、貴重品を恐竜の卵のごとく、夜の終わりまで大事に抱えて離さない女だった。

なんで、わたしの部屋にかばんがあったのか？　この新しい証拠の出現により、すでに決着がついていたストーリーを再検討せざるを得なくなった。あの男の部屋へいく途中、自分の部屋にかばんを置きによったのか。でも、そんなより道はあの流れを不自然に中断するし、酔っ払いの衝動的な行動にそぐわなかった。それより可能性が高いのは、自分の部屋に帰ったものの静かすぎて物足りないと思い、かばんを置いたまま話し相手を求めてバーに戻った、というシナリオだ。海に飛び込む前に、ダイヤモンドの指輪を金庫にしまった女といったところか。

　わたしは受付に電話した。「どうなってんだよって思うだろうけど……」。ジョンソンに言った。

「かばん、部屋にあった」

「だから心配いらないと言ったでしょう」。彼が答えた。

「ほんと、あなたが正しかった」

　パジャマに着替え、布団のなかで胎児のように体を丸めた。誰もいないベッドが、これほどすばらしく感じたことはなかった。ひと安心すべきだったんだろうけれど、銃弾が顔をかすめたような震えがまだ残っていた。危機が去ったいま、ようやく自分の失敗の数々を責め立てる余裕ができた。失ってもおかしくなかったすべてにたいして。

　こんなふうに身を縮めることはよくあった。夜中3時にじっと天井を見つめながら、自分を非難した。なんてみじめな状況だろう。暗闇のなかでひとり、自分の苦しみと過ごす。

　電話が鳴った。

「バーにレザージャケットがありました」。ジョンソンが言った。「あなたのでしょうか？」

さて、ここからが覚えていたくなかったストーリーだ。

ジョンソンがわたしの部屋の入り口に立っている。かなり長身だ。188センチくらいあるに違いない。わたしのレザージャケットが、彼の腕に清潔なタオルのようにかかっている。わたしはドアに手を添えながら立ち、チップをいくら払うべきか考えている。

「入ってもいいですか?」彼が聞き、入ってきてほしい気持ちは1ミリもないけれど、さっきあんなに助けてもらって、拒否する言いわけをそこまですばやく思いつかない。

ドアから一歩下がり、彼をなかに入れる。まだチップのことを考えている。5ユーロで足りる?　100は必要?

彼はドアを閉め、わたしのベッドに向かう。入り口からそう遠くないのに、歩くたび大きな亀裂ができる。「さっきあなたが泣いているのを見て、心が痛みました」。そう言いながら、彼がベッドに腰かける。ほんの数十センチしか離れておらず、わたしは壁にもたれたままだ。

「わかってる。ごめんなさい」。わたしは考える。**受付にはいま、誰がいるの?　わたしたち面倒なことにならない?**

彼はベッドで前かがみになりながら、両ひざにひじをついている。「あなたみたいな美人が、涙を流すべきじゃないと思ってたんです」。彼は言い、手を差し出す。どうすればいいかわからなかったけれど、自動操縦の機械みたいに歩みより、片手を力なく彼の指先に乗せる。「あなたはとてもきれいだ」。彼が言う。

わたしは目をぱちくりさせ、鼻で深呼吸する。なんでいまなの。それは降参したくなる褒め言葉。この世のすべての男に美人だと思われたい、そんなバカげた願望を抱きながら、何年も賞賛を追い求めてきた。そしていま、午前3時30分に部屋にきた男が、わたしの哀れで幼稚な夢と希望を叶えてくれたけれど、彼をぶちのめしてしまいたい。大声で叫びたい。

「ありがとう」。わたしが言う。

「土曜の夜に、あなたが帰ってきたところを見ました」。わたしは床をじっと見ながら、どうやってこの手を離そうか考えている。どっちに怒りを感じているのか、自分でもわからない。彼が出ていかないことか、自分が彼にそうながさないことか。わたしの気持ちをまるで読めない男に腹を立てるのは、これで百万回目くらいだ。**ここに立ってる姿を見てよ。あんたのこと、どれだけうんざりしてるかわからない？**

「あなたのお役に立ててよかったです」。彼がわたしの手を唇にもっていく。

「ジョンソン、わたしすごく疲れてるの」。わたしは言う。「すごく長い一日だったから」。胸がむかむかするほど、いますぐ出ていってほしくてたまらない。

わたしは考える。**出ていってと言えば、礼儀正しく立ち上がって二、三言残して部屋を去る**

はず。じゃあ、なんで言わないの？　彼になにかしら借りがあると思ってるから？　それって追い出せないほどのもの？　わたしに腹を立てるほどのもの？　**わたし自身は、いったいどうしたいの？**

彼に引きよせられ、わたしたちはキスする。

悪くもよくもないキス。償いとして仕方ないものと受け入れる。説明できない。どうでもいい。赤の他人とセックスしている真っ最中に意識が戻ったことで、なにを許容できるかできないか、判断の基準が緩くなったみたいだ。考えていたのは、**これくらいなんでもない**ってことだけ。**この方が面倒にならない**ってことだけ。

ベッドに引きよせられ、頭が出す指示とは逆に、体が先に動く。彼の手が体をなぞり、髪をなでるのに身をまかせる。いまや涙で濡れているわたしの鼻に、彼がわけを聞かずキスする。大きくたくましい手を、わたしの肉付きのいい腰から胸へと移動させ、上着をそっと脱がしながら、乳首をやさしく吸う。

困ったことに、これがすごく気持ちいい。そんなふうに感じるべきじゃないのに。皮膚に虫やもぞもぞした寄生虫がたかっているような気がするべきだ。なのに現実は、抱かれているのが心地いい。もうひとりじゃないと感じるのがうれしい。自分はここにいたくないのに、ここから離れられそうにないなんて、まったく理屈が通らない。どうしてだろう。どれだけの悲しみと孤独を積み重ねれば、知らない人の手に自分を差し出す境地に達するのか。ホテルの部屋にいる、この人はいったい誰？　わたしが言っているのはジョンソンのことじゃない。わたしのことだ。

ベッドに横たわり、彼はわたしの顔や体を愛撫する。彼が硬くなっているのがわかるけれど、それ以上は求めてこない。

午前4時、ジョンソンを部屋から追い出す。自分のベッドに戻って泣く。大声ですすり泣きながら、この物語は自分の記憶の銀行にのみ存在し、ほかの人にあずける必要はないと思うと、ほんの少しだけ安心する。このストーリーはぜんぶ、秘密のままにしておける。

本物の酔っ払いは、落ちるところまで落ちたそのときがくるまで飲み続ける。レンガの壁に飽きることなく顔から突進し、激突してもなお事なきを得ると信じている。恐怖は感じても、立ち上がれないほどぼろぼろになったりはしないだろうと。これはギャンブルだ。何回まで挑戦する？　どれだけ危機一髪を味わえば懲(こ)りる？

ホテルのベッドに横たわり、布団を首まで引っ張り上げながら、もう十分だとようやく悟ったありがたみを感じた。

でも、わたしは帰りの飛行機でも飲んだ。そして、さらに5年飲み続けた。

6 ずっと夢みてきた人生

ニューヨークのアパートは、当時まだ家賃がそこそこ妥当だったウィリアムズバーグの南端にあった。窓から、マンハッタンに架かる橋がライトを吊ったクリスマスツリーのように見えた。リビングの壁をキャンディケーン［杖の形をしたキャンディ］の赤白の縞模様に塗った。引っ越してきて間もなく、ステファニーがうちにきたときに言った。「一生ここから出ちゃダメだよ」。部屋のペイントに感心してもらえて、とても誇らしかった。

パリではかなりの心理的ダメージを負ったけれど、とはいえあれは一度かぎりのこと。個人的な大失態を他人に話すとき、上書きするのは簡単だ。「パリどうだった?」「すごいよかった!」するとみんなうなずく。だって、パリにいってほかの感想なんてある? それに、わたしの前途にはもっとすばらしい展望があった。ついにきた。実現した。わたしは**ニューヨークに住むライターだ。**ほぼすべてを帳消しにするこのフレーズ。

夢を追う人は、それを達成するずっと前から人生設計するもので、2005年の秋にわたしの人生はようやく筋書きに追いついたところだった。詳細は計画からやや外れていた。ニューヨークにきたとき、わたしは23歳ではなく31歳だった。『ライ麦畑でつかまえて』に匹敵するものを書いていたとは言いがたく、ビデオゲーム『レゴ　スター・ウォーズ』の凡庸な紹介記事と前売り広告の宣伝文を書いていた。それに、ブルックリンと言っても、わたしが暮らしていたのは木々がならぶ文学の薫(かお)り高い住宅街じゃない。有刺鉄線より皮肉なメッセージTシャツが幅を利かせるようになった地区で、ぎりぎり生き延びていた。

それでも、広くて統一感のない自分の部屋が大好きだった。建物のオーナーは50代後半の小柄なドミニカ人女性で、髪をきっちりお団子にした気難しい人だった。彼女はほとんど英語を話さず、わたしはこのささやかな心地よい環境を手放したくなかったので、あえて彼女とスペイン語で会話しなかった。わたしたちは廊下で簡単に会釈するだけだった。彼女の家族全員が同じ建物に住んでいた。体格のいいシングルマザーの娘は、騒音の苦情について住民と話し合うことがあった。（わたしは数回だけ。）頼りない息子は、アパート正面の階段でタバコを吸いながら携帯電話で話していた。6歳の双子の孫娘は、縮れっ毛がカールしていた。

「あなたの猫、家にいる？」廊下で双子のひとりが、歯の隙間から音をもらしながら聞いた。この問いかけに笑いがこみ上げた。うちの猫がときどき仕事に出かけているみたいな言い方だった。

最初の1年はほぼ順調だった。前途有望だった。ようやく人生の大事なところにさしかかり、細部をより磨き上げていく気力にあふれていた。道端から家具を拾ってくる回数を減らす。

もっといいスキンケア商品を使う。ちょっとした生活の改善だ。

名案を思いついた。料理を学ぶべきだ。20代前半のとき、母が何度か教えようとしてくれたけれど、わたしは聞く耳をもたなかった。**女性はもうこんなこと身につける必要ない。**母に言った。まるで速記術でも習わされているみたいに。

でも、ニューヨークにきて1年たつうちに、自分の方針に疑問をもつようになった。給料のうち、デリバリーに払う額があまりにも多すぎた。それに、料理すれば食べ物や酒ともっと健康的に付き合えるかもしれないと期待した。わたしにとって早急に解決すべき課題だった。技術を身につけ**ない**ことが地位の向上になるなんて、どんな思考回路だったんだろう?

自炊チャレンジは、出だしは好調だった。誰もいないキッチンで一人前の大人らしく、スライスしたりみじん切りしたりするわたし。調理の準備をしながら、ワインのボトルを開ける。でも、ワインを飲むとおしゃべりしたくなって、テキサスにいる友だちに電話する。するとすっかり会話に夢中になり、もう料理する気がなくなった。2杯目のグラスを飲み干すと食欲がなくなり、食材を包んで冷蔵庫にしまうと、アスパラのかわりにパーラメントを半箱、窓辺で吸った。

ボトルが空になると酒屋にいき、700ミリリットルのハイネケンを2本買った。ビール缶4本と同じ量で、わたしの定量分析によると倒れる寸前の限界ぎりぎりまでいける完璧な量だった。(わたしが知る唯一のレシピ。)真夜中近く、地を這う獣のような空腹におそわれると、湯の沸いた鍋にパスタを放り込み、大量のバターと塩を混ぜ、ケーブルテレビを見ながらむさぼるように食べた。ウルフギャング・パックもこんなふうにはじめたんじゃなかった？

そういえば、友だちのステファニーはフード・ネットワークで番組をもつシェフ、ボビーと結婚した。ふたりはマンハッタンの上品な2階建てアパートに住んでいた。スタンディングバーとビリヤードテーブルが2階にあった。彼女の家を訪れると、「ずっと夢見てきた人生」の典型に足を踏み入れた気分になったけれど、ステファニーが特別なのはそれをシェアしようとするところだった。ディナー代を払ってくれたし、わたしのタクシー代も浮かせてくれたし、お金とは関係ない数え切れないほどのちょっとした気遣いで、この世界を生きやすくしてくれた。

春にステファニーはブロードウェイの舞台に出演し、わたしは初日の夜にミッドタウンにあるボビーのビストロで開かれたパーティーにいった。華やかさをストレートで一気飲みしたようなそのパーティーには、ナオミ・ワッツがいた。『セックス・アンド・ザ・シティ』に脇役で出ている俳優たちがいた。トイレでバーナデット・ピーターズ（『アニーよ銃をとれ』のアニー―！）の後ろにならんだし、『THE WIRE／ザ・ワイヤー』のシーズン2に出ていた男性とタバコを吸った。わたしは友だちにテキストした。「さっきフランク・ソボトカにタバコせがんじゃった！」仲間内では、これはジュリア・ロバーツとアイスクリーム・サンデーを分け合って食べるようなものだった。

名声に飢えた若者がよく想像するニューヨークは、こんな光景だろう。大きな会場にたくさんのセレブとカクテル。ステファニーのパーティーは、わたしが子どもの頃に抱いた妄想とそこまでかけ離れていなかった。違ったのは、今度は自分もそこにいたことだ。

それ以来、わたしは機会があるたびボビーのレストランに通うようになった。ある秋の夜、ステファニーの友人たちとそこで酒を飲んでいた。あけっぴろげに話す赤毛の子がいて、わたしは彼女が気に入った。午後8時頃になると、それぞれがディナーの約束やもっと大事な日常生活のため散っていき、赤毛がわたしの方を向いて聞いた。

「どっかバーにいかない？」

答えは簡単だ。「もちろん」

だらだら歩いてヘルズ・キッチンにある流行りの店に入り、1杯17ドルのマティーニをおかわりしながら、独身生活の苦しみの数々を打ち明け合い仲良くなった。値段を覚えているのは、暗算しなければならなかったからだ。**唯一使えるクレジットカードで、家まで帰るタクシー代も払うとして、何杯までなら飲めるだろう？**　赤毛はしばらく前から無職で、それを隠そうともしなかった。アッパー・ウエスト・サイドのアパートに住み続けながら、なんで17ドルのマティーニを何杯も飲む余裕があるのか、見当がつかなかった。彼女に聞きたかったけれど、失礼にならないようこの話題にどう切り込めばいいかわからなかった。だから、ふたりで腰かけながら、好きなセックスの体位についてあれこれ言い合った。

真夜中になり、タクシーを拾うため角までいっしょに歩いた。わたしはヒールを両手にもち、べとべとする歩道を裸足で踏みしめていた。タクシーで家に帰った頃には、猛烈に腹が空いていた。コンロで湯を沸かし、パスタを放り込んだ。布団に倒れ込み、コメディアンたちがミリ・ヴァニリ［80～90年代に人気を集めたダンスユニット。口パクが発覚してグラミー賞を剥奪された］やテディ・ラクスピン［80年代にアメリカで流行した、おしゃべりするクマのぬいぐるみ］をからかう例のＶＨ１の番組をつけた。

ここから先がどうもわからない。ドアをたたく音。消化器を手にした、大家の頼りない息子。コンロから立ち上っている灰色の煙。耳をつんざく警報音。

「窓を開けろ」。彼が叫んだ。顔から汗をしたたらせながら、キッチンの安全を確保しようとしていた。わたしは両腕をぶら下げたまま、彼の後ろに立っていた。

「30分も警報器が鳴りっぱなしだよ」。彼が怒鳴り、こげた茎状のスパゲッティが入った鍋をバーナーから下ろした。

「わたし、寝ちゃったんだわ」と「酔いつぶれた」よりずっと軽い言葉を使って言いわけした。でも、彼らは気づいていただろう。わたしがリサイクルゴミに捨てる、缶やボトルの山を見ていたに違いない。

10分後、キッチンに大家が立っていた。ブルーのガウンを着て、腕を組んでいた。「わたしのアパート、焼き尽くそうとした」。彼女は言った。

「まさか、違います」。わたしは反論し、その非難にショックを受けながら、英語のちょっとした言い間違いであることを祈った。「事故だったんです。ほんとにすみません」

その夜、もう眠れなかった。午前5時、太陽が昇る前に歩きにいくことにした。ウィリアムズバーグ橋を渡り、ローワー・イースト・サイドのゴミだらけの通りを歩き、金属製のシャッターを下ろし鍵がかかったディスカウントストアや、チェルシーの歩道に面したこぎれいなカフェを通り過ぎ、騒々しいミッドタウンにたどり着いた。疲れて足が痛んでいても気づかなかった。前に進み続けなきゃいけない。自分の恥辱が目に入らぬよう、その前にいる必要があった。セントラル・パークの動物園に近づいたとき、大家の娘から電話があった。

「賃貸契約が切れる4月になったら、出ていってもらえますか」。彼女は言った。

「はい、すみませんでした」。わたしは答えた。

彼女だって、こんな電話したくなかっただろう。「不都合な知らせ」をする通訳になんてなりたくなかったはずだ。「ねぇ、あなたはいい人よ。でもママがすごく動転してるの。あのビルは古い。それにママの孫娘たちが住んでる。建物がぜんぶ焼け落ちてもおかしくなかったのよ」

「わかります」。そうは言ったけれど、些細な失敗に大げさに反応しているように感じた。**わたしは寝ちゃっただけ**、そう思い続けていた。**スパゲッティの茹ですぎで、ビルが全焼するわけないでしょ？**　でも、そうして自己弁護する心の奥底で、自分が間違っていると気づいていた。この出来事をありふれた失敗とみなすのは、重大な証拠を無視することになる。わたしがマティーニを3杯、ビールを2杯飲み――そして、意識を失った部分を。

「あなたのお母さんに鉢植えを贈ろうかと思ってたの」。わたしは言った。「それか、お花か。どんなのが好きか知ってる？」

「やめたほうがいいと思う」。彼女は言った。

「えっ……」。誰だって花をもらえば喜ぶと思ったのに。

「それよりなにも言わず、4月になったら出ていくのがいいと思う」

ワシントンハイツまで歩き、友だちのリサが住んでいる181丁目までいった。オースティンの新聞社で出会った彼女は、わたしがニューヨークでやっていけると最初に背中を押してくれたひとりだった。街に出てきた初めの1か月は彼女の家のソファーを借り、彼女が夫と寝室で笑っている声を聴きながら眠りについた。いつか自分もあんなふうになりたいと思った。リサとクレイグは、わたしが知るいい人番付のなかでもトップクラスだった。あの朝のわたしくらい落ち込んでいる人がいたら、リサの家の玄関にたどり着くまで頑張って歩いてほしい。

彼女とわたしは外に椅子を出し、日差しのなか静かに座った。わたしは遠くのジョージ・ワシントン橋とその後ろの青空を見つめた。唇が震えていた。「わたし、お酒をやめなくちゃいけないんだと思う」。彼女が答えた。「わかってる。つらいよね。愛してるよ」

そして、わたしは酒をやめた。4日間だけ。

名案を思いついた。就職すればいい。フリーランスは自由だけれど、きっとわたしに必要なのは檻(おり)。それに、安定した給料もほしかった。クレジットカード会社に1万ドルの借金があって、国税庁からの多額の徴収も無視していた。しかも2回。

《サロン》というオンラインマガジンで、ライター兼編集者の職を得た。福利厚生が充実していて、それよりなによりありがたかったのはたぶん未来への期待だった。新しい変化の一つ一つを――物理的な行動範囲もスケジュールも――ついに悪しき習慣を改善できるかもしれないと信じる根拠にした。酒飲みは、朝4時に啓示を受けては「違う、ほんとに。今回は本気」とエンドレスで宣言する。

でも、違う、ほんとに。**今回は本気だった。** わたしが《サロン》で最初に書いたエッセイの一つは、自分のクレジットカードの借金がテーマだった。自力ではどうにもできないほど額がふくらみ、両親から借金しなければならなかった。みじめな時期だったけれど、徳が高い人の支えに救われた。ある税理士が無料で手を貸してくれて、国税庁に未納の金額――4万ドル――を計算し、支払いの計画を立ててくれた。あたえられた期間は7年間で、ロックハンマー1本で脱獄する『ショーシャンクの空に』の主人公になった気分だったけれど、ようやく清算しようとしていた。

ところが、クレジットカードの借金の記事により、新たな問題が生まれた。記事が掲載された翌日、わたしのデスクでインターンが立ち止まった。「あなたの記事についてるコメント、どう思う?」彼女に聞かれた。「相当な盛り上がりだよね?」

「ほんとだよね」。そう返したけれど、実は読んでいなかった。その夜、ワインのボトルを味方につけ、わたしはコメント欄に攻め入った。何百もならんでいた。借金するなんてとわたしを罵る人たち。そんな額は**序の口**だとバカにする人たち。でも、ほとんどの人は、負け犬が書いた読むに値しない記事ということで意見が一致していた。

母からはよく、わたしにいちばん手厳しい批評家はわたし自身だと言われた。母がこのコメント欄を読んでいなかったのは、言うまでもない。

わたしは尻込みしはじめた。すべてにおいて、先回りして考えるようになった。書くことだけでなく、編集の作業においても。インターネット媒体はトラフィックの競争であり、怖くて勝手がわからない。自分が目指す本物のジャーナリストと、くだらないネタをバズる記事にしなければならないペテン師とのはざまで、身が裂かれる思いだった。夢のなかでも見出しを書いたり、いちばん効果的なタイトルをつけるためスクラブル［アルファベットが書かれたコマをならべて英単語を作るゲーム］のように単語を入れ替えたりして目を覚ました。

以前より頻繁に家で飲むようになった。支出をセーブするため。タフな一日を頑張ったご褒美として。都度、買い物する酒屋を変えた。そうすれば、カウンターの向こうにいる店員たちの誰にも勘づかれない。

2008年の秋に《サロン》で最初のレイオフがあり、わたしはまぬがれた。でも、足元に迫りくる震動におびえた。解雇された人たちの名前を上司から聞き、まるで彼らが銃撃されたみたいに泣いた。**みんな、すごくいい人なのに**と、思わずにはいられなかった。まるで、いい人であることとレイオフが関係あるかのように。親切な人だけが、世界的な経済危機に狙われたかのように。

世の中が不安定になるにつれ、さらに無謀に飲むようになった。友だちと夜遊びしたあと、酒屋に立ちより6本セットのビールを買った。日曜の夜は、ひどい報い(むく)を受けるハメになった。掛け布団の下に寝そべって白ワインを飲み、リアリティ番組『インターベンション』を見ながら、また月曜日がくる重苦しい憂鬱に身をゆだねた。

やめるべきだ。やめなくちゃとわかっていた。大酒を食らったあと目を覚まし、「もう二度と飲まない」と思っても、午後3時になると「まぁ今日はいっか」と考えた。

名案を思いついた。セラピーにいけばいい。両親が診察代のほとんどを肩がわりしてくれることになり、ふたりにのしかかる負担がわかるだけに、罪悪感を覚えた。でも、もっとひどいのは治療を受けないことだ。

　セラピストは母性的な女性で、相づちが信頼できた。彼女に嘘をつこうか迷ったときはいつも、トイレに100ドル札が流れる場面を頭に思い浮かべるようにした。

「リハビリ入院してみたら？」彼女が聞いた。

　えー。ちょっと大げさだ。

「それは無理」。わたしは言った。猫をおいていけなかった。同僚に仕事をまかせるわけにはいかなかった。払うお金もなかった。リハビリするとしたらマリブにある、あのセレブだらけのリゾートに送り込まれたかった。金属のベッドに拘束される薄汚い施設じゃなく、一日中ピラティスをしたり、パイナップルを腹いっぱい食べたりするところがいい。

　この期におよんでまだ、自分を止めてくれる出来事が起こるよう願っていた。デウス・エクス・マキナ［ギリシャ劇に出てくる機械仕掛けの神。突如舞台に登場して困難な事態を強引に解決する］を期待しない人なんている？　慈愛に満ちた人が天から舞い降りて、忌々しいピノ・ノワールをこの手から奪い取ってくれたらいいなと思わない？

　名案を思いついた。抗うつ剤を飲めばいい。もう一つ思いついた。抗うつ剤はやめて、ジムに入会すればいい。また一つ思いついた。固形物を摂らないジュースクレンズをすればいい。また一つ、また一つ……。

　体調が悪化しはじめた。いつものように痛飲して朝目を覚ますと、毒を盛られたような、胃に残っているものをすべて吐き出したい衝動にかられた。トイレでひざをつき、のどの奥に指を2本突っ込んで無理矢理吐いた。そしてシャワーを浴び、仕事にいった。

やめるべきだった。2、3日は頑張って禁酒しても、2週間以上続かなかった。仕事を失うんじゃないかと、不安でたまらなくなった。書こうと思って腰を落ち着かせても、一向に言葉が出てこなかった。プレッシャーと猜疑心とストレスは、もう酒を飲んでも消せなかった。完全にスランプに陥った。

「わたし、きっとクビになる」。ある午後、締め切りに遅れてパニックになったわたしは、上司に思いをぶちまけた。

「こっち見て」。彼女は言った。「あなたは仕事を失ったりしない」。彼女は正しかった。

でも、彼女が仕事を失った。数週間後の2009年8月に2度目のレイオフがあり、呪いのリストが読み上げられたとき、そのなかにわたしの上司を含むニューヨーク・オフィスの半分の人の名前があった。信じられなかった。何か月ものあいだ、自分はクビを切られると確信していたのに、数少ない生き残りのひとりになった。

どうしてわたしが選ばれなかったのか。それは一生わからない。薄給だったからか。人あたりがよかったからか。検討の場に名前さえ出なかったからか。わたしがあれだけ大騒ぎしても、上司が隠し通してくれたからだろうと思った。彼女は守ってくれた。そして解雇通知を受け取った。わたしには仕事と不安と罪の意識が残った。

勤務のあとバーに直行した。そのとき、わたしは1週間禁酒していた。でも、こんな理不尽な事態のあと、しらふのままでいるなんて無理だった。

ついに面と向かって言ってくれたのは、ステファニーだった。パーク・スロープにある、こぢんまりしたすてきなイタリアンレストランのディナーに誘ってくれた。彼女は、巨大なダイヤモンドの指輪をつけた美しい手で、ひざにナプキンを広げた。

「話があるの」。恐ろしい会話がはじまる合図だ。話があると言ったのは、彼女の家にみんなで集まったとき、バルコニーでタバコを吸っているあいだ、わたしがレイオフのことを打ち明けながら大泣きしたからだ。「なんていうか、みんな引いてたよ」。彼女は言い、その言葉に胸を刺された。あの夜は、みんなの絆が深まったと思っていたから。

話があると言ったのは、このあいだのディナーで、わたしが悲惨な恋愛の別れ話を、胸が張り裂けそうな詳細までしゃべったからだ。帰りのタクシーのなかで、ステファニーの友だちのひとりがわたしの手をにぎってくれた。それくらい彼女は同情してくれた。一方で、ステファニーはため息をつき、暇つぶしに髪をいじった。彼女はこの話をすでに3回聞いていた。

この数か月、自分が誘われなかった女子会やグループ旅行の話を耳にしていた。きっとみんな、わたしにお金がないのを知っていたからだと思った。自分が傷つかないようにした。たいしたことじゃない、全然平気。

でも、ステファニーと向かい合って座りながら、平気**じゃない**と気づきはじめた。わたしたちのなにかが決定的におかしくなっていた。それはバルコニーやタクシーでのちょっとした出来事ではなく、そこにいたるまでの出来事すべてに関係していた。仲たがいは往々にして積み重ねの末に起こる。直接対決とはバケツの冷水を一気に浴びせるようなものだけれど、その水がどれだけ時間をかけて貯まったのかは、なかなか気づきづらい。5滴、100滴としずくがたまっていきある日、ついにバケツがひっくり返る。

「サラがどうしたいのか、わかんないよ」。言葉で彼女ののどがきしみ、わたしは怖くなった。彼女は簡単に動揺する人じゃなかった。「どうしたいの？」

わたしは思った。わたしだって贅沢な旅行にいきたいし、ハンプトンズに家がほしい。ほっそりした手でバカでかいダイヤモンドを見せびらかしたい。

わたしは思った。こんな会話したくない。

わたしは思った。大好きな人たちから見放されたくない。

わたしは思った。いますぐ酒をくれ。

「わかんない」。わたしは答えた。彼女はわたしの手をとり、しばらく離さなかった。これを最後に、酒をやめたと言えたらよかったのに。現実は、ステファニーと1年近く交流を断った。

でも、彼女に言ったことは本当だった。自分がどうしたいのかわからなかった。というより、どうしたいかは完璧にわかっていて、それは一日も酒を我慢せず、そうし続ける報いからも一生逃げていたかった。わたしは不可能なことを求めていた。究極のピンチ、いき止まりで、運命の二択が手招きしている。このまま酒を飲み続けるのは無理だし、酒なしに生き続けるのも無理。

もう一つだけ名案を思いついた。マンハッタンに引っ越せばいい。ブルックリンはガキのたまり場だけれど、マンハッタンは大人の街だ。吹雪のまっただ中、新しいスタートになんとか間に合う２００９年12月31日に引っ越した。

　わたしのワンルームアパートは23平方メートルだった。家具のない状態で内見したから、サイズの判断を間違えたのだ。こんな狭い部屋で暮らすのは、飛行機のまんなかの席に持ち物をぜんぶ詰め込むようなもの。ベッド以外に座る場所がないから、いつも布団のなかにいて、そこで飲んだ。電気を消し、ドアにチェーンをかけ、自分の生活まるごとブラックアウトのカーテンで隠すみたいだった。トラブルに近づかないよう、ほとんどの夜を家で過ごした。ときどきソフトコアなポルノを見たのは、あくまでもショウタイム［アメリカのケーブルチャンネル］の無料アカウントをもらったからだ。この頃、酒はたいていビールだった。ビールはわたしに優しい。ステラ・アルトワの懐の深さはいつだって信用できる。

アナがニューヨークに会いにきてくれた。狭小アパートのベッドでわたしのとなりに寝ても、一度も文句を言わなかった。妊娠5か月で、持ち物は小さなバックパック一つで、彼女は輝いていた。ならぶと自分がたるみきった体の世捨て人みたいに感じた。アナも名案を思いついた。もっと健康的な食生活をすればいいのかも。もっと外で体を動かすといいのかも。彼女はわたしの家の近所にヨガスタジオを見つけ、スケジュール表をもって帰ってきた。いってみると約束した。でも、わたしはあまりにもぼろぼろだった。この世には、ダウンドッグのポーズやロージュースなんかではもう軌道修正できないほど壊れた人がいる。

セラピストが言った。「あなたにお酒をやめる気がないなら、このまま診察を続けて意味があるのかしら」。きっとショックを受けた顔をしていたに違いない。もっと優しい言葉に言い換えてくれたからだ。「あなたがお酒をやめないと、このセラピーが役に立たないんじゃないかって心配なの。なんでこんなこと言ってるかわかる？」

もちろん、こういう意味だとわかっていた。**うせろ。とっとと消えな。あんたにはもうウンザリ。**

セラピーをあきらめたくない気持ちと同じくらい、友だちとの関係や夜の記憶を失いたくなかったけれど、酒にしがみつこうとする欲求はゆるぎなかった。酒はわたしを救ってくれた。孤独にとらわれていた子どもの頃は、逃げ出す方法を教えてくれた。自意識にがんじがらめになっていたティーンエイジャーの頃は、背中を押してくれた。自分の価値に自信をなくしていた若い頃は、勇気をあたえてくれた。途方に暮れたときは、道を示してくれた。その道は次の酒が待つ場所へ、どこへでも導いてくれる。わたしが手柄を上げたときは、いっしょに祝ってくれた。泣いたときは、慰めてくれた。そして、飲んで招いたすべてに苦しんでいるこの期におよんでなお、わたしの意識を飛ばしてくれた。

見切りをつけるときは、往々にして積み重ねの末に訪れる。一つではなく、何千もの行動の結果だ。しずくがバケツにたまり、ある日バケツがひっくり返る。

2010年6月12日の夜、トライベッカのロフトで開かれた友人の結婚パーティーにいった。すてきな雰囲気だった。赤ワインを飲んだあと、白ワインにした。窓のそばの大きな丸テーブルで、白のタキシードに分厚い黒縁メガネをかけた男性といっしょに座っていた。最後の記憶は、口を開け笑っている彼の顔。背後の景色は夜だった。

翌朝、自分のベッドで目が覚めた。どんなふうにパーティーが終わったか、どうやって家に帰ったかわからなかった。バッバはとなりでのどを鳴らしていた。心拍が上がるような痕跡も、異常なところも見当たらない。メロンボーラーでくり抜いたみたいな、わたしの生活を切り取った、いつもと同じ残骸があるだけだった。

酒をやめたくない人はたいてい、まだ自分が手にしているものに目を向ける。いまのところ失敗していないことのリストを作る。わたしにはまだ住むところがあった。まだ仕事があった。彼氏も子どももなくしていなかった（もとからどっちもいなかったから）。

その夜、風呂に入り長いこと湯に浸かった。太ももや青白い腹に湯をかけ流した。そして初めて、この先も深刻な結末などないのかもしれないと思った。病院送りにもならない。刑務所にいき着くこともない。きっと誰も、なにも、わたしを止められない。かわりに、救いようのないただの酒飲みとして、歳をとるごとに小さくなる殻に閉じこもりながら、このままの生活を続ける。わたしはたくさんのものに執着してきた。でも、自分のことにはかまわなかった。

このときにとらわれたどうしようもない憂鬱を、なんて表現すればいいかわからない。自殺願望ではなかった。もう死んでしまっているような、窒息している感覚だった。自分のなかから生命がすっかり流れ出ていた。

浴槽から出て、母に電話した。希望を捨てる前に話す相手といえば母親だ。わたしはこれまで何千回も、友だちや自分、静まりかえった夜空に向かって話してきた言葉を伝えた。

「お酒をやめなくちゃいけないと思う」

そして今回は、本当にやめた。

幕間 はじまり

マンハッタンのアパートのクローゼットは、ちょうどなかに入れるぐらいのサイズだった。

古い服が入った箱やかばんを整理しなければならなかったけれど、掃くようにどかして床にスペースを作り、寝袋を巨大な枕みたいに自分の下に押し込めば、クローゼットの扉が閉まるくらい小さく丸まることができた。

このアイデアを思いつくのに、どうしてこんなに時間がかかったんだろう。これまで何年も、ブラインドから入ってくる日差しに射貫かれながらベッドの上で過ごしてきた。なめらかな生地の青いアイマスクをつけ、毛布や枕の下に潜り込もうとするわたしは、60年代の映画のヒロインみたいだった。そんな朝は自分のなにもかもが白日の下にさらされている気がしたけれど、1・5メートル先に完璧な身の安全を保証してくれるクローゼットがあった。わたしだけのシェルターだ。

守ってくれるものが必要だった。あの頃のわたしは、甲羅の下に隠れているカメみたいに繊細だった。酒をやめることは、午後6時にボトルの栓を抜く、あの陶酔感を手放すことだと覚悟していた。予想していなかったのは、世の中にたいしてあまりにも無防備で、傷つきやすく感じることだった。外の通りをいき交う見知らぬ人たちの喧騒や、ちょっとした体の接触。街角のいたるところで待ち伏せしている酒屋。

でも、生活が60×150センチの箱に縮小されると、驚くほど生きやすくなる。体を折りたたんだ状態を自分で確認できる。穏やかな呼吸の流れに耳を傾ける。心臓の**ドクン**という音に集中する。あの無意識のメトロノーム。あの低く重いドラム音。止まれと命じても、かまわず動き続けるなんておかしくない？

これが禁酒だなんて想定外だった。酒に別れを告げたなら、世界がわたしに宝の引き出しを開けてくれると思っていた。そうでなきゃ不公平でしょ？　人生で最高の、いちばん大事な関係を犠牲にしたなら――天よ、見るがいい。其方(そなた)のためにいま、わたしは最愛の人の胸に剣を突き刺している――ご褒美に、キラキラ輝く金塊の山をつかめるだけもらっていいはずだ。またドアを蹴り破って進む。クールなスーパーヒーローモードで。

現実のわたしは、毎朝5時に不安で胸をドキドキさせながら目覚め、クローゼットに数時間閉じこもって、不快な声を断ち切ろうとした。**今度はいつまた挫折する？　四方を囲まれたこの壁の向こうに、どんな失敗が待ちかまえてる？**　日中は肩を落としてとぼとぼ歩き、どんな色もモノクロに見えた。夜はベッドの上で、顔を腕で覆って過ごした。二日酔いの体勢だ。明かりをつけたくなかった。テレビさえ見たくなかった。酒のブラックアウトがないかわりに、自分で暗闇を作らざるを得なかった。

　心の安らぎもいくつかあった。飼い猫に癒やされた。食べものに癒やされた。不思議なことに、アイスクリームをドカ食いした。酒を飲んでいるときは、甘いものが大嫌いだったのに。「デザートはお酒にするね」。よくこう言っていたのは、砂糖が高揚した気分を台なしにするからだった。でも、いまはハーゲンダッツのパイントサイズを一気に貪るように食べ、少しも後ろめたさを感じなかった。愛するものをあきらめた人は、なんだって好きなように食べる資格がある。

　無事に真夜中にたどり着けるよう、ピーナッツバターとチョコレートを食べた。4種のチーズのマカロニと、ラザニアの缶詰。チキンティッカマサラと多めのナンをデリバリー注文し、フォークは2本にしてもらった。酒を飲まずに真夜中を迎えられたら、わたしの勝ちだ。記録にまた1日加わる。5、7、11日と勝ちを重ねる。そうして朝5時に起きると、この茶番をはじめから繰り返す。

　20代の頃に——新聞社の仕事をしながら、旅や存在意義の追求に目覚めた、さすらいの時期——短期間、大病を患う子どもたちの児童養護施設で働いた。赤ちゃんのひとりには脳がなく、そんな病気があるなんて知らなかった。その男の子は脳幹はあったけれど脳はなく、意識は成長しないにもかかわらず体は成長していた。クローゼットに閉じこもっているとき、その赤ちゃんのことを考えた。おむつを替えたり、風呂に入れるため服を脱がすと、その子は小さなピンク色の舌を出しながら泣きわめいた。ほんの些細な日常生活の変化も、彼にとっては一大事だった。動かすと、自分がいったいどこにいるのかまるでわからなくなった。「この子にとっては、奈落の底に突き落とされたような感じなの」。看護師があるとき、彼をブリトーのように包みながら説明した。「だからきつく巻いてあげるの。そうすると落ち着くのよ」。彼女がふたたび抱き上げたとき、赤ちゃんはおとなしく従順だった。悪魔は散り去った。わたしにとって、クローゼットは同じ感覚だった。これがなければ、わたしは虚空で手足をばたつかせていた。

　酒に手を出さないこと自体は簡単だった。ただの筋肉の動きの問題で、唇にアルコールをもっていかなければいいだけだ。不可能に思えるのは、それ以外のぜんぶ。どうやって人と話せばいい？　どんな自分でいればいい？　ワインのボトルやビールのパイントグラスをぐびぐび飲んで背中を押してもらったのに、それなしで親密な関係ってどうすれば成立するの？　AA［アルコホーリクス・アノニマスの略。アルコール依存症の人たちが断酒を続けるための自助グループ］に参加しなくちゃダメ？　あの不気味な12ステップ・プログラムをやる人たちの仲間入りするの？　っていうか、これからどうやって書くの？　わたしの糧、わたしのアイデンティティー、わたしの生きる目的、わたしの希望――スクリューキャップを閉めたことですべてが消えた。

　とはいえ。酒を飲み続ける生活は、わたしを恐怖と不安の窮地に追いやった。だから、クローゼットのなかで丸まった。そうすると守られている気がしたから。ドアが鼻先に当たると落ち着いた。ドアノブがカチャッと閉まった瞬間、頭のなかの話し声が止むと落ち着いた。一生そこにいたかった。なんて不公平なの、なんて苦しいの、なんでわたしなのと考えながらそこで横たわっているうちに、残り時間が尽きればいいと思った。でも、いつかこのドアを開けなければいけないとわかっていた。気づけば人生の排水溝にはまっていた女にとって、たった一つのいちばん大事な問いに、答えを出さなければならない。

どうやって、ここから出ていこう？

II

断酒の日々

7 ほかに方法ないの？

本のなかで、主人公が酒をやめる箇所がいつも不満だった。見知らぬ人とのゆきずりのセックスも、曲がりくねった路地で胸の谷間にタバコの灰をまき散らしながらおしゃべりするのも、もうおしまい。**しらふで生きる。**この言葉そのものが、もうしおれた響きに聞こえる。かわいい赤の風船から、ヘリウムガスがぜんぶ抜けたみたいだ。

そう言いながらも、最初の数週間は自分が酒を断っているのか、実はよくわからなかった。いままで同じ男と15回くらい別れたことある？　毎度ドアをたたき閉め、彼のものを芝生に投げ捨て、生まれ変わった低い声で自分に言い聞かせる。**もうたくさん。**でも数日たつと、首筋をなぞる彼の指先だとか、彼の脚に自分の脚をからめる感覚を思い出してしまう。それに「永遠」ってすごく長くない？　だから、もう絶対電話してきませんようにと思う一方で、拒む自信がなくなる時刻に彼がくるのを待ったりして、自分でもどっちを望んでいるのかわからなくなる。きっと16回別れるべきなんだ。もしくは、たぶん、**ひょっとすると、**これが本当に最後かもしれない。

これが、最初の14日間のわたしの思考パターンだった。もしまた飲みはじめても許してくれるだろうと思う友だちの順番を、頭のなかでリストにしていた。毎晩、仕事から帰宅すると母に電話した。6時から真夜中まで、自分を柱にくくりつけておくためだ。

「調子はどう？」明るすぎる声で母が聞いた。

「元気」。その反対の声で答えた。わたしたちの会話は楽しいものじゃなかった。母が懐中電灯で床を照らしながら、前向きな話題が落ちていないか探しているような気がした。

「なにか書いてるの？」母が聞いた。

「ううん」

「AAにまたいくこと、考えてみた？」

「ううん」。ほら、母にはわかっていなかった。いまは一筋の希望も見えなかった。

バカバカしいAAにうんざりしていた。この2年、いろんな集会に出入りし、数か月同じ集いに押しかけては酒を飲むためしばらく姿を消し、また見つけた別の集いに新顔として参加していた。（酒を断つのは地獄の苦しみかもしれないけれど、おかげでニューヨークのあちこちの教会のなかをめぐる、最高の見学ツアーになった。）

5分遅れて出席し、5分早く退席することで、みんなが手をつなぎ合うお決まりのパートを回避した。しらふの生活がどんなにすばらしいか、あとひとりでもわたしに聞かせようものなら、指先から死のレーザー光線を撃ちかねないと思った。しらふなんてこの世でいちばん憎たらしい、最悪の敵だ。ある日、集会の最中にひとりの男性が突然キレた。**こんな会、大嫌いだ。こんな罠に俺をハメやがって。おまえらみんなカルトだ。ここで過ごす1分1秒ぜんぶ大っ嫌いだ。**

彼の心意気に共感した。

不思議なのは、わたしは前に一度AAの効果を実感したにもかかわらず、嫌悪していることだった。25歳のとき、かつての飲み友だちに再会した。彼は酒をやめていた。信じられなかった。ふたりでよくバーを店じまいさせた。「もう1杯」。ピッチャーが空になるたびに言い、ラストオーダーまで「もう1杯」飲み続けた。

ところが、かつて黄ばんでいた彼の頬は、血色がよくなっていた。「いっしょに集会にいこうよ」。彼の誘いに乗った。

最初の集いでいちばん記憶に残っているのは、例のセリフで自分に烙印を押すのに、落ち着かない抵抗感を覚えたことだ。映画でも何度も見てきたし、これが二度と後戻りしないと誓う記念すべき瞬間だとわかっていた。**わたしはサラ、アルコール依存症です。**

重い腰を上げ、何週間もこの問題に正面から向き合おうとしてきた。アルコール依存症ってどういう**意味？**　もし自分でそうだと宣言して、それが間違いだったら訂正してもいいの？
アルコール依存症は自己診断だ。科学的な生体検査もなければ、CVSで買えるホームキットもない。医者や友人が意見することはできるし、自分でインターネット上にある100問くらいの判定クイズを受けることもできる。でも、アルコール依存症とは自分が本能的に察してしかるべきものだ。

わたしは自覚していた。たとえ言葉で口に出すのは気が進まなかったとしても。AAの知見がまとまった基礎テキスト『ビッグブック』も読んだし、身に覚えがある記述には電気柵に投げつけられたような衝撃を受けた。**ブラウンリカーをやめたのは、わたしだけじゃないの？やっぱりみんな、酒はビールだけにしたの？**　わたしがAAに参加したいきさつまでも、その他大勢といっしょだった。まさに、集会がはじまった起源と同じだった。ビル・ウィルソンはある夜、酒を断ったかつての飲み友だちと過ごし、この再会がひらめきの瞬間となった。**この男が酒をやめられるなら、自分にもできる。**　AAはわたしにとって謎に包まれていたけれど、つまりはこういうことだろう。酔っ払いが2人かそれ以上、同じ部屋に集まって話し合う。

友だちといった最初の集会のあと、続けてみようと決心した。わたしの態度は、必ずしも優等生じゃなかった。腕を組んで後方に座り、アホらしい標語を鼻で笑った。「一歩ずつ」とか、なんのことだか明らかに言葉足らずな「心配しないで、神にゆだねて」とか。個人的な体験を打ち明けるほぼすべての人に、頭のなかでケンカをふっかけた。（たいていわたしが勝った。）

とりあえず効果はあった。わたしは1年半、酒を飲まなかった。これは犬で計算すると25歳分に相当する。集会で忘れられない話をいくつも聞いた。はっとして気持ちをゆさぶられた。いまもまだ心の整理がつかない。ある午後、参加者の何人かがブランチに誘ってくれた。喜んで手をつなぎ、慈愛に満ちた笑顔を見せる人たちだ。わたしはあのダイナーの席につき――大学生のとき友人と二日酔いの朝、お互いタバコの煙が染みついた服とカジュアルセックスの痕跡が残る髪で、よくこの店を訪れた――この退屈な中年たちといるところを誰にも見られませんようにと、神に祈った。ジンジャーブレッドのパンケーキを口に突っ込みながら、彼らのジョークに無理して笑い、これが断酒かと気が滅入った。いっしょにいると、自分が老けてつまらない人間になったように感じる人たちと、気まずいパンケーキランチを延々と繰り返すのか。もっと若くて、頭のきれる感覚を味わいたかった。

また酒を飲むと決めた27歳のとき、わたしを止められるものはなかったと思う。また荒波に揉まれると決めた以上、どんなに説得力のある証拠を出しても、わたしを踏みとどまらせることは不可能だったはず。希望にすがる女にとって、理屈はいちばん簡単に倒せる敵に過ぎないから。確かに、わたしはアルコール依存症だと認めていたし、自分の飲み方がほかの人と違うと心の奥底でわかっていた。一方で、こうも考えていた。うまく対処すれば、あと10年は飲める。**10年なんて、まだまだ先じゃん！**

そうして月日が過ぎ、わたしはＡＡの仕組みそのものに過剰反応していたのではと思いはじめた。これは、アルコール依存症の人が二重思考するありがちな心理的ストレスで、その人が本当に過剰反応**した**のか、断固拒否しているのか、客観的に見極める方法がないから、特にたちが悪い。わたしは後者だったけれど、まだ27歳でもあった。機会をうかがい、あとはいくだけ。もう一度、波に頭から飛び込んだ。

「またいつか顔を出すかも」。友だちに言ったけれど、本心だったかは定かじゃない。だって、それから実際にほぼ10年たって思った。あんなもん知るか。

あんなもん知るか。何年ものあいだ、AAにたいしてそんな態度だった。わたしが弱り果てていたとき、手を差し伸べてくれた場所なのに。でも、プロの酒飲みになるためには、気力を失い震えながら折りたたみ椅子に座っていたかつての自分と、距離をおく必要があった。いかなくなったあとも、決してAAを悪く言ったりはしなかった。でも、ほかの人に勧めることしかできなかった。友だちに乳製品を摂るのはやめろと言いながら、自分はチェダーチーズをわしづかみして口いっぱい頬張っているみたいだった。

飲酒を再開したその10年のあいだ、飲みすぎてしまう人について書かれた本や雑誌の記事を、手当たり次第に読んだ。堕落の物語以上に、わたしを引きつけるものはなかった。キャロライン・ナップの『アルコール・ラヴァー　ある女性アルコール依存症者の告白』は、頬に涙をつたわせながら白ワインのグラスを片手に3度読んだ。白ワインはナップの好物で、彼女はそのおいしさを雄弁に語り、わたしも仲間に入らないわけにはいかず、「そう、その通り。彼女わかってる」と思った。そのあと、彼女は断酒してAAに参加するようになり、「なんでよ。ほかに方法ないの?」と落胆した。

ほかの方法。いまのわたしなら、あると知っている。たくさんの体験を聞いてきたからだ。自分で酒をやめた人たち。ほかの解決策を見つけた人たち。わたしもあとに続くべきだった。健康管理、節制管理、デヴィッド・フォスター・ウォレスの自己啓発本、ネットフリックスのマイリストといった、ほかの選択肢をとことん試すべきだった。自分ひとりでは無理だと、心の底から納得する必要があった。

そういえば、AAに誘ってくれた例の男友だちも、わたしに続いてわりとすぐにまた酒を飲みはじめた。彼は結婚し、子どももできた。20代半ばに繰り返していたどんちゃん騒ぎは、中年になった頃にはおさまった。たまにこういう人がいる。統計によると、人は子どもが産まれると、大酒を飲む頻度が激減する。そのままの生活を続けられないのだ。「お酒減らしたい?」女友だちに聞かれた。「子ども産みな」

30代半ばまで、わたしはこの言葉にしがみついた。ある時点になったら減速帯が現れて、変わらざるを得なくなると思った。結婚して、**そのあと**酒をやめる。赤ちゃんを産んで、**そのあと**酒をやめる。でも、悪しき習慣を改めるチャンスはすべて――どんな難しい仕事や、どんな経済的ピンチも――酒を減らすのではなく、もっと飲む理由になった。それに、親になったからといって、みんなが酒をやめるわけではないとわかっていた。飲む場所は移動可能だ。バーからリビング、バスルーム、空っぽのガレージに。飲む時間だって圧縮できる。子どもが寝ついてから、母親が気を失うまでのあいだに。子どもを産んでも、自分は酒をやめないだろうと思うようになった。わたしを止めるものはなにもなかった。

やめるか、飲むか、どちらかしかないことに**はらわたが煮えくり返った。**かつてアルコール依存症だった友だちは、グリルで料理しながらときどきミラー・ライト［低カロリーのビール］を飲んだりして人生を再起動できたのに、わたしは朝吐いて両目のまわりを内出血させるなんて、不公平だった。友人たちはキャプテン・モルガン［パッケージに海賊が描かれたラム酒の銘柄］の海賊船に乗ってパーティーしていたのに、わたしは船底に蹴り落とされ、ホームレスたちとニーバーの祈り［ＡＡや依存症克服のためのプログラムで採用されている祈りの言葉］を唱えているなんて、不公平だった。自由を奪われた子どもたちに共通する苦悶の叫び。不公平だ！（面白いのは、調子のいいことを言ってまた飲みはじめたときは、世の中の不公平を呪いはしなかった。勝利チームのメンバーは、試合の不正操作にほとんど気づかない。）

けれど今回、酒をやめて3週間たったところで、ついにＡＡに戻った。ウエスト・ビレッジのアパート近くの集会を見つけ、ほの暗い明かりを灯したそこで、以前のようにまた腕を組み、軽蔑の表情を浮かべた。戻ったのは、せっついてくる母を黙らせるため。頭のなかの「やらなきゃいけないこと」リストの項目に、チェックマークをつけるため。ＡＡはわたしには通用しないという確信を、みんなに証明するため。

これだけはわかってほしい。ＡＡは奇跡を起こすとちゃんと知っていた。誰も教えてくれないのは、奇跡とはとても、とても不愉快になり得るということだ。

最初の1か月は、仕事が息抜きになったけれど、それは殴られる合間の休憩に、頬をぶたれているようなもの。つまり、職場にいるあいだはとりあえず、酒について考えずにすんだ。酒をやめたとも、誰にも言わなかった。妊娠した女性が懐妊を発表するまで3か月待つのも、たぶん同じ理由だと思う。不安な気持ちで過ごす時間を、台なしにしたい人なんていない。

ミッドタウンにあるオフィスは、わたしにとって非武装地帯になった。さてなにをすればいい。机で飲むとか？　心が浮き立つものはそこになにもなかった。不景気のまっただ中で、研磨したスチール製の設備がある広々としたロフトから、グレーのカーペットと汚れた窓が目に入る殺伐としたパーティションオフィスに移動した。前のテナントが残した、奇妙な工芸品とも言えるベネチアンブラインドがあり、そのアルミ板の端にチューブソックスが片方かかっていた。わたしたちはみな意気消沈し、重圧を抱えていて、誰かが近づいてそれを外すまでに何か月もかかった。

それでも、仕事のおかげでしばらくのあいだは脳が休むことなく活動していた。編集者の友人は、自分の仕事を説明するのに、小石を何度も投げつけられて死ぬようなものと表現した。

あの夏を思い返したとき、頭に浮かぶのは自分の顔めがけて飛んでくるたくさんの岩だ——ギャラを受け取っていない寄稿者たち、編集にいらだちを募らせるライターたち。平日の半分は、記事に添えるためバカバカしい写真素材のストックに目を通した。**両手で頭を抱える女性。雨の降る窓の外を見つめる女性。ストレスで頭を掻く女性。**そのイメージ写真は、担当していたパーソナルエッセイだけでなく、わたし自身の人生も象徴していた。

昼頃になり、副編集長のトーマスにメッセージを送った。

「ランチいかない？」

返信がきた。

「ちょっと待って」

「ふざけんな」

キレたふりをした。

「あんたなんかいまそっこーでクビよ。**完全にクビ。わかった？**」

「準備できた」

いっしょにエンパイア・ステート・ビルの地下にあるチェーンレストランにいき、わたしはアメフトのボールなみにデカいブリトーを食べ、トーマスはその日わたしが仕事をやめるべきでない理由を静かに説明してくれた。

しらふの人が、酒をやめて幸せに浮かれている状態を指す言葉がある。**ピンクの雲のなか。**

わたしはその正反対だった。わたしがいたのは黒い雲のなか。嵐の雲のなかだ。毎日、新たな苦痛を目の前に突きつけられた。ニューヨークって、いつからこんな耐えがたい街になったの？　人間って、どうしてそんなに下劣なの？　地下鉄に乗るとときどき、他人の頭蓋骨に手斧を振りかざす自分を想像した。個人的な恨みはないけれど、もしやったらどんな感じなんだろう？　頭がカボチャみたいにへこむ？　不満を大声で叫んでから、斧を振り下ろした方がいい？

わたしはいっしょにいても楽しい相手じゃなかったから、自分のアパートに引きこもった。ディナーパーティーの誘いは断った。職場のイベントも辞退した。ポッドキャストのインタビューを聴き、負の感情になるリスクのない会話に耳を傾けた。テリー・グロスやマーク・マロンの声がしょっちゅうアパートに響いていたから、近所の人はわたしの親友だと思ったに違いない。あのさみしい日々のなかで、彼らはまぎれもなく親友だった。

センスがよくて無愛想な美容師がいる、グリーンポイントのヘアサロンにいった。不機嫌な黒い雨雲が青空に変わる、おなじみの変身ビフォーアフターみたいになったとは言いがたい。美容師の前にあるビニール製の回転椅子に座り、巨大な全身鏡に向き合うと、自分の姿に唖然とした。ずんぐりして汗ばみ、厚みのある太ももは椅子からはみ出ていた。どこもかしこも肉に埋もれていた。彼女が髪を切り、わたしの肩のあたりでバランスを見ているあいだ、頭に浮かんだのはただ一つ。**自分の顔を引っぺがしたい。**

カットがすむと、彼女はいろんな角度から確認できるよう、鏡を渡してくれた。「すごくすてき」。彼女に伝えた。死にたかった。

いや、死にたくはなかった。このうんざりした毎日を早送りしたかった。立ち直って、みじめな自分と決別したパートまでスキップしたい。そんな日はくるの？　この状況をスキップして、すぐそのパートにいけないの？　何年ものあいだ時間を無駄にして、指パッチンみたく夜が消えていったけれど、いまは時間が有り余っていた。もっと明るい未来に一足飛びに進むか、愛着ある過去に忍び足で戻りたい。足踏みしているようなつらい現在に耐えられなかった。わたしの人生のほとんどは、こんな感じだった。いまを受け入れる能力が、決定的に欠けていた。

でも、いまは少しずつ過ぎていった。32日目。35日目。41日目。

ちょっとだけうれしかったのは、タバコを吸いたいと思わなくなったことだ。においが嫌でたまらなくなり、吸うことを考えるだけで吐きそうになった。どうしてか全然わからない。20年以上吸ってきて、ときにはひと晩で2箱吸っていたのに、ニコチン欲求を高める酒が体内にないと、タバコなんかどうでもよくなった。それなのに、6本缶セットを飲むためならシエラネバダ山脈でも這い上りそうだった。説明が必要な人のために言うと、依存症とは複雑で千差万別、これが現実だ。なにが恋しいか、体がなにを欲するかは、親指の指紋くらい人によって違う。

それを知ったのは、AAの集会だった。ある日、ひとりの男性が言った。「信じられない。

もう二度と売春婦の尻でうさを晴らせないなんて」。彼はおどけているわけじゃなかった。完全に絶望した人の表情だった。心から不憫に思ったのは、クラフトカクテルのバーを通り過ぎるときや、地ビール再生の記事を読むたびに、わたしも同じ心の痛みを味わったからだ。**楽園よ、さらば。これでいいんでしょ。**

毎週日曜の夜は外に出てハドソン川まで歩き、家族連れやいちゃつくカップルのいないベンチならどこでもいいから座った。そして、きらきら光る水面の向こうのニュージャージーを眺めた。こんなに筋の通らない話はなかった。わたしが座ったところからほかの州全体が見渡せるのに、早送りしたあとの自分の人生がどうしても思い描けなかった。特別な未来を想像していたわけじゃない。無造作ヘアで茶色い目をした恋人、ライターの才能を認められる賞、恋愛と賞賛を手にした高揚感。ベンチに座っていて気づいたのは、これらの妄想にある一つの共通点だった。どれも、わたしではない別人だった。

妄想で自分を他人に置き換えるなんて、自尊心の低さを痛烈に物語っている。この状況を打開するにはどうすればいいんだろう。妄想のなかのわたしと、ベンチに座っているわたしのあいだで倒れたらどうなる？　だいたいそんなことあり得る？　この世にはいろんなものになれる可能性があるのに、ほかの人には絶対になれない。これは変えられない。ずっと自分でいるしかない。

毎朝7時半に、近所の集会に通うようになった。どうにか午前10時に出社している女にとっては賭けみたいな時間だったけれど、クローゼットに隠れるかわりになるいい方法だった。集会の場所も気に入った。かわいらしい教会のなかにある大きな風通しのいい部屋で、シャンデリアがあり、後ろのドアを開けると緑が生い茂る中庭があった。落ち着かない世間話を避けるため、午前7時半ちょうどに着くようにした。さもなくば、コーヒーを飲む部屋で「調子どう？」なんていきなり声をかけられて、こんな気分になった。**勘弁してよ、詮索しないで。**

集会はつまらなくなかった。みんなの追い詰められたときの話を聞くのは好きだった。オーバードーズ、急性アルコール中毒、ブラックアウト中の思いがけない方向転換。心を釘付けにするようなストーリーがいくつもあったけれど、驚くのは人間の体の耐久力だった。それに、みんなの堂々とした話しぶりにも舌を巻いた。彼らが語る信じられないほど不幸な出来事や、哲学的な決めゼリフを聞きながら思った。**このスピーチは誰が書いたの？　この人たちプロンプターでも読んでるの？**

わたしは言葉を紡ぐのに苦労した。酒をやめた人はたちまち健康になるのだと常々思っていた。実際はたいてい体調が悪化するもので、わたしなんてまさにそうだった。典型的な離脱症状が出ていた。心臓がドキドキして反応が鈍くなり、水のなかを動いているような感じ。当時はそれがわからなかった。確かだったのは、自分がのろまで間抜けになった気がすることだけ。強くて前向きな自分に戻りたかった。

毎朝、教会まで歩く15分のあいだ、集会で話すことをまとめるようになった。わたしだって、みんなのように知的で上手に話せると知ってほしかった。口を閉ざしたまま、理解不能な存在でいたくなかった。自分のストーリーを練り、磨き上げながら、頭のなかでリハーサルした。**お酒を飲めば、自分がもっと興味深い人間になれると思っていました。ところが、もっと興味深い人間になったのは「ほかの」人たちだと気づきました。**結末で意表を突くような、ひねりを加えるのが好きだった。パーソナルエッセイは、こんな想像の逆をいく法則が効果をもたらす。ライターの友人が昔、教えてくれた筋立ての構成はこうだ。**なんでぜんぶ彼らのせいなのか説明しよう。さて、なんで本当は自分のせいだったのか説明しよう。**

あのかわいらしい部屋で、席に着くと最初の30分は自分の下書きを練習し、次の30分は新しい恋人がいないかくまなく目を凝らした。AAに恋愛対象を求めるべきじゃないけれど、とりあえず探した。文句ある？　毎朝7時半に着席していたんだから、なんだって好きにしていいはず。3年近くシングルだったし、大統領の任期で言えば半分以上だ。まだ日が昇っているあいだに、これほど多くの孤独で苦悩を抱えた男たちと過ごしたことはなかった。まずまずの男なら誰であろうと未来の夫候補だった。彼らが語る内なる混乱に耳を傾け、前のめりに座りながら早くも欠点を受け入れようとしていた。**ハゲてたってデートぐらいできる。45なんてそこ**

まで年寄りじゃない。ところがそこで、彼がきらりと光る結婚指輪を見せたり、いっしょに暮らす恋人について話したりすると、わたしは椅子に深く座り直しながら、打ちひしがれた。

ある朝、いままで見たことない男が自分の体験を語りにやってきた。ひょろりとして無精ひげを生やし、革のジャケットにブーツを合わせていた。『グリース』の悪役みたいに顔にニキビ痕があったけれど、もともと話し上手らしく雄弁だった。感心したのは彼のストーリーの詳細ではなく、その話しぶりだ。彼は自分の体を掌握していた。一切大声を出すことなく、先を期待する聴衆に放つ一言一言でわたしを引きつけた。時間を確認するのも忘れた。頭のなかの混沌が、彼だけを照らす細いスポットライトに入れ替わった。

地下鉄で仕事に向かうあいだ、彼のことが頭から離れなかった。ニューヨーク北部の農場に住むって、彼はどう思うかな。平日はふたりとも都心に通勤し、週末は小鳥のさえずりだけをバックミュージックにして、ベッドに入ったままお互いに本を読み合うことだってできる。いやたぶん、最初にデートするべき。高級だけど気取らないレストランが新しくできて、ちょうどいってみたいと思っていた。

先走り過ぎと気づいてはいたけれど、直感でもうわかっていた。**わかっていたのだ。**あの部屋で恋人と出会う運命なのだと。**どうしても**あの男がいいわけじゃないけれど、彼にはいくつかの優良ポイントがあった。酒を断っているのがまず一つ。結婚指輪をしていないのがもう一つ。**ニキビ痕があったって愛の妨げにはならない。革のジャケットとブーツがダサいなんて思**

わない。それに、たぶん自分がどれだけ言葉巧みか、彼は気づいてもいなかった。教えてあげるべきことがたくさんあった。

彼がまた姿を見せたら、話しかけようと心に誓った。**あなたの話、ほんとに面白かった。あのことについて、もっと話したかったの。**1週間後、彼は戻ってきた。まるでふたりはロマンティックコメディーの主人公みたい。その朝の集会は、全員が話す円卓形式のディスカッションで、彼は4時方向、わたしは7時方向に座っていた。順番が回ってくると、彼は前と同じようにさりげない詩的なスピーチを披露した。ただし今回は、自分の彼氏について。

ちょっと待って。彼氏？　ゲイだったの？　レンズを絞り込んでよくよく見ると、今度ははっきり確認できた。**完全にゲイじゃん。**ほかの人たちには一目瞭然だった。7時の方向に座り、きらきらのクレヨンで光り輝く虹を描いていた、このさみしいデブ以外には。わたしの順番がきても、まだ自分のバカさ加減を責めていた。力強い言葉でそれっぽい格言をこしらえようとまくし立てたけれど、涙が頬を流れ落ちた。

部屋全体が静まりかえり、わたしの説明を待っていた。でもいったい、なにが言えた？　たったいま、未来の夫がゲイと気づいたって？　空っぽのラザニアの皿と、自分より先に死ぬ運命の溺愛する猫だけに囲まれて、残された時間を生きるつもりだって？

「すみません」。ようやく口を開いた。「とてもつらいことを連想してしまって」。たぶん嘘にはあたらなかったと思う。

8月、酒をやめて約60日がたった頃、テキサスのアナが産気づいた。ひさびさの朗報だった。わたしは携帯電話を肌身離さず、トイレにまでもち込んだ。

20代前半のとき、わたしたちは協定を結んだ。どちらかが妊娠したら（ひやっとしたことは何度かあった）、いっしょに住んで子どもを育てる。ふたり同時に母親になる。いまやアナには別のパートナーがいるとわかっていたし、彼女と生きるため人生を差し出すよう頼まれることもないだろう。それでも、頼れる存在でありたかった。あまりにも長いあいだ、わたしは頼れない存在で、電話で話しても一方的に自分を哀れむばかりだった。

昼過ぎに、携帯電話のビープ音がして、画面に知らせが表示された。**アリス。3175グラム。健康。**わたしは返信した。「ほらね？　男の子だって言ったでしょ！」

妊娠中、アナとわたしは子どもの性別について冗談を言い合った。彼女は出産まで知らないままで通し、このときもわたしは彼女を笑わせたかった。ほかの人とかわり映えしない「おめでとう！」だけでは、満足できない人間だ。

返信はなかった。携帯をひんぱんに確認しながら、楽しい返事がくるのを待った。でも、なんの反応もないまま数時間が過ぎ、自分の対処の仕方に不安を抱きはじめた。きっとあのジョークはそんなに面白くなかったんだ。きっと大事なときにジョークを言うもんじゃないんだ。点滴とか、病院のベッドとか、べとべとまみれで泣きわめく新生児がかかわる場面には適さない。その夜、携帯は鳴らなかった。まったく、ぶるりとも震動しなかった。

後悔しまくったわたしは翌日、職場で集中できなかった。トーマスを無理矢理誘ってランチにいき、いきさつを説明した。

「たぶん、赤ちゃんの世話ですごい忙しいんだよ」。彼は言った。この危機的状況で、トーマスは期待したほどわたしを喜ばせてくれなかった。「大丈夫だよ、きっと」。彼は言ったけれど、少しだけ顔が引きつっていて、つまりあのジョークはわたしが恐れている以上に間違っていたのかもしれないという意味だった。あと3人に同じ話をしてみた。みんな口をそろえてたいしたことじゃないと言い、3人とも嘘をついているんだとほぼ確信した。

だんだんパニックになってきた。たった一通の空気が読めないテキストで、15年つちかってきた友情に深い溝ができるなんてことある？　延々考え続けながら、自分が大げさに反応している気がしたけれど、思い出せないことに何年も謝り続けてきたから、自分の良識に自信がなかった。沈黙があるたびに、わたしのせいだと感じた。断酒して間もない人は、世間の批判を自分に向けられたものととらえる傾向がある。これまで起こったことはすべて自分のせいに違いない、自分が責任を負えばいい、と。

アナに夜間用のプレゼントとして、アリス向けの飛び出す絵本を数冊送った。『はらぺこあおむし』『星の王子さま』『プー横丁にたった家』。数日後、これでは足りないと思った。もう1箱、今度はもっと俗っぽいプレゼントを集めた。ボン・ジョヴィのヒット曲の子守歌バージョンを収録したCDで、親友との絆を取り戻そうとしたのは、歴史上わたしが初めてだろう。

自分の些細な失敗に固執した。ただこう伝えるだけでよかったのに。**よかったね。なにかあったらいつでも言ってね。おめでとう。**これがそんなに難しいこと? なんでわたしってこんな人間なの?

何年ものあいだ、酒を飲んでしまう自分が嫌だったけれど、やめたあとここまで自分を嫌うとは想像していなかった。わたしの自己嫌悪は、しゃぶるのをやめられない骨みたいだった。ほどなくして、それはアナにたいする怒りに変わった。わたしがどんなつらい状況にあるか、わからないの? こんなふうに縁を切るなんて正気? 壮大な絶望のオペラだ。いままでわたしが酒に走ったのも無理はない。酒は、自分で作り上げた悲劇を消し去ってくれた。

プレゼントを送ってから約1週間後に、ようやくアナから電話があった。退屈な土曜日、ベッドで本を読むわたしの横でバッバが丸まっているときに、携帯電話に彼女の名前が表示された。長らく行方不明になっていた恋人からの電話みたいに、息が止まりそうだった。

「すっかり連絡が遅れてごめん」。彼女は言った。柔らかい声だった。とても疲れていて、少しおびえているようだった。でも親しみも感じられて、これまで這いつくばってきたひび割れた砂漠は、わたしの頭のなかだけにある罰だったんだと安心した。「ちょっと時間ある?」

「うん」。わたしは答えながら姿勢を正した。「何千時間でもある」

それは、ちょっとしたゆれでも一方が羽ばたき去ってしまいかねないと身を固くするような、緊張した瞬間だった。同時に、この苦しい洞窟から抜け出して、外に飛び出したいと強く思った。電話で話しながら、ぎしぎし鳴る階段をつま先立ちで下りると、静まりかえった並木道を歩いてハドソン川沿いのベンチまでいき、座ってニュージャージーを眺めた。両肩に降り注いでいた太陽が、そのうちまた水平線の向こうに沈んだ。

長い時間話した。アナは出産がどれだけ痛くて怖かったか語った。母親になった最初の数日が、いかにすばらしく、不安だったか。たくさんのことが初めての経験だった。自分が産んだはずなのに、まだ抱き方さえわからない子どもを、ほぼ初対面の人たちがあやしてくれるのを見ていた。わたしは自分のバカなテキストで、勝手に苦しみを爆発させていたことは話さなかった。あのテキストについては一切触れなかった。良き友だちでいようと努め、ただ彼女の声に耳を傾けた。

それでも、自分の人生に目覚めたのが遅すぎたせいで、みんなが去っていくのを見送るだけなのではと不安を覚えた。「回復(リカバリー)」という言葉は、なにかを取り戻すという意味だ。それなのに、わたしが味わっているのは喪失感だけなんて、どうして?

アナに謝りたかった。初めて正直に自分と向き合い、彼女がこれまでずっと背負ってきたものに気づきはじめた。わたしの失敗の数々を受け止め、つなぎ止めても結局暴走する姿を見てきた、その月日を思った。でも、同じ人に何回まで謝ることができる？　それに、また自分の話をするのも気が進まなかった。彼女は心配や不安や疲労で縁取られた、人生の新しいフェーズに入ろうとしていた。わたしは過去の過ちに足をとられ、無言で目をまたたかせながら、立ち尽くしていた。

わたしがほしいプレゼントは、忘れる才能だった。酔っ払いのラブソングや失恋のバラードは、記憶から消えない苦しみをよく知っている。**酒が俺を殺さずとも、彼女との思い出が殺すだろう**と歌うジョージ・ジョーンズに共感した。ブラックアウトは残酷だった。地面の裂け目に夜を引きずり落とすなんて恐ろしい。でも、もっと怖いのは自分が招いた失敗の責任をとること。さらに怖いのは、自分の人生を思い出すことだった。

酒飲みや元酒飲みには、夜になるとお互いを見つけ出すという共通点がある。たまらなくさみしい時間、酒をやめたと知っているライターたちに連絡した。さりげなさを装ったメール。助けを求めているわけじゃないけれど、すごく知りたいことがあった。どうやってやめたの？　どうやったらわたしにもできる？

不思議な流れで、人と人がつながることがある。20代後半の頃、ある男が検索窓に「俺はとんだ飲んだくれ」と入力したところ、まったく同じことを書いたわたしの投稿にたどりつき、とても誇らしく思った。インターネットの魔法と、グーグルの検索機能と、ワードプレスのブログを通じて、彼がボトルに詰めた短いメッセージが、わたしの岸に届いたのだ。

思いつきでメールを書くたび、温かい返信に何度も感動した。わたしについてほとんど知らない人たちだ。いまの時代、メールに大文字を使ったり、「are」や「you」をめんどくさがって短縮する人がほとんどなのに、彼らがくれる言葉はたいてい寛容で、正直さと思いやりにあふれていた。見知らぬ人を相手にした方が、理想的な自分になれるのかもしれない。落胆させるほど長く付き合うことはない者同士だ。

彼らはよくこう言った。**自分もかつて同じだった。あんなプログラムなんか茶番だと思っていた。**そして、彼らが間違っていたと聞くと、自分も間違っているのではと思った。

AAは謙虚なプログラムだ。提案するだけで、指図はしない。ストーリーを語る場であり、「あなたの物語を通じて、わたしの物語を聞く」という、優れた文学と同じ原則に基づいて運営されていた。

酒をやめたからといって、視界が一気に開けるわけじゃないとだんだんわかってきた。禁酒とは、一つの方角に向かって少しずつ進んでいく積み重ねだった。「今日これをやる」と決めて、次の日も同じように繰り返す。そうやって一歩ずつ前に進み、やがて森の外に抜ける。

物語で面白いのはヒロインが酒を飲んでいる場面だけなんて、かつて思っていたのが信じられない。だって、そんなの世界でいちばん眠気を誘うシーンじゃないか。同じことを延々しゃべっている死んだ目の酔っ払いより、不愉快な主人公っている？　そんなエピソードの再放送から、わたしは長いあいだ抜け出せなかった。同じ会話、同じ屈辱、同じ後悔。そこには物語の緊張感なんかないと誓って言える。「おなじみのみじめな暇つぶし」を頭から繰り返しているだけだ。

酒をやめるのは、退屈な場面じゃなかった。物語が大きく舵を切るきっかけだった。

8 ものすごく気まずくさせる存在

陽

光が輝く秋の日、友だちのシャーロットとランチをした。

「で、飲んでないんだね」。彼女は言った。「順調？」

もっともな質問だ。たぶん、わたしの頭にあるのもそれだけだった。でも、感情の絵の具を自分の胸にぶちまける余裕はなかったし、彼女のためにその気持ちを言葉にするのも無理だった。なんて返事すればよかった？　同じ空間にいる酒飲みは全員感知できて、ひとり残らず嫌いになったって？　どんなテラス席だろうと歩道だろうと、酒飲みは震動をつたえてくるようになっていた。数日前、地下鉄で酔っ払ったホームレスの男のにおいがして、唾液がわいた。**吸血鬼みたいに。**

「うん」。わたしは答え、床に長いあいだ目をふせた。さぞ説得力があったに違いない。

シャーロットは、友人のステファニーの妹だ。ティーンエイジャーの頃、わたしたちは家のビール持参で裏庭で待ち合わせ、ステファニーに注目を奪われる不満をさらけだし、慰め合った。大人になってからは、いまだに自分たちを補欠の存在としてあつかう世の中に毒づきながら、窓辺でタバコを吸った。彼女は、ニューヨークにいる親友のひとりだった。女子だけの週末のお泊まり会をして――2日間ぶっ続けで飲み、姉妹的な絆を深めるのがおもな目的――笑いすぎて腹が筋肉痛になりながらも、自分を理解してもらえた充足感とともに家に帰った。

いま、わたしたちは気まずさと有塩バターしかないテーブルで向き合っていた。ペリエが入ったわたしのグラスは、なんとも見え透いた代替品だった。泡がはじける音がシャンパンと似ているだけで、あの解放感はどこにもなかった。

酒を飲まないとみじめだって、なんでシャーロットに本当の気持ちを言えなかったんだろう？　どうにもできない痛みを和らげてくれるのが、友だちじゃないの？

本音を打ち明けるため、酒に頼ってきた。**正確には、**2杯目のグラスを飲み干すやぶちまけた。**わたし、ぼろぼろなの。わたしもぼろぼろ！**　いっしょに飲んでいる相手が言う。女なら誰だって、人には言えない苦悩をため込んでいたから。

とはいえ、土曜の真っ昼間にそんな素直にはなれなかった。それに、AAの12ステップだとか、酒をやめて何日たったみたいなつまらない話で、シャーロットを退屈させたくなかった。（「回復過程にいる人たち」に皮肉な態度をとった結果、しっぺ返しを受けたいい例が、自分も**そのうちのひとり**だと気づく屈辱だった。）こんな哀れな人間と向き合って座らなきゃいけないシャーロットに、申しわけなかった。断酒すると、途方もない孤独感を味わうときがある。ときどき、自分が孤島に住んでいるような気がした。友だちがふと流れ着くのを期待するしかなく、ついに現れても今度はいつ去るのか心配しはじめる。

昔のわたしは着火剤だった。酒を飲んでいるときは、誰とでも会話できた。セラピストにも、ひねくれ者にも、道化にもなった。スターリンと友だちになれると実際に自慢し、一度も冷静に考えなかった。**どこのどいつがスターリンと友だちになりたがるのよ？**

ところが、独裁者に歓迎の腕を広げていた女は、幼なじみと目を合わせられない女になった。シャーロットに批評され、査定されているような気がした。彼女の言葉や表情でそう感じたわけじゃない。昔の自分が彼女の立場にいたなら、批評したり、査定しただろうと思うからだ。

昔のわたしは、友だちが酒を飲まないのが気に入らなかった。**えらいじゃん！** 口では言っても、内心は怒りがこみ上げていた。飲酒はいっしょにするアクティビティで、ひとりが禁酒するのはルールに反した。自分に付き合ってくれる忍耐力で、友だちの誠意をはかった。彼女、もう1杯飲めるかな？ いっしょにショットを飲んでくれるかな？ わたしほどの大酒飲みばかりではなかったけれど、彼女たちはたいてい店の照明が明るくなるまで帰らずにいてくれた。戦友が必要とするかぎり、わたしたちは塹壕に留まった。

リサとわたしは、どちらかが泣き出しでもしないとバーから帰れないと、よくジョークにしていた。なにがそんなに悲しかったか？ 説明するのは難しい。ふたりとも編集者で、疲れて神経がすりへっていた。ラストオーダーの頃にはお互いマスカラでナプキンが汚れ、わたしは彼女の背中を優しくたたきながら店を出た。**わたしたち今日、とりあえずこの話し合いは実りがあったよ。**

酒をやめて数か月後、リサと出かけたとき彼女は**ビールを1杯も注文しなかった。**自分の禁酒が彼女の重荷になっているのが心苦しかった。

セラピストはわたしの不服を理解しなかった。「リサがあなたを応援したいと思ってる可能性はない？」

そうかもしれない。でも、妥協してもらうのは気が引けた。わたしにはベジタリアンの友だちがたくさんいたけれど、誰もわたしのベーコンを取り上げたりはしなかった。

自分のなかに、酒をやめた罪悪感があったんだと思う。酒は友情をむすぶ要だった。打ち明け、いたわり合うときに不可欠な小道具。自分の存在は、友だちがにぎりしめるための手だと思っていた。いつだって喜んでボトル１本（３本でもいい）を分け合うし、悲しみをひねり出す助産師でいるつもりだった。

でも、わたしの飲み方は彼女たちとの距離を縮めたりはしなかった。現実は反対だった。最後にシャーロットと飲んだのは、彼女の友人たちも含めてこじゃれたレストランに集まったとき。遅刻したわたしは、ウェイトレスがなかなかワイングラスをもってこないから、テーブルの中央にあるボトルをつかみ取ってあおった。ワンピースは表裏が逆だった。（「暗いところで着たの」とシャーロットに言いわけしたけれど、**マルガリータを3杯飲んでから**は省略した。）そのあとバーで女性のオーガズムの話題になり、誰もわたしの話を聞いていなかったから、大声を出し続けなければならなかった。家に帰るタクシー代として、シャーロットが20ドルくれた。翌日、感謝をならべ立てたメールを送った。2日たってから返事がきて、彼女が言葉を選んでいたとようやく察したのはこのときだったと思う。

あなたのこと大好きだけど、そう書いていた。**ときどき飲んでいてハメを外しすぎるの。金曜のあなたはちょっと攻撃的だったし、みんなをものすごく気まずくさせる存在だった。**

わたしを褒めてくれた部分はすっとばし、かわりにほかの言葉から目が離せなかった。**攻撃的。みんなを。ものすごく気まずくさせる存在。**

女はお互いの気持ちにとても敏感だ。世の中とは、わたしたちの自尊心に毒のついた短剣を投げつけてくる――わたしたちはそれで自分を刺したりもする――と承知しているから、すぐに負傷者選別（トリアージ）のためお互いのもとにかけつける。**うん、あなたは昨日の夜、なにもなかった。うん、あなたはいまのままで十分完璧。**（有名な《オニオン》の記事「**女友だちのグループ、徹底的に慰め合いながら狂乱の一夜を過ごす**」みたいに。）わたしたちはいつでも頼れる「イエス・ウーマン」になり、ちょっとでも否定的な意見をすれば、裏切りと見なされる。心から正直でいられるのは、お互いのいない場所だけ。**昨日の夜、彼女がなんて言ったか知ってる？　彼女の格好見た？**

やみくもな褒め言葉も、母親的な心配を装ったゴシップも、口にするのは簡単だ。みんなと違う意見をはっきり伝えるのは、とても神経を使う。いや、あなた全然大丈夫じゃなかったよ。

　飲みすぎな友だちに注意するいい方法なんてないけれど、相手が酔っていないとき指摘するのは、手はじめとして上出来だ。なにを言っても、痛みをあたえるだろう。飲みすぎる女は、他人に気づかれるのを恐れるようになるからだ。シャーロットからもらったようなメールを受け取るたび、わたしはジーンズの後ろからトイレットペーパーを引きずっていた気分だった。それも10年くらい。親友たちが、陰でわたしについてひそひそ話していた事実が不愉快で、頭に血が上った。わたしを大好きと思ってくれるなら、こんなこと気にしないはずと独りごちた。でも、友情の仕組みはその正反対だ。相手を大切に思っていたら、とことん気にかける。

　シャーロットとランチをしたこの頃、酒をやめて4か月たっていた――彼女のような友だちとのやりとりのおかげもあって、ここまできた。ランチに誘ったのは、自分の落ち着いた姿を見せたい気持ちもあった。彼女の友だちの前で、テーブルのワインボトルをつかみ取った夜から会っていなかったし、その見苦しい思い出をもっといいものに更新したかった。

「わたし、つまんなくてごめんね」。彼女に言った。**ごめんね。**何度も繰り返してきたこの短い言葉を、空中文字を描く人を雇って、わたしの後悔とともに青空にでかでかと飾りたかった。**ほんとにいろいろごめんなさい。**ランチのあと、シャーロットを地下鉄の駅まで見送り、しばらく抱き合った。ふたりともなんと言っていいかわからなかったから、お互い黙っていた。

　アルコール依存症を克服しようとする人のなかには、昔の友だちと距離をとるべきだと考える人もいる。トリガーであり、悪影響だと。でも、友だちこそが助けてくれた恩人だったら？バーの会計を清算してくれて、安全に家に帰るまでテキストしてくれたとしたら？　意識が飛んでいると気づいたり、悩みあぐねた末に心配しながら**いい加減にしなよ**と言ってくれたら？彼女たちと縁を切るべきなの？　彼女たちの存在がいちばん必要なときに？

数か月後、「ホールフーズ」から重たい紙袋を抱えながら出ると、雨がぱらついていた。タクシーを呼ぶのに30分かかり、置いていた紙袋をもち上げたときには底がずぶ濡れで、たわみはじめていた。こいつをもってタクシーに乗り、極小アパートの階段を四つ上がらなければならないというバカバカしい苦痛は、自分がしくじりを重ねた末の悲劇であり、意気消沈してふたたびこう思わずにはいられなかった。**まったく、なんでわたしニューヨークに住んでるの？**

この問いと何年も格闘してきた。この街は高すぎる。寒くて人が多くてみじめ。でもやっぱり、ここは世界でいちばん魅力的な街で、みじめなのは**わたし**だったのかもしれない。長いあいだ、わたしの不幸はなかなか取れない、厄介な色が混じり合ったシミだった。悲しみの原因も、それに付随するダメージも、はっきりわからない。でも、人生から一つの成分——アルコール——を取り除くことで、問題が明快に見えてきた。ここは世界でいちばん魅力的な街かもしれないけれど、居心地はよくなかった。少なくとも、新しいわたしには。テキサスに戻る決心がついた。

スポンサー［AAの助言者］からは1年待つよう忠告された。酒をやめた人は、苦しみから一気に抜け出そうとする。アルコール依存症の人は脱出の名人であり、ドーパミン中毒者だ。過酷なエクササイズ、奔放なセックス、偏執的な趣味にのめり込み、出会ってまもない人と暮らすため衝動的に遠くへ引っ越したりする。この頃、わたしがハマっていたのは仕事とレッドベルベットカップケーキだけだった。とりあえずスポンサーの助言に従い、1年待った。断酒してはまた飲む逆戻り人生を長いこと放浪してきたから、自分の判断が正しいか確信がもてなかった。

スポンサーの役割をずっと理解していなかった。わたしにとって、彼女は見えない得点表に記録している先生みたいだった。「もっと集会で手をあげた方がいい」と言われ、うなずいたあと結局一度もそうしなかった。わたしがよくやる作戦だった。相手を満足させるためイエスと言っておきながら、自分の好きなようにした。「感じよく」しているんだと自分では思っていた。いま考えると「ごまかし」だ。

彼女に電話するのを「忘れた」ときや、彼女の提案が「うっかり頭から抜け落ちた」ときは謝った。でも、この常套手段は通用しないとさすがに気づきはじめた。このせいで、わたしはこうなった。

正直になるようスポンサーから励まされた。言いわけをしないで。集会で発言したくなければば、その理由を話す。電話する日に気が進まなかったら、その通りに認める。わたしにとっては気が張るアドバイスだった。だって、なんて言えばいいの？「もしもし、サラよ。昨日電話しなかったのは、あなたに電話したくなかったからなの」。スポンサーは、いいじゃない、それでいいと思う、と賛成した。第一歩として十分だと。大切なのは自分の感情、猜疑心、説明のつかない怒りを認めることだった。自分ではない誰かのふりをするのをやめないと、演技を続けられなくなったときに、その都度隠れなければならない。

わたしは、自分の感情を認めない人間だとは思っていなかった。数年間、感情**だけ**が自分の持ち物だったときがあった。ほかにあったのは洋服と、制汗剤と、映画『ザナドゥ』のサウンドトラックが入った「ヘフティ」のゴミ袋三つのみ。そもそも、わたしは感情を最優先に生きてきた人間だった。グルナッシュのワインをのどに流し込めば、気持ちがバニラソフトクリームのマシンみたいにあふれ出てきた。でも、胸の内にあるものをなんでも口走るのと、そのときいちばん大切な気持ちをただ認めるのは違う。わたしには血中のアルコール濃度によって変わる、二つの速度があった。どうでもいいと流れに身をまかせるときもあれば、絶対にとことん満足しないときもあった。この二つのバランスをとるには、どうすればよかったんだろう？

感情をもつこと自体は、すばらしく得意だった——酒と失恋ソングでますます勢いに火を付けた——けれど、それに対処するのは信じられないほど苦手だった。元彼とよくした口論が何度もフラッシュバックした。仕事の愚痴をぶちまけるたび、すぐさま解決策を練る彼に、いつもいらいらさせられた。**あなたが考えつくのは、わたしを変えることだけなのね、**と怒りをぶつけた。そのくせ、一度も胸に手をあてて考えなかった――こんなにかたくなに、壊れたままの自分で居続けようとするのはどうして？

よし、必要なのは解決策だ。5月下旬、職場に退職する旨を伝えた。上司はとても理解を示してくれた。テキサスからパートタイムで働きたいかたずねてくれて、のちにそのオファーを受け入れるのだけれど、この日は安堵しか感じなかった。自由。ここから出たいという衝動を飲み込んできた日々をへて、ようやく口に出した満足感を味わった。

午後、退屈なオフィスを出て歩くうち、ガーメント・ディストリクトのよく知らない一角に迷い込んだ。アナにテキストした。「嘘みたい。ついさっき、会社辞めちゃった！」年代ものの帽子ばかりがディスプレイされた、不思議な窓の前に立っていた。アドレナリンが出っぱなしのままいったりきたりして、彼女の返信を待った。長いあいだ歩き続けた。なんの返事もなかった。

たったいま、わたしがウィニングランしているのがわからないの？　花冠を待ってるのに、そんなに出し渋る意味あるわけ？　仕事で疲れているのは知っていた。彼女はテキサス西部にある、法律扶助の事務所の経営をサポートしていた。世界を救う仕事をしている人なら誰だって、するべきことが山のようにあるのは間違いない。でも、これまでそれが友情の妨げになったりはしなかった。すべてを元に戻したいってときに、どうしてすべてが変わっちゃうの？

集会にいき、リハーサルずみのセリフを演じるかわりに、号泣しながら話した。「親友から捨てられたような気分なんです」。わたしは訴えた。「子どもが産まれたばかりなのはわかってます」。言葉をならべていると、前の列にいた年上の女性が爆笑し、大いに困惑した。自分の話のオチがわからないなんて屈辱的だ。

その週末、アナから電話があった。「返事しなくてほんとごめん」。彼女は言った。職場でトラブルがあり、返信するのを忘れていた。待たせる時間が長くなるにつれ、みずから返信のハードルを上げていたというのが、この3日間のいきさつだ。

納得できた。同時に、彼女にとってこの友情は一時避難の場所というより、もう一つの義務になっていたんだと実感した。自分のみじめな世界に閉じこもっていたばかりに、彼女もみじめな世界にいるかもしれないと考えがおよばなかった。世の中は、みじめな世界にいる人たちだらけなのだということに。子どもについて悩んでいる人たち、子どもをもつこと自体に苦しんでいる人たち、どうしても結婚したい人たち、どうしても離婚したい人たち。わたしと同じく、アナも新しいアイデンティティーを確立しようとしていた。「わたしのつまんない育児の話なんて聞きたくないでしょ」。彼女は言った。本当は聞きたかったけれど、彼女が話したくないという意味だったのかもしれない。

わたしは荷物をまとめ、数回に分けてテキサスに送りはじめた。アパートの壁を元の白に塗り直した。マーク・マロンのインタビューを5、6回立て続けに聴いた。それは、他者との話し方を学ぶ教材テープのようだった。マロンは何年も酒断ちしていた。彼が自分についてなんでも話すように、ゲストも包み隠さず打ち明けた。そうして展開する会話は圧倒的な魅力があり、どんなジャンルでもふたりの人間は共通点を見つけられると教えてくれた。率直な会話とはどういうものか、あらためて気づかせてくれた。

これこそわたしがほしいものだった。率直な会話。どうでもいいことを口から噴水のように吐き出す——ブラのサイズが合ってないとか、昔あのバーテンダーとヤッたとか——のではなく、上辺だけの飾りをぬぐい去って、苦しみを正直にさらけ出し合う会話。この親密感がほしくて、これまでずっと酒を飲んできた。飲んだ理由はほかにも、それはたくさんあったけれど、親密感こそがいちばん満足できるご褒美だった。お互いの話に真剣に向き合い、片方が自分という人間と置かれた状況の矛盾を整理するあいだ、もう片方はただ……耳を傾ける。

いつから人の話を聞かなくなったんだろう。どういうわけか、大勢を楽しませることが自分の役目になった。**いつもスイッチの入った**状態でいること。わたしは友だち**と**会話する人ではなく、彼女たち**に**話し聞かせるようになった。面白いこぼれ話や、なにかのきっかけではじまるバカ騒ぎ。わたしだけじゃなかった。誰もが気の利いた皮肉や、ハグの絵文字を使うSNSの時代を生きていた。静かに考える時間の余裕があった、教養の時代は過ぎた。以前、同僚がわたしたちメディアの仕事のスピードを、「ニュースが発生——さて、これを話し合うべき?」ではなく「ニュースが発生。これに賛成、反対?」だと説明した。どちらかいますぐ選ぶのだと。最初に決断した人の記事が、グーグル検索で上位にくる。

大酒飲みは聞き手としても最悪だ。次の酒のことで頭がいっぱい。うなずき、笑ってみせるけれど、心のなかでは絶え間なく調査を進めている。**酒はあとどれくらい残ってる？　もう1杯頼んだら、気を悪くする人いるかな？　酒屋が閉まるの何時だっけ？**

しばらく静かにしていようと努めた。見る、読む、観察する。自分がどれだけ内向的な人間か忘れていた。大量の12缶セットに沈めてきたあの内気な少女が、おびえて震えながら浮き上がってくるたび、罪悪感で息が詰まりそうになった。オーガズムについて熱弁を振るうような目立ちたがり屋になるずっと前、わたしは先生にあてられるのも怖がるような子どもだった。自分のなかにある正反対の部分を受け入れるべきで、そうすれば妥協点を見つけられるかもしれない。ジョーン・ディディオンは、「わたしたちは、かつての自分に目配せしながら生きたほうがいい」と書いた。「さもなくば、彼らは前触れもなく姿を現す」

テキサスに戻る1週間前の夜、ステファニーと夕食をともにした。彼女とはほとんど会っていなかった。彼女は1年の大半をロサンゼルスで過ごし、夫はテレビ番組を撮影していて、彼女はオーディションを受けては落ちていた。わたしに多くを語らなかったのは、その方が彼女にとって楽だったからだ。

どうしていたか聞かれ、わたしは怖かったと答えた。どうしていたか聞き、彼女はさみしかったと答えた。

　ディナーのあと、趣あるウエスト・ビレッジをふたりで散歩した。わたしは毎週末、ひとりぼっちのわびしさを振り払うためこの辺りにきていた。ここ数年ステファニーがつらい思いをしていたのに気づきもしなかった。親友なのに、どうしてこんなにも知らないことがあるんだろう？　彼女は若い頃すでに仕事で成功していたから、それがずっと続くとばかり思っていた。確かに、35歳を過ぎて女優でいることは難しいし、選考で落とされるのは最悪の気分だ。でも、彼女はステファニーでわたしの永遠の憧れ。すべてはいつも彼女の望むようになってきた。

　人生の表面を削ると、その人の痛みや苦悩が現れる。誰であろうとそういうもので、英国女王だって同じだろう。（英国女王ならなおのこと。）わたしはステファニーに嫉妬し、彼女の輝きに負けまいとするあまり、彼女に**目を向ける**のをやめてしまった。必要とされているのに気がつかなかった。「戻ってきてほしい」。かつてサケティーニを飲みすぎたとき、彼女に言われて思った。**えっ、わたしどこいってた？**

　あの夜から1年以上がたった。ディナーのあと、川面の向こうにニュージャージーが見えるベンチに誘い、ならんで座った。ふたりとも口数は少なかった。

「あなたなしに、この街でやってこれなかったと思う」。わたしが言うと、彼女は涙がこぼれないように、手を振って否定した。ステファニーはこういう話が苦手だ。「やめてよ。親友なのはこれからも変わらないよ」。彼女の言う通りだった。

　翌週、酒をやめてから1年たった日にダラスに戻った。かつてステファニーとレストランのチェーン店で、ニューヨークに脱出しようと約束した街だ。

緑に囲まれた、小さくていびつな形をしたキャリッジハウスを見つけた。ニューヨークのステファニーを初めて訪れたときそうしてくれたように、新しい家でフレンチプレスのコーヒーを淹れた。彼女が着ているのを見て知った日本の着物ガウンを吊るし、彼女がもっていたようなアビエーターのサングラスを買った。この世で大切にしたいものを彼女がいろんな形で教えてくれた、そのすべての思い出を慈しんだ。


引っ越す直前、ダラスの友人たちに「帰るよ！」というメールを送った。住まい探しのアドバイスを求めるのが表向きの目的だったけれど、本当は帰郷を華々しく知らせたかった。びっくりマークや全文大文字のメールで、受信ボックスがいっぱいになるのを待った。ところが、返信は片手で足りる程度の数。ほかに歓迎してくれたのは、誰もいない渓谷を風が吹き抜ける音だけだった。

「別にパレードを期待してたわけじゃない」。母に言った。別の言い方をすれば、完全にパレードを期待していたし、がっかりした。

ダラスに戻ると決めたのは間違いだったかもと心配になった。自分は風変わりでイカれたオースティンに落ち着くんだろうと常々思っていた。オースティンを訪れるたびもてはやされすぎだとモヤモヤし、ダラスを訪れるたびなんでこの良さがわからないのかイライラした。

　ダラスはわたしが育った当時の姿から進化していた。歩いて回れるエリアやおしゃれなカフェが増え、セメントの破片や殺伐とした再開発は減った。過去を清算したい気持ちもあった。この街を恥ずかしいと思いながら育ったあの少女を、安心させたかったのかもしれない。ねぇ、ここはそんなに悪いところじゃないよ。

　それに、家族との距離をまた縮めたかった。両親はお高くとまった文教地区を出て、湖のそばにつつましくもかわいらしい家を購入した。出窓のところには母のグランドピアノがあり、日よけの木が生い茂る裏庭にはやんちゃでハンサムな犬がいた。来客用の寝室の窓の外には、フジの花の蔓が伸びていた。わたしの好きな花で、どんなに退屈している訪問客でも毎朝眺めるだろう場所に植えられていた。兄はロンドン、イタリア、イラクと世界のあちこちに住んだあとダラスに戻っていて、わたしを呼び戻そうと大がかりな作戦を立ち上げた。「いくら出せば帰る?」財布をちらつかせた。

　たいていの人は、ある年齢にさしかかると家族と距離をおきたくなる。それはなにもおかしくない。でも、同じようにまた家族と密になりたいと思うのも、なにもおかしくない。酒を断つなかで、多くの人が疑似家族とより添って生きる。わたしはかわりに本物を選んだだけだ。

ダラスに住んでいた20代後半のとき、わたしの尻はバーのスツールに張りついていた。故郷についていちばん詳しく語れる知識は、スペシャルドリンクだった。でもいまは、ダラスにかかわらずどの街であろうと待ち受ける問いに直面していた。みんな、とりあえず**なにして**過ごしてるの?

金曜の夜は、手芸用品をどっさり買い込んだ。針編みレース。とら猫のラッチフックラグ。『ブレックファスト・クラブ』のキャストのクロスステッチ。危うくバター彫刻のコンテストにまで出品しそうな勢いだったけれど、気にも留めなかった。わたしは両手を塞いでいる必要があった。なにかしていなければならなかった。ぼんやり座りながら、唯一手を出せないあれについてばかり考えるのではなく。

酒をやめると、いかにアルコールが社会に浸透しているか思い知る。結婚式、ホリデー、誕生日、オフィスのイベント、葬式、エキゾチックなリゾート地への豪華な旅に、酒はつきものだ。それに、日々の生活も中心に酒がある。「飲みにいこうよ」と誘うとき、それはつまり「いっしょに過ごそう」という意味だ。まるでアルコールなしでは、どうすればいいかわからないと言っているようなもの。「公園を散歩しようよ」なんて誘ったら、なんとも困惑した目を向けられるだろう。

わたしが昔、ダラスでつるんでいた仲間は辛口な同僚男性たちで、仕事を終えるとバーに集まっていた。念を押しておくと**ただの**バーじゃない、**例の**バーだ。「例のバー」で完結する文章だった。質問であり命令だった。（例のバー？　例のバー。例のバー！）彼らが懐かしかったし、向こうもわたしを懐かしがってくれるかもしれないとうぬぼれた。「近々会おうよ」。彼らのひとりにメールした。

「もちろん」。彼から返信がきた。「俺たちがどこにいるかは知ってるだろ」

くそっ、そうきたか。あらかじめ想像していたシナリオには無頓着なその反応に、傷つくのは間違っているけれど——ふたりでランチをしながら真剣な話をした場所を思い描いていた。

かつて、わたしたち仲間は木製の長いテーブルを囲み、出されたものはなんでもがぶ飲みした。日が沈むまでみんなで笑い飲み、泡だらけの男たちの洞窟で、女は自分ひとりという状況に気分が高揚した。彼らはみな既婚者だったけれど、そんなことはどうでもよかった。（少なくともわたしにとっては。）仲間内の誰かが気のある素振りをしているのかいないのか、確信したことはなかったけれど、どっちにしろ自分に都合のいい方を信じた。

しらふになったわたしに、彼らが引いてしまったかもしれないと思った。どんなグループでも、最初に酒をやめた人が楽しみに水を差すものだ——最初に離婚したカップルや、最初に親を亡くした人みたいに。一方で、**わたしが**彼らに引いているのかもしれないとも思った。彼らのフェイスブックのフィードを細かすぎるほどチェックしながら、午前2時に更新された賑やかな投稿、カメラに向かって掲げたウイスキーグラスの写真の数々に怒りがこみ上げた。わたしがいなくなったあとも、相変わらず楽しい生活を続けているなんてどういうつもり？　**あとどれくらい、この人たちはこのままでいられるんだろう？**　彼らのうちひとりは、人物評伝で全米雑誌賞を受賞したばかりだった。だから、答えはきっと「彼らが望むときまで」

他人の酒の飲み方に口出しすべきじゃないと受け入れるまで、長い時間がかかった。バーから出ていったのはわたしであって、その逆じゃないと認めるまで、長い時間がかかった。6年ぶりに家に戻ったなら、すべての家具が同じ場所にあるわけがない。彼らはもう違う人生を送っていた。新しい子ども、新しい仕事。彼らのうちふたりは離婚して、25歳の子と付き合っていた。テキストを送り合うのに、さぞ時間を消耗しているに違いない。

断酒は友人関係を整理する一つの方法だ。友だちは二つのカテゴリーにわかれていく。素の自分で接して心地よくいられる人と、そうでない人。

アリソンは前者だった。何年も前にブルックリンの店のテラスで出会い、わたしたちはそこで酔っ払ってお互いに親友宣言した。でも、会うのは何か月かおきだった。こういう友情もある。現実から逃れるのに時間がかかるのだ。

彼女はいまダラスに住んでいて、ある夜、メキシカンレストランで落ち合った。彼女はもう昔ほど酒を飲まず、わたしにとって貴重な人になりはじめていた。それに、ニューヨークで会ったときの一生懸命な彼女より、力が抜けリラックスして見えた。

「ここが大好き」。アリソンが言い、思い返して訂正するのをわたしは待ち続けた。さぁ、ほんとの本音を言って。でも、それがほんとの本音だった。彼女は幸せだった。

「最後に会ったのいつだっけ？」メニューを見ながら彼女に聞いた。それから、ブザーを鳴らすようにテーブルをたたいた。「わかった。あなたの36歳の誕生日パーティーだ」

「そうだ！」彼女は言った。「そういえば、あの夜のこと覚えてる？」

しまった。あと何回、この地雷を踏むんだろう？　こうなったら空欄のある謝罪文を用意すべきだ。

　　　　へ、わたしが何年も前に　　　　したこと、本当にごめんなさい。
わたしが　　　　したとき、きっとすごく　　　　な思いをしたはず。あの夜、
わたしは　　　　を飲みすぎてしまって、正常な判断ができなかったの。

「実は覚えてないんだ」。わたしは言った。

「わたしの家の階段から落ちたんだよ」

両手で顔を覆い、指のあいだから彼女をのぞき見た。「わたし、よく落っこちてたんだよね」

「うちの階段、**大理石**だったんだよ」。彼女は言った。「すごい怖かった。マジであんなの見たことなかった。全然覚えてないの？」

覚えていない。でも、翌朝起きたときのことなら覚えていて、こう思った。**あの超楽しかったパーティーは最後どうなったの？　アリソンに連絡した方がいいかも。**「**昨日の夜、すごい楽しかったよ！　特にわたしが覚えてないところが最高だった！**」

でも、こんなテキストは送らなかった。実のところ、それから2年間、アリソンに連絡しなかった。

ブラックアウトした酒飲みは、身をかわしてなかったことにしようとする心理がはたらく。思い出せないあれこれが、心のなかで壮大な物語になる。覚えていない5分の会話が、残りの人生を通じて背負い続ける恥になったり、いっそまるごと無視したりする。わたしはどちらも身に覚えがあり、最終的に理由もわからぬまま自分の人生から人を追い出してしまうのが問題だった。なにか都合の悪いことが起こったと察したら、チョキンとはさみで切り落とす。その方が簡単だ。

「嫌われたと思ってた」。アリソンに言われ、戸惑った。なんで**わたしが彼女を嫌うの？**

といっても、彼女がまったくの見当違いをしていたわけじゃない。嫌いはしなかったけれど、わたしは彼女を避けた。あの頃、楽しい時間をおびやかす面倒な真実はすべて遠ざけたのと同じように。自分の頭のなかで勝手に物語を練り上げることに、あまりに多くの時間を費やした。なにが起こったのか、どう修復するべきか、そればかりに心を砕き、自分がしたことを突き止めようとしなかった。

翌年にかけて、もっと正直に会話しようと努めた。すると、辛抱強い友人たちが共感を示しながら、思い出せない物語の空白を埋めてくれた。「いや、あの夜は全然変なことしてなかったよ」とか「そう、目もあてられなかった」とか。教えられた真実がどうであれ、不安を重ねてきたこれまでのようなつらさは感じなかった。こんなふうに会話すると、たいてい最後にお互いの心の距離が近づいた。

アリソンとの会話もそうだった。あの夜、最後に別れるとき、翌週会う約束をした。そして今回は実現した。

幼なじみのジェニファーは、わたしが酒をやめた翌年に断酒した。これにはびっくりした。彼女が飲酒で悩んでいたなんて、まったく知らなかった。でも、20代後半から30代前半にいっしょに遊んだ夜を振り返ると、その兆候はあった。延々と止まらない不満。混沌とした毎日。予想外のアクシデント。

彼女は結婚前、夫となる恋人の写真を車に携帯し、どんなパーティーにいくときも直前にそれをじっと見つめた。酔っ払うと誘惑に弱く、自分に言い聞かせる必要があったのだ。**わたしが愛しているのはこの人。自分でぶち壊すな。**それでも、踏みとどまるため積み上げたこの小さな障害物を、パーティーがはじまるとまたなぎ倒した。

子どもをふたり産むと、赤ワインのボトルを身近に欠かさない、例の母親のひとりになった。ミニバンに乗っても彼女は変わらなかった。しばらくは支障なかった息抜きの習慣が、次第にうまく回らなくなった。あまりに頻繁にブラックアウトするため、飲んでいるときはテキストだけで会話し、自分の言動の証拠をつかめるようにした。

彼女もわたしも生粋の仕切りたがり屋だった。なのにふたりとも、自分をコントロールできなくなるまで飲んだ。矛盾して聞こえるけれど、完全に筋が通っている。完璧主義を貫くのは骨が折れるし、絶対君主とともに生きるのは難しい。特にそれが自分の心に住んでいる場合は。

そうして彼女は酒をやめ、わたしたちはまたしても孤独なはぐれ者同士になった。湖のまわりを長時間いっしょに散歩しながら、上辺だけの近況報告をしていた頃には話さなかった、いろんなことを語り合うようになった。彼女の家で遅くまで話し込み、ときにはおしっこをもらしそうになるまで笑いながら、13歳に戻ったように感じた。彼女の母親が静かにしなさいと注意するかわりに、いまは彼女の娘がふわふわの毛布を引きずってなかに入ってきた。「寝れないの」。指をくわえながら、世界でいちばん安全な場所である母親のひざの上に飛び乗った。

酒ではなく、会話がわたしたちの世界をつないだ。ふたりとも話し上手だった。わたしたちの会話はとても自然で、とてもわかりやすかった。彼女が話し、わたしが話し、そしてどういうわけか、このシンプルな往復を通じてお互い自分の声が聞こえるようになった。

9 ひたすら食べる

ある日の午後、ハンバーガーチェーンの「ジャック・イン・ザ・ボックス」のドライブスルーにどうしてもよりたくなった。「ジャック・イン・ザ・ボックス」が好きかって？そこまででもない。でも衝動にかられ、自分を落ち着かせるより先にドライブスルーの列にならび、金属ボックスにたどり着くと炭水化物まみれのセットを注文していた。車をアイドリングし、なにかをたいらげているときのような気持ち悪さを感じながらふと気づいたのは、わたしを止める者は誰ひとりいないということ。ヘッドセットをつけたうんざり顔のティーンエイジャーが、「お客さん、ほんとにこれでいいんですか？」と念を押すこともない。クレジットカードをスワイプする女性が、眉をひそめることもなかった。彼女はもっとひどいケースを見てきたからだ。わたしの浅はかなつかの間の出来心と、リビングの床に座り指とあごをケチャップだらけにするまでのあいだに、防御壁があれば助かったのに。

「たったいま、究極のチーズバーガー食べちゃった」。友だちのメアリーに報告した。わたしの家のすぐ近所に住んでいる彼女は、これまでずっと大食い女王の座に君臨してきた。

「あら、ハニー」。彼女は言った。「くるくるポテトも食べたんでしょうね？」
「聞くまでもないでしょ」
「失礼したわ。もちろん食べたわよね」
依存症を抱えていると、いろんな蔓(つる)が伸びていく。酒をやめた最初の1年、わたしは食べものについて心配するのをやめた。アルコールをやめられるなら、依存対象をほかに移す典型的行為も含め、なんだってやるつもりだった。酒のかわりにタバコ。もしくは、タバコのかわりにクリーム2倍のオレオダブルスタッフ。もしくはヌテラ。もしくはヌテラとオレオダブルスタッフ。

1年半も酒を口にしなかった自分を、誇りに思うべきだった。でも、目についたものはなんであろうが食べたこの1年半で、敗北感と羞恥心を味わった。

「ダイエットしなきゃ」。手を伸ばしても取り戻せないよう、この言葉を宙高くに放ちながらメアリーに言った。ダイエットとは、身体醜形障害につながる有害な流行り言葉。ダイエットとは、失敗する運命にあるもの。

昔々、幸せを探すヒロインは、減量して王子さまを見つけた。現代の叡智(えいち)は、幸せを探すヒロインは王子さまなんか捨て、ダイエットもやめて、自分を受け入れろと説く。世の中の期待に応えるため自分を変えるのをやめ、自分のなかに幸せを探すべき。美容業界の強迫観念にあらゆる形で翻弄されている女性たちにとって、これはいいメッセージだ。

でも、わたしの場合、自己肯定が足りないのが問題ではなかった。肯定しすぎた。好きなだけ飲み、記憶が抜け落ちた夜も受け入れてきた。好きなだけ食べ、認めたくなくてもこの体を自分の住処として受け入れてきた。あのリノリウムの床に座り、空のホイル包装に囲まれ胸のむかつきを感じながら、もう少し肯定しないでいられないものかと思った。もっと正確に言えば、わたしにとって問題解決に必要なのは自己肯定が半分。残り半分はなにを肯定すべきでないか突き止め、それを変えることだった。

いつから自分に気を配らなくなったんだろう。大学時代、アナはよくわたしに野菜を薦めた。子どものときの母とまったく同じだ。ふたりともバランスのいい食事を心がけ、自然の恵みに美しさを見出す人だったけれど、わたしはブロッコリーを突っぱねる快楽主義者だった。フラタニティの男子大学生や、ご機嫌斜めの幼児みたいな味覚だった。野菜にはノー。ランチドレッシングにはイエス。好きな食べものは「ヘルシーじゃないもの」と説明した。

兄も同じく健康には無頓着だ。つまり、「究極のチーズバーガー」を好むのは遺伝的な体質か、幼少期のフードコープの豆もやしや大麦にたいする反抗心だろう。テレビ、砂糖、セックスと、子どもは親から禁じられたものに夢中になる。わたしは加工肉で胃を絨毯爆撃して喜ぶ大人になった。「次にファストフードのハンバーガーを食べるときは、よく**考えて**からにして」。かつて友だちに言われた。だから考えた。そして思った。これ美味しい！

もちろん、80年代のダイエットブームのなかで育った女性ならではの過度なプレッシャーを感じていた。12歳を過ぎると食事は栄養ではなくなり、かわりに罪悪感、罰、見返り、償い、気晴らし、愛着になった。食べものを口に詰め込むと敵対心がわき上がったけれど、誰を相手に闘っているのかわからなかった。わたしの母？　広告業界？　ジェーン・フォンダ？（気の毒なジェーン・フォンダ［1982年にフィットネスビデオを発売し世界的に大ヒットした］。彼女はよかれと思っただけなのに。）あの食生活で誰を懲らしめるつもりだったのか定かではないけれど、最終的に傷ついたのは自分だけだった。

わたしたちの体は、無視された証拠を反映する。酒をやめた頃、わたしは標準体重を22キロ超過していた。潰瘍ができ、胃の内側がタバコの火を近づけたように痛んだ。腕や脚に謎の湿疹が広がった。捻挫した両ひざは階段を下りるたび悲鳴を上げ、体重を支えきれないと訴えてきた。

自分を怠け者だと思ったことはなかった。なにしろ、ニューヨークで独身女性として生きてきたのだ。**いつだって**自分で自分の面倒を見てきた。きつく閉まった瓶も、金属のふたがゆるくなるまでスプーンでたたきながら自分で開けた。キッチンの棚も、電動ドリルや水平器を使いながら安定するように取り付けた。家計の管理をまかせるスプレッドシートが得意な夫はいなかった。洗濯してくれる妻もいなかった。（クリーニング店の女性が洗ってくれた。彼女たちに感謝。）

家賃を支払う義務と仕事の課題を力んだ両肩に乗せ、その凝りを癒やす方法は、長い一日の終わりに美味しい赤ワインのボトルを1本、自分にご褒美としてあげることだった。あとビール6缶も。うなり声をあげる欲望を恥じずに胸を張る。**これこそ**自分への労いだった。

どこのスパにいっても、同じ理念を掲げているのがわかるはずだ。**ようやくあなた自身のお手入れをする時間。さぁ、シャンパンのグラスをどうぞ。**ラグジュアリーな体験を売りものにしている場合、温かいおしぼりやちょろちょろ流れる水の彫刻よりも、アルコールの方が重要だ。美容院、ハイブランドの店、リゾート施設や高級ホテルでも、酒が振る舞われる。飛行機のファーストクラスで真っ先に思いつく特典は？　もちろんフリードリンク。酒は最高のもてなしだ。

でも、四六時中「自分をもてなし続ける」と、ある種の怠け者になる。わたしは部屋の隅にあるキャットフードの缶を放置し、請求書も未払いのまま無視した。ブルックリンに住んでいた頃、午前3時に家にくる男と寝る仲だった。ある夜、彼がパイプでマリファナを吸いながら言った。「ベイビー、新しいソファーを買った方がいいよ」。顔を近づけたわたしはぎょっとした。なめらかな赤の布団生地は汚れ、醤油や赤ワインのシミだらけだった。クッションに付いていた謎の塊は、チーズだったかもしれない。マリファナで酔ったセフレからインテリアのアドバイスをもらうなんて、いい兆候とは言えない。

自分に気を配らない人は、他人にも気を配れなくなる。ある夜、泥酔して帰宅したわたしは、玄関のドアを開けっぱなしにしていたらしく、目の前にいたはずの猫がどこかのタイミングで外に出ていってしまった。**わたしの猫。**家から出ないよう、しつこいほど神経を尖らせてきた。その身になにかあったら半狂乱になってしまうかもと思うほど、どっぷり愛情を注いできた。翌朝、パニックになりながら探していたわたしが玄関を開けると、階段に座り**どこいってたの?**という顔でこちらを見上げていた。

こんな事態を招いた自分が信じられなかった。依存症を抱える人間は注意力をすっかり吸い取られ、いちばん大切な宝物を後部座席に放り投げてしまう。子ども、夫、基本的な衛生管理。ある男性が、酔ってはベッドでおもらしすると嘆くのを聞いたことがある。でも、彼は酒をやめなかった。ウォータープルーフのシーツを買った。

その気持ちはわかる。毎晩ひとりで、気を失うまで飲んでいたとしても、誰が気にする?わたしは何度も自分に言いわけした。**誰が気にするっていうの?**最終的にたくさんのことを諦めた。服をハンガーにかけること。ベッドを整えること。脚のムダ毛を剃ること。ファスナーや複雑な構造をしている服。こぼれたところにはタオルを投げ、そこでラグみたいになるまで放っておいた。

そして、これで大丈夫と自分に言い聞かせた。社会が女性たちへの期待であまりに歪んでいたせいだ。歯のホワイトニングからセルフタンニングまで、女性たちには見た目を改善するメッセージが津波のように押しよせていた。ある年はみんながストレートヘアにしていたかと思えば、翌年には生まれつきのウェーブヘアを歓迎したりする、そんな流行の入れ替わりにわたしは疲れ果てていた。こんな世の中の股間を蹴り飛ばして、サラミみたいなにおいがするスウェットパンツで残りの人生ずっと過ごしたかった。だって、**誰が気にするっていうの？**

わかるまで時間がかかった。**わたしが気にした。**男性が喜ぶから、わたしが「するべき」だから、母がわたしのために《オプラ・マガジン》の切り抜きを集めていたからじゃない。わたしが自分に気を配るべきなのは、それが**わたしを**幸せにしてくれるからだった。驚くことに、信じがたいことに、そうするといい気分だった。

ダラスに越してきて4か月たち、ダイエットをはじめた。幾何学的な形の冷凍フィッシュスティックを食べる昔ながらの方法を試し、レモン水ファスティングやゴムバンドが流行った頃にすっかり戻ったみたいだった。ストリップモールの店で毎週体重をはかり、帰るときは午後1時にアダルトビデオ店から出てくる牧師のような屈辱を味わった。

なんでそこまで恥ずかしかったのか。それは、体型をめぐり対立する二つの派閥のどちらにも入れなかったから。見た目がすべての女性たちにとって、わたしは哀れみの対象。ダイエットは悪と見なす女性たちにとって、わたしは裏切り者だった。

10代になった頃、ダイエットはまだ人々が興味をもちはじめた段階だった。キーワードは思春期、母性、食物、死。ところが、蛍光灯が照らすオフィスに通勤しはじめた頃には、頭上に腕を上げたカッコいいスーツ姿の女性のポスターが貼られ、「ダイエット」は議論が噴出する言葉になった――細身＝健康という誤った概念に立ち向かった、知人であり尊敬する女性ライターたちのおかげでもある。この10年で、メディアは女性の体の曲線や厚みに寛容になった。これらはすべて進歩の証だ――けれども、だからといって、わたしが22キロ体重超過すべきという意味ではなかった。

それでも、アンチダイエット派の友人たちを落胆させてしまうかもしれないと心配だった――自分のまったくの個人的な選択に、彼女たちの同意が必要であるかのように。フェミニズムの本質は、自分が選択する力をもつことだ――「プロチョイス」という言葉通りに。それなのに、わたしは友人たちから軽薄だとか見栄っぱりだと批判されるのを恐れた。でも、他人の意見を恐れても、意見をもつこと自体は止められない。わたしは外からの批判ばかりに気をとられ、あらゆる方法で自分自身を批判し続けているのもわからなかった。

この10年、体重なんて気にしないと心に誓いながら、つねに体重を気にする悪い癖がついていた。朝、目を覚ますたび。反射ガラスの前を通り過ぎるたび。昔からの友人に会って、その視線がわたしの頭から足元まで動くのを見るたび。あるときから、誰もわたしの髪とハンドバッグ以外は褒めなくなった。確かに当時は虚勢をはっていた。つまり自然な姿からはほど遠かった。

わたしには不幸せになる条件がそろっていた。体重に固執しているのに、いざ行動を起こすのは面倒くさがった。それに、飲んでいるあいだは減量なんて無理な話だった。週に4日は酒で約1200キロカロリー摂取していたんだから。底なし地獄から救い出してくれる奇跡のダイエットはこの世にない。実際、ダイエットに挑戦したときのわたしは散々だった。炭水化物を抜き、ビールを蒸留酒に変えるのは、ブラックアウト間違いなしの方程式だ。

というわけで、昔ながらの作戦をとった。カロリー制限。ほどほどの量。ダイエットソーダではなく水。ステーキは半分。ぜんぶたいらげてすぐさま後悔し、ため息をつきながら片手で腹をなでないように。「0か100か」でずっと生きてきたわたしは、「適量」を学ぶ必要があった。

体重は落ちた。半年で22キロが、ほんとはそこにいたくなかったみたいに消えた。長年、ダイエットは懲罰だとか剝奪だとか悪態をついてきたのに、このときのダイエットになんの苦痛も感じなかったのは驚きだった。変化を語るのは体重計だけじゃなかった。朝目覚めると、幸せを感じた。カメラを避けたり、昔の友人たちを避けたりしなくなった。つねに不快だったブラのアンダーワイヤーが、腹に食い込まなくなった。鏡の前をふと通ると、新しい自分にびっくりした。もっと正確に言うなら、ずっとこうだったはずの自分にびっくりした。わたしが覆い隠してきた自分に。

自己破壊は人生を通じて親しんできた味だった。タバコの吸いすぎによるのどの炎症、3杯目のコーヒーの震え、良くないとわかっているのにやめられない倒錯した興奮——どれもよく知られた欠陥で、次から次へと後を引く。でも、嗜好って変えられるの？——自分にとってプラスになるものを求め、屈辱ではなく前向きな連鎖を作るために。

毎朝、たとえ前夜に寝るのが遅くなったとしても、ベッドを整えるようになった。夜に皿を洗うようになった。きれいな状態で目覚めるのが気に入った。ヨガに通いはじめた。それは、自分の体をいたわるための完全なる学びの実践だった。

「自分が思ってるより、あなたは強いのよ」。ピンクの髪をしたヨガインストラクターがある日、片手で体を支えながらよろけているわたしに言った。その通りかもしれないと思いはじめた。

だいぶ昔にエクササイズにハマったことがある。わたしは手を泥んこにするのが大好きな子どもだったけれど、中学生になると体育の時間は、人より早い思春期と、ドラフト指名を待ち続ける立場を嫌でも意識させられた。屋内にこもり、映画や本や泡の入った飲み物に夢中になった。団体スポーツを嫌い、汗をかくアクティビティはぜんぶ避けた。自分の体について、こんなものなければいいのにと思うことがほとんどだった。バーチャルな世界のほうが好きだった。メール、電話、インターネット。いまでもベッドのなかで毛布にくるまりながら書くのが好きだ。自分が頭とキーボードを打つ指だけの存在みたいになる。

というわけで、わたしはまた自分の体に住みはじめた。この体はどこにもいかないから。近所の大きな並木道を、エメラルドグリーンの自転車で走った。考えごとを凧糸のようにぶら下げながら、長い時間散歩した。

やせると周囲の人たちが気づいた。そのうち言われなくなるかも。**すごく健康的。すごくすてき。**そんな褒め言葉に喜びつつ、同時に怖さも感じた。そもそも期待しすぎかも。体重が減ったことで、自分への評価がこんなにも変わるのかと落ち着かない気持ちになった。酒をやめてから世の中を見る目が変わったけれど、体重が減ると世の中が**わたしを**見る目が変わった。

何年も意図せずカモフラージュ柄を着ていたのに、突然、自分の姿が可視化されたようだった。服や、太った体型や、依存症の陰に隠れず堂々としている人には、まぎれもなく魅力的ななにかがある。母もアナもずっと正しかった。本物の美しさは自然のなかにあった。

夜になると、バッバと賑やかな夏の夜道を散歩するため、リードを取り出した。バッバはしばらく前から具合が悪かった。もう15歳だった。あとどれくらい生きられるのかわからず、それについて考えてしまったら一日中パニックになりそうだった。

出会ったときのバッバは、外で放し飼いだった。けれどある日、元彼のアパートに戻ってくると、生のパン生地に爪楊枝2本で穴を開けたように、頬の片側に切歯で噛まれた傷があった。高額な手術を何度も受けた。回復するまでに長い時間がかかった。そのあと室内で飼うようになった。

バッバに言うことを聞かせようとしても無駄だった。猫と口論して勝とうとした人がいるか知らないが、まぁやってみるといい。目を離した隙にこっそり姿を消し、真夜中近くにどこかの裏通りでうさを晴らして、2日後に大酒を食らったドン・ドレイパー［ドラマ『マッドメン』の主人公］みたいに、玄関から音を立てて飛び込んでくる。**なんだよ。なんか文句ある?**

こんなバッバのすべてを愛していた。わたしだって、ぼろぼろになる場所にみずから飛び込んでいった。傷をつくって家に帰ってきたし、それでやめたりはしなかった。バッバは、たくましい冒険家と甘えん坊のいいところをミックスしたようだった。猫はよそよそしいとみんな言うけれど、誰を信用するかすごく慎重に見極めているだけだ。気難しい彼の世話をするのが好きだった。女性は、無愛想なくせに自分を必要とする生きものに愛情を注ぐのが、とても得意だったりする。

わたしの両親はどちらも代々、看護師の家系だ。わたしたちは優しくさすり、尿瓶を取り替え、床に散った吐瀉物をふきながら、なんとなく不適切なジョークを飛ばして笑わせる。自分の世話を怠ってきた失敗を振り返ると、無意識にわたしのような人が現れるのを待っていたのかもしれないと、ときどき思う。そんな人が、クレジットカードの借金をぜんぶ払ってくれて、うっかりミスも後始末してくれるのを。他人が招いた失敗は、自分のより断然楽しめることがあるし。

だから、わたしには猫が必要だったのかもしれない。なにを言ってるんだと思われるかもしれないけれど、猫は世話係だ。ネズミを殺してくれるし、具合が悪いときは横で丸まってより添ってくれる。ブルックリンにいた頃、ある夜、インフルエンザみたいな症状が出て、浴室の冷たいタイルの床に枕と羽毛布団をもち込まないと眠れなかった。孤独が骨折したようにうずく、そんな夜だった。バッバは浴室にそっと入ってくるととなりに横たわり、わたしたちはお互いに体を丸め、温かい脇腹をくっつけ合って寝た。

今度はわたしが面倒を見る番だった。病気の彼に一日に2回、錠剤を飲ませなければならなかった。レントゲンを撮り、試験的に食事の内容をあれこれ変えた。ジェニファーはその頃、獣医になっていた。かつて怪我をした鳥を保護してあげた子どもは、大きくなりみんなのペットを助ける女性になった。バッバが病気になったとき、わたしにもバッバにも彼女が必要だった。

わたしの新しい家は、バッバが昔うろついていた場所からすぐ近くだった。また玄関でニャーと鳴けるようになったとき――わたしの問題に何年も沈黙を守った末に――彼のためになにかしたいと思った。死ぬ前に、なじみの芝生をまた歩き回らせてあげたかった。彼が大好きな活気ある外の世界を冒険できて、なおかつわたしの目の届く範囲にいる、いい妥協案を見つけたかった。

苦肉の策として、リードを使おうと思いついた。ジェニファーはそんなの無理だと言い張った。リードは猫の本能に反していると説明し、しばらくは彼女の言う通りだった。それでもある日、バッバの腰のまわりに、これからスカイダイビングするかのように青いビニール製の綱を着けると、彼は観念すれば外に出られると気づいた。

鼻をひくひくさせながら、玄関を出て少しずつ進んだ。足が慣れ親しんだ土に触れると、全身に興奮が走った。これ。ここにあるすべて。体毛のあいだをすべるそよ風。野生のあらゆるにおい。口の端にくっついた草の葉。バッバは土の上で転がり回った。わたしの車のフロントグリルを、この世のすべての退廃が詰まっているみたいに嗅いだ。

彼が引っ張りすぎ、わたしも引っ張りすぎ、ようやくお互いにリズムをつかんだ。この夜ごとのお出かけがすっかり上達したわたしたちは、1時間かけて隅の芝生を探検したり、車寄せのところに秘密の国がないか探った。冷たい砂利に体を押しつけ横たわるバッバと、夜空を見上げるわたし。いまやお互い、無情な世界で生きようともがく、短いリードでつながった2匹の動物だった。

10 セックス

酒をやめて初めてのデート相手は、大学時代から知っている男性だった。レストランで会った彼は、わたしの記憶より魅力的だったけれどジーンズをはいていて、あえてのおしゃれなのか、致命的にセンスがないのか判別しかねた。

「気にしないから飲んでいいよ」。わたしは嘘をついた。

「わかってる」。彼はコーラを注文した。

そろそろデートするべき時期にさしかかっていた。（デートが**したい**んじゃなくて必要、って意味。）小さくていびつなキャリッジハウスに閉じこもり、ドキュメンタリーを立て続けに見たり、会ったこともない男たちとの憧れの暮らしを脳内再生していた。マイケル・シェイボンの小説を読むタトゥーの入ったウェイター。ポール・ニューマンみたいな目をした便利屋。妄想しながらこのまま歳をとっていく自分が見えた。

というわけで、緊張で手を震わせながらバーガンディのリップグロスをつけ、玄関の外に出るよう自分をけしかけた。どんなデートも未知の領域を開拓していくものだけれど、思うにわたしの領地は人が住めるようなところじゃなかった。飲みすぎる悩みとは無縁の友人たちでさえ、わたしがアルコール抜きでどうやってデートするのか首をかしげた。「お酒なしに、最初のキスを突破したことない気がする」。27歳の仕事仲間、トレイシーが言った。彼女は**プロのセックスライター**だ。

どうしてこんなことになった？　わたしたちは21世紀に生きる現代の女性で、セックスのポッドキャストを聴き、バイブレーターの情報を交換し、インターネットの下品なコンテンツもあれこれ知っている。セックス――3P、SM、アナルも含め――について詳細な知識を積み上げてきた。それなのに、どういうわけかいちばん基礎の土台をまるでわかっていない。わたしはキスそのものに怖じ気づいていた。感覚を麻痺させるビール3杯なしに、男性の唇に自分のそれで触れるなんて、切れて垂れ下がった電線をつかんで自分の口に突っ込むのと同じくらい勇気が要った。

ディナーのあと、その大学時代の友人に連れられてカフェにいき、風通しのいいテラスでわたしはホットチョコレートを飲んだ。彼を気に入った。（だいたいのところは。）彼は医師だった。大学の頃のわたしのどうでもいいことを覚えていて、これまでずっと思いをよせていてくれたような、まんざらでもない気にさせてくれた。わたしは過去のつらい話を打ち明けた。この夜の終わりまできたと感じたからだ。彼は、テーブルに置いていたわたしの手を取った。4本の指をわたしの指のあいだにすべらせる、とてもさりげない仕草。それなのに、その繊細で自然な行為に、わたしの腕は氷の塊に閉じ込められたようになった。**うわっ、どうしよう。**指を引き抜くのが怖かった。彼を引きよせるのも怖かった。胸に当たる銃の赤いレーザー照準に気づいた、雌鹿（めじか）のようだった。**動くな。**

不安を避けるため酒を飲みはじめると、その年齢で感情の発達が止まると言われている。それで真っ先に頭に思い浮かぶのがセックスだ。酒をやめてから1年半、自分のたくさんの未熟な面と向き合おうとしてきたけれど、セックスには問答無用で吐き気を催した。セックスの無防備さに恐れおののいていた。ときどき、信じられない思いでフェラチオについて真剣に考えた。自分がというより、みんながこんなことやってきたんだという驚きの気持ちで。

テラスに座り、腕をロボットみたいに固まらせながら、このデートの別バージョンが頭によぎっていた。ロケット燃料をのどに流し込み、大口を開けて彼におそいかかる。そうするかわりに、車で家まで送ってもらうと、わたしは助手席から逃げるように、ほとんど砂埃が立つくらいの速さで飛び出した。**ありがと会えてうれしかったおやすみ。**自分のベッドに潜り込むと、あごまで掛け布団を引っ張り上げ、たぶんもう一生セックスすることはないだろうと悟った。町へ出る道を一本しか知らず、その道が崩壊したら、いったいどうすればいいっていうの？

酒はセックスのきっかけだった。13歳で初めて男の子とキスしたとき、そこに酒があった。最後に寝たのは酒をやめる2か月前、会ったばかりの男が相手で、そのときも酒があった。彼はリサの40歳の誕生日パーティーでバーテンダーをしていた人で、英語はかたことしか話さなかったけれど、いっしょに帰るには十分だった。この二つの時をつなぐ約四半世紀のあいだ、酒はわたしをなりたいように、好きなようにさせてくれた。お気に入りのセックスの一つはブラックアウトする直前、まだ意識はあるけれど本能のままになって、下品で卑猥な言葉を好き放題言えるときだった。**こうして。ああして。**いまになると、ああいうセックスが好きだったのは気持ちよかったからか、わたしがワイルドになると男が喜ぶからか、よくわからなかった。自分の快楽より、男の興奮がほしかった。自分に抗いがたい魅力があるよう見せるため。彼を無我夢中にさせるため。

男性は、酒をやめた女性を敬遠するのではと心配だった。なんと言っても、酒は性的な関係を結ぶ契約の一部。緊張や良識ある判断を飲んですっかり忘れ去ろうという、昔からの協定だった。男たちが、デート相手が酒を飲まずがっかりしたと話すのを聞いたことがある。「じゃあ、どうやってそそのかせばいいんだよ?」ある男がわたしの友人に言った。冗談だったけれど、その言葉の裏にはたくさんの耳障りな真実があった。酒は、この世に生み出された最強の誘惑ツールだ。ライム入りの炭酸水を注文するのは、男の手からあの輝く三日月刀を取り上げ、近くの大型ゴミ収集箱に投げ捨てるようなものだった。

例の医者とまたディナーにいった。彼に複雑な思いを抱いていた。彼の話は楽しかった。聞き上手でもあった。でも、運転中に急に割り込んできた男に暴言を吐いた。元彼女についてやたら話し、「サイコ」と言わんばかりのさまざまな言葉で彼女をこき下ろした。ジーンズの件は、もはやたいしたことではないのかも？　その晩、あの古い振り子がずっと頭のなかでゆれていた。**彼とキスしよう／いや絶対ダメ、しない。**引っかかっている彼のキレ癖は危険信号なのか、自分の隠れ家に居座るための都合のいい言いわけなのか、わからなかった。直感を察知する能力が衰えていた。

そして、考えた。「パトロン」のショットを1杯飲んだら、キスできるかもしれない。彼がわたしに気をつかって注文しないビールを1杯（いや5杯）ぐびっといけば、自然の流れにまかせられるかも。ふたりでシーツにくるまり、ベッドの足元近くには服が脱ぎ重なって、わたしの面倒なギリシャ風トップスはひじから手首にかけて止血帯のようにからまっている。解放されたくて、自由になりたくて、一刻も早く剝ぎ取ろうとしたからだ。事がすんだあと、ふたりで査定し合えばいい。わたしたち、うまくいくかな？　この関係って本物？　ブランチしながらいちゃいちゃした視線を交わすこともできるし、お互い宇宙のまったく別方向に散って別れ、スーパーで見かけようと他人のふりをすることもできる。どっちでもかまわない。でも、少なくともその前に、ふたりのあいだになにかが起こる必要がある。

実際は別のことが起こった。わたしは無駄に時間をかけて書いたメールを、彼に送った。**あなたとは友だち以上の関係になれない。**一瞬だけ下りていたつり上げ橋が、ふたたび上がって止まった。心底ほっとした。

もう一生セックスすることはないだろうなんて、大げさに聞こえたかもしれない。10代の女の子が部屋のドアをたたき閉める前に言い放つ、仰々しい宣言みたいに。酒でぶっ飛んだセックスしか知らないわけじゃない。静かなセックスをしたこともあるし、くすくす笑い合うセックス、指先に乗った石鹸の泡みたいなすごく繊細なセックスをしたこともあった。ふたりが共有するそんな喜びの存在を知っていたけれど、そこにどうたどり着けばいいか、もはや見当がつかなかった。わたしが先に進めるのは、ワイングラスを唇に運び、甘美な解放感に導いてもらうときだけだった。

明らかに、新しい地図が必要だった。

いつかはマッチングサイトに手を出すと思っていた。30代後半のあらゆる独身女性に待ちかまえる運命で、プロフィールを吟味する罰を受け入れたものの、やってみるとたいして害はなかった。かつて、わたしのような人はオールドミスのレッテルを貼られたり、極貧の窮地に追い込まれた。そのかわり、いまはオーケー・キューピッドの絞首刑台に立って、絵文字に感じよく反応し興味を引かなければならなかった。

マッチングサイトはわたしには悪くない選択だった。仕組みとして前提にある距離を保ちながら、少しずつ親しくなれた。「バーで戯れる」ときにはめったに味わえない、わかりやすさがあった。オンラインデートの想定外だったすばらしい特徴の一つは、「デート」とズバリうたっているゆえ、一切の曖昧さを排除している点だった。わたしたちデートしてたの？　これってデートだったの？　オンラインデートなら答えはイエスだ。

さらに、あらかじめ**わたしはお酒を飲みません**と宣言できた。これをどうやって伝えるべきか、すごく気がかりだった。興味本位であれこれ聞かれるのを我慢したくなかったし、相手ががっかりする顔を見たくなかった。ダイエットコーラを注文して、相手ががっかりする顔を見たくなかった。だから、「About Me（アバウトミー）」のページはこの文章からはじめた。「昔は飲んでいたけれど、もうやめました」。もっとインパクトの強い出だしも考えたけれど、いまはこれで十分だった。

飲まないなんて――特に、自分についていちばん最初に強調するのが**飲まない**ことなんて――一部の男性が興味をなくすのも理解できた。男たちがわたしのプロフィール欄をうろついているのがわかった。HBOの番組やシングルモルトのスコッチにやたらと詳しい、ひげ面の変わり者。あのハンサムで心に傷を負った男たちが大好きだったのに、どうしてお互いこれまで縁がなかったんだろう。ときどき彼らのひとりにメールしたけれど、返事は一回もこなかったし、すんなり受け入れた。わたしも飲んでいた頃なら、自分に見向きもしなかったと思う。

マッチングサイトに登録した最初の数週間はぎこちなかったけれど、すぐにペースに慣れてきた。好奇心をそそられ爆発するエンドルフィン。相手の性格を引き出す、もったいぶった軽口。気のある素振りを見せるのはあらゆるエクササイズと同じで、やればやるほど簡単にできるようになった。

　オンラインデートは前にも挑戦したことがあった。ニューヨークに引っ越してから約半年後に、マッチ・ドットコムに登録した。アナのためだ。わたしの元彼の愚痴を延々聞いてきた彼女から、「とりあえずやってみな」と勧められ、とても逆らえなかった。

　その夜、ソーヴィニヨン・ブランのボトルを買い、飲みながら知の高みを目指していった。つまらない平凡なプロフィールにはしたくなかった。すべての男たちの襟首をつかんで、その口に一言一句ささやきかけるような自己紹介にしたかった。書き終えた頃には自分に恋していたと言っていい。ワインボトルはビール6缶に姿を変え、もっているなかでいちばんセクシーな写真を投稿した。プロのカメラマンが撮ったそのクローズアップ写真は、実物より9キロやせて見えた。翌日、タバコの煙が充満したキッチンで目覚めると、記憶の断片がよみがえった。

昨日の夜、マッチングサイトに登録した気がする。

　その日、サイトに何通かメッセージが届いたけれど、興味をもったのは二つだった。ひとりは、羽振りの良さそうな白髪のビジネスマン。もうひとりは、わたしの玄関から二ブロックと離れていないハンバーガーショップによく出没するらしいインディー・ロック系。2人にはなんの共通点もないけれど、どちらのメッセージも同じように率直だった。彼らは会いたがっていた。今週。明日。いますぐ。

　うろたえながら、友人のアーロンに電話した。「どうすればいい？」

彼はのんびり言った。「2人に返事して、両方会ってみれば」

「でも無理」。考えすぎな快楽主義者のマリリン・モンローとして自分を演出していたわたしは、彼らを失望させるのが耐えられなかった。あのサイトの女性と、ジョギングパンツでキッチンを右往左往している女との落差を埋める、十分な大きさの補整下着はこの世になかった。

「体重を誤魔化すのが気後れするなら、簡単な方法があるよ」。アーロンが言った。「ほんとの自分の姿がわかる全身写真をアップすればいい」

「その通り、その通り。もちろん、その通りよ」

翌日、プロフィール写真を消した。

酒を飲んでもデートは決して楽じゃない。この出来事はそう思い知る、数多くの戒（いまし）めの一つだった。アルコールは、最初のきらめく数時間だけ、わたしをシンデレラにしてくれたかもしれない。でも、目覚めたときはいつもの意気地なしに戻り、自分がまいた種を嘆いていた。

今度はもっと正直になって、自分に合う人を見つけようとしたけれど、そのぶんペースは遅かった。進展のなくなった会話の数々。巨大なトラックの前でポーズを決める迷彩服の男たち。だんだんいらいらしてきた。誰でもいいから探して、手っ取り早くヤろうかと思う日もあった。

いったい、なにを考えていたんだろう？　なんでセックスをさっさと片付けるべき問題みたいに思っていたんだろう？

マッチングサイトで出会った最初のデート相手は、離婚歴のある子持ちの移民弁護士だった。いい人だったけれど、わたしのタイプじゃなかった。ピンとくるものがなかった。バレンタインデーの3度目のデートに手料理を振る舞ってあげると誘われたとき、このテントをそっと畳む以外に正しい返事はないと思った。彼はその特別な日を、思いをよせてくれる人と過ごすべきだった。わたしはオンラインデートでいちばん大切なレッスンの一つ、ノーと言う分別を学びつつあった。

これまでの人生ずっと、イエスと言うために奮闘してきた。恥ずかしがり屋の野心家という面倒な組み合わせの性格だったから、ひとりになりたがる癖をなんとか払いのけようとしてきた。いきたくないこのパーティーにイエス、デートしたくないこの人にイエス、失敗しそうで心配なこの仕事にイエスと答えたのは、イエスと答えることがすばらしい人生につながる道だったからだ。ソファーから自分を引っぺがし、傷ついたり大喜びしたりする、めまぐるしい流れのなかに飛び込むため。でも、すべてにイエスと言うのは、自分の正直な気持ちに繰り返しノーと言うのと同じで、結局は自分が空っぽになるまで飲んだ。いまわたしがやるべきは、もっと慎重に可能性を見極めることだった。どのリスクが挑戦に値しないか、どれなら飛びつく価値があるか。

頭がいいけれど魅力を感じなかった男にノーと言った。魅力的だったけれどうぬぼれた男にノーと言った。ある夜、キスしようとしてきたグラフィックデザイナーにノーと言った。デートは楽しかった。わたしはビリヤードでマスワリを決め（2回）、彼はショットを打とうとするわたしの尻をゆっくり眺め、そうされて気分がいい自分に驚いた。でも、彼は1時間半のあいだにバーボンを3杯飲み、キスしようと体をよせてきたとき、酸っぱい息のにおいと生気のない目が気持ち悪くて身をかわした。シットコムみたいに、ひょいと避けた。

酔った男がこんなにも興味をそぐものだとは知らず、びっくりした。大学時代にパトリックと付き合っていたとき、彼は酒を飲まず、わたしが酔ってべたべたすると体を離した。「ビール工場みたいなにおいがする」と言われ、理解できなかった。そのとき自分ではすごくセクシーだと**思っていた**けれど、きっとただの勘違い女に**見えていた**に違いない。酒を飲むとはなんとサディスティックな駆け引きか、いまになって思い知った。自信を最高潮に高めてくれたまさにそのとき、自分がいちばん見られたくない姿になっていた。

グラフィックデザイナーのキスを漫画みたいにかわしたあと、もう二度と連絡はこないだろうと確信していた。ところが翌日、彼からメールがきた。なんと、思いがけず彼の欲望に火をつけたようだ。ふたたび彼とデートしたけれど、決定的ななにかが欠けていた。「わたしたちうまくいかないと思う」。彼に言った。わたしが学ぼうとしている言葉だった。言い慣れない違和感があった。

「いままで自分から別れを切り出したことがないの」。まるで自分が優しくて、心に傷を負った人みたいに、よくこう話した。実際は、受け身でずるい証拠だった。わたしから別れたことはないけれど、別の言い方をすれば、一度も自分から言う勇気がなかった。相手につらい仕事を押しつけていた。マッチングサイトはいい練習だった。適切な境界線を引くためのスピードトレーニングだった。

ベンという男性とデートした。彼はジーンズと、穴の空いた70年代のリンガーシャツ姿で現れた。「ほら、きみのためにおしゃれしたんだよ」。もう彼に引かれていた。茶色の目が輝いていた。

すばらしく安っぽいバーで、彼はビールを飲み、わたしは水を飲んだ。無理に勧めたり、気まずい思いをせずオーダーが決まるのは新鮮だった。彼からなんで酒をやめたのか聞かれ、わたしはわけを話した。なんで奥さんと別れたのかたずね、彼がわけを話した。一気に嘘をつかず、お互いちょっとずつ歩みよった。わたしの車まで送ってくれたとき、彼が言った。「てなことで、ぼくは失業中で金欠で別れた妻とまだいっしょに住んでる。もう会いたくないと思われても仕方ないよ。ただ、ぜんぶ言っとくべきだったから」

翌週、もう一度会った。別にいいでしょ、彼はほかの人たちと違ったんだから。わたしたちはジェラート店の外で手すりに足をかけながら座り、ポルノについて語り合った。どっちがきっかけで女性器の写真の話になったのか思い出せないけれど、彼は初めて見た卑猥な写真について話した。《ハスラー》誌。ハードコアなやつだ。女性たちがみな陰唇を広げ、そのうち6人が一ページのなかでレンガみたいに積み重なっているのを見て、彼は自分が少し壊れてしまった気がした。このあとは相当のものじゃないと、サソリに刺されたような同じ刺激を得られないからだ。アンチ・ポルノの風潮が高まった80年代後半に大学に進学し、自分の欲望を恥じるようになった。やがて結婚。そして結婚生活は破綻した。いま、彼が求めているのは、瓦礫のなかから掘り起こした本当の自分を見つめること、それだけだった。

その夜、わたしはキスを受け入れた。すてきで優しい、怖くないキスだった。「電話するよ」。そう言われ、連絡はこなかった。それでよかった。ほんの短期間だけイエスと言う関係があってもいい。拒絶されてもたいして傷つかない場合もあると知った、いい経験だった。

ときどきベンのことを考えた。陰唇だらけの写真のことを考えた。彼の話を聞いて、5年生のとき部屋に隙間なく貼っていた、ティーン雑誌の切り抜きの美少年たちを思い出したからだ。これがわたしにとってのポルノ写真だったんだろう。じっと穴が空くほど見つめ返してくる、子犬のような瞳。わたしみたいな女たちは、男に非現実的な期待を抱かせるポルノには文句を言うのに、ロマンティックコメディー――それに、ティーン雑誌や強迫的なポップソングのような、まやかしで金儲けする業界全体――が女に非現実的な期待を抱かせても、ほとんど気にも留めないのはどうしてなのか。わたしも少し壊れているのかもしれないと思った。

きっと誰もが壊れていた。ポルノやハリウッドのお決まりのパターンは、マッチングサイトの基礎となる木造の枠組みのようなものだった。女はビーチを散歩したり、リゾート地に旅行したり、仕事で疲れたあと誰かと話すのが好き。俺も同じだよと言いながら、男はいきなりメールの受信ボックスに現れておっぱいの写真を要求した。

マッチングサイトをうろつくうち、少しは自分の欲望を恥じたらどうかと思う男たちの存在が目につくようになった。彼らが、会ったこともない女性にかける言葉が信じられなかった。**週末、妻を家に残して町に出るんだ。後腐れなしでセックスしない?** とは、つまり**コーヒーのために会うのは無理だけど、ヤルのは大歓迎**。こういう男たちは、明らかにもっとノーを突きつけられるべきだ。だから、わたしはノーと言う練習をした。

ある日、23歳から思わせぶりなメッセージが届き、光栄だけれどわたしには少し若すぎると返した。「くだらない」。彼から返信がきた。「年齢なんかただの数字だない。俺ならきみの顔にたくさんぶっかけられるってだけのこと」

まず……彼は誤字をよく確認すべきだった。そして次に……無理。本当に無理。申しわけないけど若者よ、どんな時空だろうと次元だろうと無理。どうしちゃったの? マナーと性欲をどれだけこねくり回したら、こんな猛烈に最低な文章を思いつくの?

こういう男たちはインターネットの上辺だけの親密さに慣れすぎて、会って目を見ながらでは決して言えないような誘い文句を口にした。相手はもうひとりの人間だという息苦しい現実、不完全でしどろもどろになる自分という息苦しい現実。これを避けるため、どれだけのテクノロジーが開発されてきただろう。わたしたちはみんな、離れていても親しくなれる方法を探している。わたしにとって、酒はそのギャップを埋めるものだった。ほかの人たちにとって、インターネットがそうであるように。でも、みんなこの忌々しいギャップを飛び越えようとするのをやめ、現実の世界で自分を偽らず、傷つきやすいままでいる覚悟を決めるべきなのかもしれない。

4月のある夜、心理学を専攻している男性と、フライドチキンのレストランでデートした。昔は見向きもされなかったような素朴な料理をメインにした、最近流行りの店の一つだ。彼は早口でしゃべり、わたしは話についていこうとする緊張を楽しんだ。「あなた、あまのじゃくね」。指についた脂を舐めながら言った。

「それっていいこと?」彼が聞いた。「きみが好きなタイプになりたいよ」。誰かにこう言われたのは初めてだったけれど、この言葉はこれまでの25年間、ずっとわたしが掲げてきたスローガンだった。逆の立場になってみるのは気持ちがよかった。

「いいことよ」。わたしは言った。「あなたがあれこれ考えをめぐらせるのが面白い」

彼はわたしの好奇心をそそった。自転車専用のレーンや、エルヴィス・コステロについて語り合った。何か月ものあいだ、いろんな人とデートしながら、自分はどこかおかしいのかもしれないと思っていた。自分が誰かに引かれ、その人も自分に引かれる、それが滅多に起こらないのはどうして?　でもきっとそういうもので、だからこそそうなったときは特別に感じるんだろう。あの夜、彼に感じたものは間違いようがなかった。

わたしの家の前に彼が車を停め、ふたりともじっと前を見ていた。「このあとどうすればいいか、わからないよ」。彼が言った。「きみがキスしてほしいと思ってるのか、それとも……」。彼の声が小さくなり、わたしは身を乗り出して頬にすばやくキスした。それ以上のことが起こり得る前に。この新鮮なときめきにすっかり動揺し、車から飛び出したわたしは、自分の臆病さを後悔した。そのあと、安全なピンクのベッドシーツのなかで、彼のことが頭から離れなかった。もっと大胆になっていたら、また心を開いていたら、どうなっていたんだろうと想像し体が熱くなった。その熱を風にさらけ出せないなら、用心したところでなんの意味もない。

彼にテキストした。「キスしてもらうべきだったな」

すぐに返信のビープ音がした。


1週間後、車で彼の家にいき、夕食のあと散らかった寝室のベッドにいっしょに座っていると、彼がわたしの方を向いて言った。「ヤリたい？」

この言葉で、自分はいま、ライフタイム局の映画に主演しているわけじゃないと気づいた。髪を優しくなでてくれる手はどこにもない。ベッドの上に撒かれたバラの花びらもない。でも実のところ、わたしはヤリたかった。ほぼ2年、セックスとは無縁だった。2年間、酒もタバコもセックスもなしなんて、大好きな蜜の味をとことん我慢させる呪いだった。だから言った。

「うん」

　酒をやめて初めてのセックスなら、意味のある愛情のこもったもの、少なくとも刺激的で夢中になれるものを期待するだろう。わたしもそうだった。でも、実際はスピーディーで効率的だった。それでかまわなかった。映画みたいに完璧な瞬間を待たないほうがいいときもある。さもないと、時計を見ている時間ばかり増えるかもしれない。

　終わったあと、寝室の天井を月でも出ているかのようにふたりで眺めた。「俺、いつもセックスのあと、いちばん言っちゃいけないこと思いついちゃうんだ」。彼が言った。

　この聞いてほしそうな言葉を、あえてスルーする女性がいるのはわかる。でも、わたしはそうじゃなかった。「なにを思いついたの？」

「まぁタダだからいっか、って」

　ジョークだった。（よね？）セックスが全然よくなかったから、少なくとも懐が痛んだわけじゃないと冗談を言ったのかもしれない。もしくは、セックスは悪くなかったけれど、不謹慎で自虐的なコメントが思い浮かんで、冗談を言ったのかもしれない。正直言って、わたしにはあのジョークの意味がわからなかったし、彼のかわりに解説する気もない。というのも翌週にかけて、この心理学専攻の男に大きな心理的問題があるとわかったから。彼の心は竜巻のようにねじ曲がっていた。（それに、とんだクソ野郎だった。）この出来事の数日後、会話のなかで彼はとても無邪気に残酷な態度をみせた。わたしはたぶん人生で初めて、自分のせいじゃないとわかった上で関係を切った。世の中にはあまりにもみじめで、周囲にあたり散らさずにはいられない人たちがいる。

こうして、わたしはセックスを再開する大きなチャンスに飛び込んで、クソ野郎とヤッた。どっぷり落ち込むべきなんだろうけれど、そうはならなかった。勉強代だと思うことにした。平気だった。彼には二度と会わなかったし、どちらも損はしなかった。むしろ、わたしはこの経験に感謝していた。酔っ払えばいいセックスができるわけじゃないのと同様に、酒をやめてもいいセックスができるわけじゃないと教えてくれたから。いいセックスとは、どんな相手とするかが大事。そしてたぶん、もっと重要なのは、その人といっしょにいるときの自分がどんな人間か。

わたしはミュージシャンと付き合いはじめた。彼はツアーで不在のときがほとんどで、うまくいくわけがなかったけれど、それでも試してみたかった。いっしょに座っていると、めまいがするような心地だった。視線を向けられると、3本目のビールを飲んでいるときのようにくらくらした。

「酔っ払ったみたいな、ぼーっとした目をしてるよ」。彼が言った。自分でもわかった。恍惚感。酒をやめるまで「ひざが崩れるほどめろめろ」になる感覚がわからなかった。母のような世代の女性たちが使う、昔の言い回しだと思っていた。ところが、彼がわたしの方に向かってきたとき、自分のひざがスパゲッティみたいにやわらかくなって気づいた。**嘘みたい、ほんとにこうなるんだ。**

彼と初めてしたセックスを、ほとんど思い出せなかった。その日の午後の記憶は、窓から入るまぶしい日差しと、木々のゆれる影だけ。彼がソファーでわたしにキスをして、階段でまたキスをして、わたしが彼をベッドに連れていった。そこで時間が止まった。

それからの数年間、何度もこういうセックスをした。気持ちよくて、満たされるセックス。自分が自然体でいられる人といっしょにいるときは、ブランケットで体を覆い隠さずに部屋を歩けると気づいた。ありのままの自分を見せられた。自分がどう見えるか心配しすぎるのをやめたとき、我が身を忘れて感じることにより没頭できると気づいた。

これまでずっと、アルコールなしのいいセックスとは、細部まで感覚が研ぎ澄まされ、たくさんの色があふれていると思っていた。でも、実際は午後4時の太陽から立ちのぼるフレアみたいだった。快楽は脳の記録装置を止める。セロトニンとドーパミンの洪水で、強烈なエクスタシーがほとばしる。何年ものあいだ、わたしは飲んでこの忘却の境地に向かおうとした。なんでわからなかったんだろう？　忘却の境地が、こっちに向かってくることもあるのだと。


ある日の午後、ジェニファーが富士フイルムのカセットテープをもって、家の正面玄関にやってきた。彼女の小さく几帳面な字で１９８８年8月23日と書かれていた。

「これ、まだもってたなんて信じられない」。わたしは言った。

彼女が笑った。「もうあげるよ」

なにが録音されているかわかっていた。聞きたくないストーリーだった。わたしの過去が、酒と男とセックスでごちゃ混ぜになった理由がよくわかるものだ。これを録音したのは、14歳の誕生日の２日前。ジェニファーの部屋で、ひざに大型ラジカセを乗せて座りながら、その後何十年も頭から離れなくなる出来事の顛末を語った。

「そもそも、もう再生できないかもよ」。わたしが言い、ジェニファーはかつてふたりで使い倒して、いまやそろばん並みの骨董品になっている、ガタがきた古いラジカセのデッキにテープを入れた。巻き戻しボタンを押すと、暴力的な音を立ててテープが後ろ向きに進んだ。不安定な飛行機が離陸準備に入っているようだった。

ジェニファーが再生ボタンを押すと、ブーンと鳴ってから大きな雑音がした。そのあと、四半世紀以上前のわたしの声がよみがえった。

「**こんにちは。ジェニファーの家にきてます。今日は8月の二十何日とかそのへんです**」。14歳になる2日前の声には聞こえない。17歳みたいな声だ。「**たいして言うことないんだけど。誕生日が楽しみです。セーターをもらったの**」

テープのなかで、ジェニファーが部屋の向こうからなにか言っているけれど、よく聞き取れない。「**友だちに夏の思い出を話して**」と言っているようだ。

「**これまでの人生で最高の夏だった**」。わたしが語りはじめる。「**ミシガンのいとこの家に遊びにいったの。ブラッドっていう名前の男の人と出会った。すてきだった。すてきな人だった**」

ブラッドは、ふわふわのブロンドヘアをしたマリファナ好きの優しい雰囲気の男の子で、みんなよりツーテンポ遅れて相づちを打った。18歳だった。初めて会った夜に言われた。「それじゃ、きみはキンバリーの年上のいとこだね」。わたしは笑って訂正した。**年下**。それから数週間、ばったり顔を合わせるたびに、彼は床に落ちたあごを拾い上げるふりをした。「**13歳なんて嘘だろ**」

わたしは笑いながら頬を赤らめた。そうよ、ほんとに13歳。ある日の午後、キンバリーの部屋で彼にキスされ、夢みたいな気分だった。**わたしを**選んでくれた。映画で見てきた通りのことが起こった。

町で過ごす最後の夜は、映画のようにはいかなかった。わたしたちはパーティーにいき、酒を数杯飲み、徐々に複雑な事態になった。

このあとに続くのは、その後何年も数え切れないほど反芻してきたストーリーだ。その意味と格闘し、ニュアンスを書き換え、記憶から消そうとした。でも、こうして25年たって初めて、腰をすえ自分の話に耳を傾けた。


みんなで、ある空き家のアパートにいたの。家具もなにもなかった。椅子はあった。ビーンバッグチェアが一つ。あと、折りたたみ椅子が数脚。ブラッドといっしょにベッドルームにいった。わたし、ドアを閉めるのを忘れちゃって。しばらく話をするだけと思ってたんだけど、部屋に入ってすぐ、彼にシャツを脱がされたの。彼が靴を脱ごうと床にかがんで、そのときドアが開いてるって気づいたのかな。出ていこうとしてるんだと思った。それで、どうしよう、わたしなにやらかしたんだろう？ わたしの足くさいの？ って。

（ジェニファーが笑う。）

で、彼がドアを閉めて、「あ、ごめんなさい」って言ったら、彼が「大丈夫だよ」って靴を脱いだ。自分がどうやってズボンを脱いだかわからない。いまも思い出せない。どういうわけか、わたしは床に寝てたの。どんな流れで寝ることになったのか、それもわからない。彼がわたしの下着を脱がせて、自分の下着も脱いだ。上に乗っかってきて、しようとしてたんだけど、とにかくすごく痛かった。鼻の穴にボウリングのボールを詰めるみたいな。体感としてのたとえで。つまり、めちゃくちゃ痛いってこと。自分の息が、すごくすごく荒くなった。それに声も出てきて、静かにしてって言われた。いや、静かにしてとは言われなかった。「しーっ」って言われた。それでも、完全には静かにできなかった。だって、アレしてるときに「あーいい。気持ちいい、ほんといい」って言うだけじゃまずいでしょ。要は「しーっ、静かに」って言われても、わたしは「痛い」って。彼が「わかってる。ごめん」って言うから、「わからないでしょ。あなたには一生わからない」って。

　でも彼、うまく勃(た)たなかったの。わたしのせいなのか、彼のせいなのか、インポなのかわからない。とにかく十分硬くならなくて、かわりに手でやってあげたら気に入ったみたい。彼がまたやろうとしたんだけど、わたしはできなかった。物理的に無理だったって意味じゃなくて、まず最初に痛いでしょ。それに彼が避妊具をもってなくて、妊娠したくなかったし、彼だってエイズとかなにかかもしれない。いや、エイズじゃないってわかってる。でも、そんなに早くすませたくなかったの。

　だから、彼は一度もイかなかった。一度も奥まで挿(い)れなかったし、そのあとフェラチオしてって頼まれて、最初は断ったの。でもしつこく頼まれたら、かわいそうにこの人今夜はできないんだな、少しぐらいやってやるかって思って。だからしてあげたんだけど、めちゃくちゃ気持ち悪かった。吐きそうだった。「あー、すごく楽しい」って言いながら、ほんとはオエーッだった。

それから、ふたりで起き上がって服を着たの。わたしは部屋を出たんだけど、靴を忘れちゃって。部屋に戻ったとき、彼がキスしてくれてうれしかった。だって、彼がなにも後悔してないんだって感じたから。また部屋を出て、それ以来彼を見てないし、どうしてるかも知らない。これ、誰が聞いてもつまんないに決まってるし、このテープもほとんど終わっちゃう。

録音されていたこの告白の意味を、わたしは一生かけても解き明かせないだろう。彼が勃起しなかったことや、わたしに静かにするよう言った部分、自分が床に寝ることになるまでの思い出せない大事な詳細についても。

あの部屋にいく前に、ワインクーラーを3杯飲んだ。ブラックアウトするほどじゃないけれど、火照(ほて)るような酔いを感じるには十分な量だ。酒の力に感謝したのを覚えている。さもなければ、緊張で口から心臓が飛び出していたはず。床に寝ながら、視界のなかで彼の裸の肩がいったりきたりし、頭のなかでは自分の絶叫する声が響き渡っていたのを覚えている。**わたし**

いま、セックスしてるの？

胸が締めつけられるのは最後のほう、彼にキスされたときだ。**だって、彼がなにも後悔してないんだって感じたから。**13歳のわたしがなにより心配していたのがこれだった。彼が後悔する相手にならずにすんだって。

強姦罪が法律で定められたのにはいくつか根拠がある。その一つは、18歳なら誰もいない暗い部屋でなにをするか、13歳とはまったく違う考えが思い浮かぶからだ。でも、わたしは守られたくなんかない13歳の女の子だった。法律も世間のしきたりも関係ない。「人生最高の夏」を過ごす気まんまんだった。なにが起ころうと動じない女の子に見られたかった。なにもかも未経験な自分を、彼に知られたくなかった。クールに振る舞いたかった。

家に帰ると、下着に血がついていた。それから何年も、自分は処女を失ったのか、自分は同意したのか考えた。なにがあって、自分があのパリのホテルの部屋にいたのか、なんで自分の部屋にジョンソンを入れたのか、何年も考え続けたのと同じように。

あれはレイプだった？　そうは思わないけれど、いまだにどう受け止めたらいいか戸惑う自分もいる。違った見方をする人もいるだろう。でも、人には自分の経験に意味をあたえるすばらしい才能がある。わたしにとって、あれは性的に未熟だった頃の無様で不器用なエピソードであり、たくさんの教訓が込められていた。特に重要に思えるのは、他人の感情のために自分の感情をどれだけ押し殺していたか。彼の快楽が、わたしの快楽よりも重要だった。彼の後悔が、わたしの後悔よりも重要だった。それは、自分が何年も繰り返したパターンだった。そして、そうするときいつもそこに酒があった。

酒をやめて3年たった頃、ダラス・フォートワース国際空港からニューヨークに向かう飛行機に乗っていた。となりの席の青年は23歳だった。徹夜明けでしわくちゃの服を着て、ぐったり疲れていた。わたしの横にへたり込み、ほしいものはどうやっても手に入れる少年みたいな笑みを横顔に浮かべていた。「ニューヨークに引っ越すんだ」。彼は言った。「いったことある?」

「あるわよ」。答えはそこまでにとどめた。

彼が引っ越すのは俳優になるためだった。**あら、かわいそう。道を間違えちゃったね。**そう思ったけれど、口にはしなかった。かわりに、うまくいくと信じて挑戦することについて語り合った。彼が好きな俳優、デンゼルについて語り合った。わたしは、もうほかの人たちがさんざんしたように、彼に失望する覚悟をもたせようとした。名声で成功をはかろうとしてはダメ。この経験からなにかを学んで。

早朝の便で、周囲の人たちは座席に頭をもたれさせ、目を閉じ口を開けていたので、わたしたちは先生の後ろでひそひそ話すふたりの子どものようだった。すっかり話し込んで、3時間半のフライトが30分のように感じた。彼がわたしのひざに触れているのはずっと気づいていた。
もうすぐ40歳だった。わたしが過ぎた歳月の片隅でくたびれきっていたのに対し、同年代の男たちの大半が、まだ垂れていない魅力的な尻やおっぱいを追いかけていた。わたしは若い男を求めてはいなかったけれど、それでも彼らの目には留まるらしく、不思議に思った。わたしがいまのところ真剣な付き合いに興味ないと察したのかもしれない。もしくは、自分の強さを知っている、年季の入った手が気に入ったのかもしれない。わたしはもう、ほかの誰かになろうとするのをやめていた。

「マイル・ハイ・クラブ［飛行機内で性行為をおこなうこと］ってほんとにあると思う？」彼がいぶかしげに聞いた。

「ないことを祈るわ」。わたしは返した。「飛行機のトイレでヤルなんてぞっとする」

彼が鼻にシワをよせて言った。「うん、そうだよね」

到着したけれど、ふたりともまだお別れする気分じゃなかった。彼のニューヨーク初日で、まだ午前11時。つまり、別れる前にスプレーで街に落書きする時間はあった。ミュージシャンやライターがよく滞在するミッドタウンのエースホテルまでタクシー代を払い、ダウンタウンの魅力と活気が充満したレストランでランチをご馳走した。「一生忘れないネタを提供してくれるね」。彼が言い、わたしは微笑んだ。それはお互いさまだ。

ロビーのソファーにいっしょに座り込み、彼のひざに脚を乗せた。まわりでは知らない人たちがヘッドフォンを着け、ノートパソコンにかじりついていた。わたしたちに気づいてるかな？　なんか目に留まったかな？　彼がわたしのひたいにかかる髪をいじった。彼のひざに乗せたわたしの手の指をなぞった。手をつなぐだけで、こんなにも新鮮な驚きを味わえるなんて知ってた？　あまりに日常的で、あまりに自然な仕草だ。でも、二つの手がかろうじて触れているだけで、まるで空を飛んでいるような心地になる。

それから彼にキスされた。このたくさんの人たちの前で。恥ずかしくはなかった。彼らはツイッター（現X）やフェイスブックに忙しくて、それどころじゃなかったから。「クレジットカードを使って、いますぐ上の階に連れていきたい」。そう言う彼のかわいい顔を、微笑みながらなでた。こんなに遠くまで彼を連れてくることになったその顔を。そして言った。「今回はなしね」

彼はどさりとソファーにもたれかかった。「じゃあ、これでおしまい？　もういっちゃうの？」

わたしは笑顔をうかべた。その通り。そろそろいくつもりだった。電話番号を教え、いつか助けが必要になったときは連絡するよう言った。そして、とてもすがすがしい気分でにぎわう歩道に向かって歩き出した。

ようやくパーティーを切り上げるタイミングを覚えた、気持ちのいい日だった。

11 パワフルなバラード

酒をやめた人は、自分の力が消えてしまうと恐れるようになる。酒が、なりたい自分にしてくれると信じている。いい母親。いい恋人。いい友人。アルコールはなんとも強引なセールスマンで、そのいちばん巧みな嘘は、わたしたちに必要だと思わせるところだろう。本当は、わたしたちをめちゃくちゃにしているのに。

わたしは、書くために酒が必要だった。少なくとも自分ではそう信じていた。ほかの人たちが酒なしでどうやって書くのか、まったくわからなかった。酒なしでどうやってビルを建設しているのか、酒なしでどうやって時計を組み立てているのか考えるのと、ちょっとばかり似ている。たいていは酒抜きで行われているとわかってはいても、わたし自身はやったことがなかった。

何年も前にダラスの新聞社で働いていたときは、よくバーでほかのライターたちと張り合いながら、決め文句を練った。ほとんどのライターは生まれつき自信がないけれど、こうしている時間は自分のなかに、なにごとにも屈しない力を感じた。音楽、政治、シリアルコンマの使い方について仲間と口論しても、酒について意見が対立したことはなかった。

ライターは飲む。それがわたしたちの仕事だ。この認識が、ある種の言動は許される資格を得たみたいに、自滅的な行為は生まれ持っての特権みたいに、自分を特別に感じさせてくれた。それに、バーにいるとプロとして仕事をしている気分になれた。仕事のはずが、シットコム『セイブド・バイ・ザ・ベル』の功績について議論していたとしても。

実際に書くより、書くことについて話す方がずっと好きだった。書くというのは、レンガの山を部屋の隅から反対の隅に移すような、言葉では言い表せないほど退屈で骨の折れる作業だ。書くことについて話すのは楽しかった。そこにあるのは可能性だけだった。**あのネタ、バーで話し合おう！　例のトンデモ男の件、何杯か引っかけながら話し合ってアイデア出そう。**そうして2時間過ぎても、手直しするはずだった記事について、誰も口を開いていないと気づいた重苦しい瞬間、目の前に完璧な解決策があった。罪悪感を消す、おかわりの1杯。

酒は、集団で共有する先延ばしツールというだけではなかった。ひとりで集中しなければならないとき、それを自宅にもち帰ると、言葉がページにあふれ出た。書くというのは孤独な仕事だ。誰だって、ひとりぼっちで暗闇のなかを歩きたくない。

アルコールには、創造性を解き放つ力があった。自分の内にある批判の声をしずめてくれた。わたしを大きくも小さくも感じさせてくれて、書くときはその両方の幻想「みんながわたしの記事を読む」「こんな記事きっと誰も読まない」が必要だった。二日酔いで書くのもお手の物で、あまりに疲れて自分と議論するのも面倒なときは、言葉がページに転がり出てくるままにした。

　仕事で酒の瓶が空になり不安になったときは、あの魔法の言葉を自分に言い聞かせた。**ライターは飲む。**それがわたしたちの仕事だ。記事が満足に完成するかぎり、ずっとこの言葉に頼って前進できる。

　でも、そのエネルギーは進む向きを変えた。習慣による消耗と時間の浪費は、見逃せないほどふくらんだ。もはや、わたしは酒の問題を抱えたライターではなかった。かつてアイルランド人作家のブレンダン・ビーハンが言ったように、「執筆の問題を抱えた酒飲み」になっていた。どちらかを手放す必要があるとき、執筆と酒がこれほどからまり合っているなら、その両方を諦めるべきだろうと思った。

　とはいえ、わたしだって酒を飲まずに書いていた時期が確かにあった。幼少期だ。子どもは想像力をあやつる名人であり、わたしも幼い頃は一日中なにかしら書きつらねていた。子どもは他人の目や評価を恐れて躊躇したりしない。プロとしての挫折や、読者の無関心、同僚の批判、ツイッターの中傷コメント、見知らぬ人の嘲笑に向き合う必要もない。自分が創作したどんな絵も平等に大切で、どんな物語にも価値がある、そんな青々とした草原をスキップしながら進む。一方で、現代のインターネット媒体に執筆するライターは、見知らぬ男がタンブラーのアカウントから攻撃してくるような、敵だらけの陣地を横断している。

たぶん、わたしは自分の創造性を刺激するためでなく、感受性を鈍らせるために酒を利用していたのだと思う。わたしには手をにぎってくれる人が必要だった。

酒をやめてから、半年ほど書かなかった。あまりにも神経が過敏になっていた。かわりにその時間を《サロン》のパーソナルエッセイの編集に費やした。ごく普通の人たちが自分の身に起こった驚くべき出来事を伝えるその物語を、わたしは夢中で読んだ。理想の男性と出会ったその日に、彼が動脈瘤(りゅう)で息を引き取るのを看取った女性。ハイチの地震で瓦礫の下敷きになった女性。彼女は助かったけれど、その家の別の女性は亡くなった。人生とはなんと信じがたいことが起こり得るのか、圧倒された。

こうしたストーリーは、わたしの背中を押してくれると同時に、ライターとしての嫉妬心にも火をつけた。これは必ずしも悪いことじゃない。嫉妬は、自分が求めるものを示す矢印にもなる。もっとたくさん読むにつれて、ますます思うようになった。わたしにもできる。心が晴れるかもしれない。彼女たちに続くべきだ。

断酒して初めて書いたエッセイは、酒をやめることについてだった。逆戻りの癖がある人間にとっての保険みたいな感じだった。記録に残したかった。また戻らないよう、おおやけに恥をかいて覚悟を固めたかった。簡単に書けるストーリーではなかったけれど、そこまでつらくもなかった。書き上げた文章は自分らしく感じた。わたしの記憶のなかにあるわたしだった。

記事が掲載されると、敬愛するライターたちが優しい言葉をかけてくれたのに対し、コメント欄では知らない人たちから生ぬるい小便をかけられた。それでも、このインターネット上の悪意は自分のせいじゃないと気づきはじめた。それは、ありふれたさまざまな無力感から生まれた副産物だった。そうした人たちのひとりに語りかけると、たいていは同じような返事があった。**あぁ、どうせ誰も読んでないと思ったんだ。**これこそが、彼らが怒っている本当の原因だ。

わたしは書き続けた。朝6時半に起きて、まず4時間書くようになった。ぐずぐず先延ばしにするのはなし。部屋の模様替えもなし。ただ起きて、じっと集中する。書くのは決して簡単ではなかったけれど、**前より楽**になった。噴き出すのを待ち続ける間欠泉ではなく、自分で出したり止めたりできる蛇口のようになった。

クリエイティブなものを生み出す過程には、不思議な力や魔法が欠かせないと考えがちだけれど、いちばん大切なのはかなり基本的なことだ。レンガの山を部屋の隅から反対の隅に移すには、胆力が必要。時間、訓練、忍耐も。

ライターは書く。それがわたしたちの仕事だ。

スティーヴン・キングは、回顧録であり創作の指南書でもある『書くことについて』のなかで「クリエイティブな試みと向精神薬が密接な関係にあるというのは、わたしたちの時代の知的活動における通俗的な神話の一つである」と書いた。キングはわたしが憧れる、依存症になった多くのヒーローのひとりだ。ビールを浴びるように飲んでいた彼は、小説『クージョ』

を書いたときの記憶はほとんどないと認めている。

自分がいちばん飲みまくっていた頃に書いた記事を読んでも、出来が悪いとは思わない。とはいえ、アルコールが関与しているその頻度に、やや愕然とする。バーで行われたインタビュー。一貫して酒について展開する語り。二日酔いやブラックアウトについてのふざけた余談。ほとんどすべての記事のかたわらに、ビールやワインのグラスがある。映画やドラマにこっそり挿入されたプロダクト・プレイスメントみたいに。

音楽教師をしている友人は、マリファナのおかげではじめて音楽の神髄に触れたと語る。「でも、マリファナを吸いすぎると……」。彼は言った。「ハイになったジャマイカ人の境地に入る。ぜんぶの音楽がレゲエに聞こえるんだ」。アルコールやドラッグで創造性が高まっても、それは長く続かない。学んだり、注意を向ける努力をやめてしまう。

作家ヘンリー・ジェイムズは「なに一つ失うことのない人間を目指せ」と書いた。この言葉は、1994年に回顧録『ドリンキング・ライフ』を出版した作家ピート・ハミルがインタビューで引用したときに知った。ハミルは昔気質の新聞記者で、戦後のアメリカで好きなだけ乾杯しながら青春を謳歌し、酒で自分のアイデンティティーを確立した。それでも結局は、仕事に支障をきたすと断酒した。

わたしの仕事にも支障をきたした。飲んであまりにもたくさんのものを失った。昨日の夜になにをしたか、なにを言われたか。観察者の立場を放棄し、度を超えた当事者になった。いまだに自己紹介しては、素っ気ない言葉を返される。「もう4回くらい会ってますよ」。記憶は歳をとるにつれ薄れていく。みずから衰えを加速させる必要が本当にあったのか？

優れたライターが酒を飲まないとは言わない。もちろん彼らだって飲むし、わたしもそのひとりだったらよかったのにと、きっと一生恨めしがるだろう自分がいる。

ときどき、酒の力を借りて書く女性の記事を読む。彼女たちの語り口は官能的だ。なにものにも縛られないで書く人特有の、酔わせるようなリズムがある。そうした記事に、わたしのなかにあるネガティブな嫉妬心が刺激され、つい思ってしまう。ドラッグをやるべきかも。また酒を飲むべきかも。なんで彼女にはできて、わたしにはできないの？

わたしの嫉妬心は、ほかの子のおもちゃをほしがるのと同じ幼稚な衝動だ。本当の問題は、自分の才能は不完全だといまだに恐れていること。これは酒を飲むライターだけが抱える問題じゃない。酒飲みだろうとライターだろうと抱える問題、それだけの話だ。わたしたちは自分が何者であれ、十分な能力がないという絶え間ない恐怖に苦しんでいる。

ネガティブな嫉妬をあまりにも長いあいだこじらせていると、心がゆれ動きはじめる。そうなると、紙吹雪が舞うなかで味わうシャンパンのグラスや、金属のシェーカーでマティーニをシャカシャカさせる音に引きよせられる。才能は、飲んだり注がれたりして得られるものと信じ込ませる、なんと強力なおまじないか。

あるとき、トニ・モリスンのインタビューを読んだ。彼女はドラッグで混乱していたニュー・ジャーナリズムの時代に文壇に仲間入りしたけれど、自身は決してその波に乗らなかった。「わたしは自分が感じるものを感じたい」。彼女は言った。「たとえそれが幸せでなかろうと」

これこそが本当の強さだ。自分のなかにあるものを求めること。ほかの誰かがもっているものではなく。

酒をやめて約3年たった頃、長年やりたいと口にしていたギターを習いはじめた。プロフィール欄に「サラ・ヘポラはギターを学びたいと考えている」と、まるでオリュンポス山からさずかる特殊能力のように書いてきた。友人のメアリーから買ったアコースティックギターを、寝室に隠したままだった。酒で漂流していた長いあいだ、なんでこれを行動に移さなかったのか、ようやく理解した。とんでもなく難しかったのだ。

弦をつま弾くのは簡単に見えるが、最初はぎこちなく、身体的にも楽ではなかった。ちょっとしたコードを弾くのに、指の力を調整するだけでも何時間もかかった。

「わたしの手ってどこかおかしいんだと思う」。町でも指折りのギタリストである先生に言った。そんなことない、きみの手は問題ないと彼は元気づけてくれた。それくらい、ギターを習得するのは難しかった。

「わたしの手って小さすぎると思わない？」

「ぼくは8歳の女の子たちにも教えてるんだ」。彼は言った。「きみの手は普通だよ」

でも、8歳の女の子たちは、中年の初心者のように屈辱で身もだえすることはないだろう。

わたしは、自分の邪魔をするおなじみの自意識と完璧主義に直面していた。このせいで、エクアドルではスペイン語を話せず、酒なしでは大勢のなかで踊れず、これまでの人生でずっと殻に閉じこもってきた。自分がつまらない人間だと感じるのは耐えられなかった。

「難しいことに片っ端から挑んで、そのぜんぶで勝とうと思うのが間違いなんだよ」。友だちに言われた。「そう、その通り！」病名がわかって心から感謝しているみたいに返した。酒を飲むと、そうした短気で必要以上に堂々と振る舞おうとする気質に拍車がかかった。

依存症は、地道な努力とは真逆だった。いまはもうこつこつ頑張るしかない。飲んで心配を吹き飛ばし、退屈をまぎらわしていたわたしは、新たに忍耐力を身につける必要があった。不安を受け入れる、挫折を受け入れる、失敗を受け入れる。そうすることで強くなれるから。勝てる試合しか挑戦しない人間にはなりたくなかった。

初めて一曲通して演奏できたのは、ガンズ・アンド・ローゼズの「スウィート・チャイルド・オブ・マイン」。拳で空を突き破ったような気分だった。その日は仕事をサボり、携帯電話の電源も切った。自分のベッドに座り、あの曲を何度も繰り返し弾いた。手がしびれ、指先に線路のような赤紫色の筋ができるまで。

一点の曇りもないこの晴れやかな気持ちを、演奏への不安で汚したくなかった。翌週のレッスンで、先生に話を続けさせながら、質問を浴びせかけ、演奏する時間がなくなればいいと思った。30分たって言われた。「よし、じゃあ聴いてみようか」

じゃあ聴いてみようか、その言葉が引き起こす痛み。のどが詰まり、弾きたいのに弾けない人になる。マイクをにぎりたいのに、前に踏み出せない。心の内に語りたいストーリーがあるのに、なんとか紡ぎ出そうという度胸がない。わたしは表現することに大きな問題を抱えていた。誰にも聞かれたくないのに、口を閉じられない人のようだった。もっと正確には、**みんなに**聞いてほしいけれど、それはわたしが望む形に限定されていた。指示通りに耳を傾ける人などいないのだから、叶うわけもない願望だった。

曲を演奏するあいだ手が震えたけれど、自転車のサドルをそっと支える父親みたいに、先生もいっしょに弾いてくれた。いっしょに歌い、ときにはハーモニーに分かれ、演奏し終えると彼は言った。「きみは才能あるよ」。みんなに言っていたんだろうけれど、うれしかった。

「これって、わたしには持ち運びできるカラオケマシンみたい」。ドレッドノート［アコースティックギターのなかでも一般的なボディの形状］の光沢にそって手をすべらせながら言った。

「かっこいいじゃないか」

「いいギタリストにはなれないだろうな」

「そんなのわからないよ」

大切なのは、わたしがやりたいと思ったなにかを口先だけでなく、行動に移していることだった。しばらくすると、心落ち着く自分の寝室で、わたしの指はそのコツをつかみはじめた。ときには弦を見ずともコードを弾けた。恐れずに挑戦してみるという、信仰みたいなものを築きつつあった。こんな気持ちでいると、時計に一度も目をやることなく3時間がたち、午後はあっという間に過ぎた。

時間が消えるのは必ずしも怖くないと気づき、うれしかった。自然な高揚感で消えるときもあった。

ライターはみな酒を飲むと思っていたなんて、とんでもない話だ。断酒すると、もう飲まないと決めた人や、そもそも飲まない人がどれだけたくさんいるかわかる。これは、クリエイティブな仕事に共通する真実だ。ハリウッドに石を投げれば、酒断ちした人に当たる。ロックスターも、コメディアンも、ビジュアルアーティストも、長く続けるためには断酒の道を進むべきだと学ぶ。タブロイド紙の読者なら誰でも知っているように、ある種のＡＡの部屋は《ヴァニティ・フェア》誌のパーティーに足を踏み入れる感じでもあり、わたしの名声への幻想を打ち砕いてくれた。

わたしはセレブが大好きな子どもだった。マイケル・ジャクソン、ホイットニー・ヒューストン、リヴァー・フェニックス、みんなわたしのアイドルだった。若い頃は、有名になるためなら指先に触れるどんなものでもつかもうと、あまりに多くの時間を費やした。でも、より良い人生を求めて奮闘しているとき、名声は壊れやすい武器に過ぎない。あのＡＡの部屋は、有名人とそうでない人に分けられていなかった。同じ治療のために集まった人というだけだった。

断酒は、自分のなかにいる偽物の預言者たちを追い出してくれた。アルコール。ほかの人たちからの承認。美化されたロマンティックな恋愛。じゃあ、今度はなにを信仰すればいい？正直なところ、その答えを探すことに興味はなかったけれど、脇へ押しやっても自然と目の前に戻ってくる一つの言葉があった。**神**だ。

居心地の悪い言葉だった。多くの人たちと同様、わたしがＡＡに抵抗した理由の一つは、そこで使われる「自分を超越した力」という言葉だった。もっとハードルを低くした「自分が理解する神」という言葉でさえ、神の要素が濃すぎた。わたしは保守的なキリスト教信者に囲まれて育ったけれど、彼らは必ずしも慈悲深くはなかった。伝統的な宗教の、**自分は天国にいくけど、おまえは無理**みたいな、勝者がすべてを手に入れるという常軌を逸した精神に戸惑いを覚えた。宗教は大衆にとってのアヘンだと大学で学んだ。神とは自力で人生をコントロールできない弱い人たちのもので、実はわたしこそが人生をコントロールできない弱い人間であり、たぶんあらゆる助けを受け入れるべきと気づくまで長い時間がかかった。「自分を超越した力」という考え方に、徐々に馴染んでいった。断酒がそうだったように、一足飛びの渾身のジャンプではなく、確かめながら少しずつ進んで距離を縮めた。ストーリーを語ることに似ていると何度も感じた。そこには、わたしより大きな力があった。誰かのストーリーに耳を傾けるとき、痛みを抱えた人と目を合わせるとき、自分の悲しみから抜け出て、説明できない超常的な力で相手とつながっているように感じた。わたしを超越した力。それこそ、わたしの求めていたものじゃなかった？

自分がひとりじゃないと気づく必要があった。自分がすべて采配をとれるわけじゃないと気づく必要があった。人間の命とはごく小さく、同時に人間の美しさは壮大だと気づく必要があった。わたしは大きくもあり、小さくもあるのだと。

いまは頭上に輝く本物のスターを崇拝している。アナはテキサス西部に住んでいて、そこは夜空が電光のように輝く。彼女の裏庭のテラスは、わたしが初めて「星いっぱいのドーム」というフレーズに納得した場所だ。自分のまわりを星が囲み、地球の曲線を感じられる。その宇宙に5センチだけ近づくため、いつも最後につま先立ちになる。

わたしのスピリチュアルな人生は、まだはじまったばかりだ。でも、それが必要だとわかったのが、天からあたえられた重要なメッセージだった。友だちの多くは無神論者だ。わたしたちは信仰についてあまり話さないし、あえて自分から聞かないけれど、彼女たちの姿勢は組織化された宗教や、神の名のもとに行われた大きな過ち、聖書が暴力や欲、偏見の道具にされたことにたいする、知的アレルギーからきているのだと思う。彼女たちを批判する気はない。でも、信仰を盲信か全否定かの二択しかないように考えるのは残念だと思う。どちらのゆるぎなさにも、やや恐怖を感じる。この問いの答えは誰にもわからない。どうやってわたしたちはここにたどり着いたのか、わたしたちはなにをしているのか。そこには大いなるブラックアウトがある。

神が存在しようとしまいと、わたしたちは彼を必要としている。人間は神の形をした穴と、それを補おうとする願い、切望をもって生まれる。穴をどう埋めるかは、自分で決められる。デヴィッド・フォスター・ウォレスがケニオン大学の卒業式で披露したスピーチは、教会にいくことに二の足を踏む人たちに向けた説教のようだ。

大人になり、塹壕(ざんごう)で生き抜く日々の暮らしのなかに、無神論なんてものは実のところ存在しません。信仰しないなんてあり得ないのです。誰もが崇拝しています。わたしたちにあたえられた唯一の選択肢は、なにに祈りを捧げるか。イエス・キリストでもアラーでも、ヤハウェでもウィッカの地母神でも四諦でも、なにかしらの絶対的な倫理原則でもいい。

神のようなもの、もしくはスピリチュアルなものを選んで崇拝する最大の理由は、そのほかのほとんどは崇拝するうち餌食にされてしまうからです。

わたしは酒を崇拝し、それはわたしの精魂を吸い尽くした。セレブと、外部からの承認システムを崇拝し、それはわたしをぼろぼろにした。自分以外の人間を崇拝する行為は、自分を失敗に導いているようなものだ。人間は誰でも生まれつき欠点があるのだから。わたしはかつてデヴィッド・フォスター・ウォレスを崇拝した。ある意味では、いまもそれは変わらない。彼の自死は、この世のどんな知識や才能をもってしても、首を吊ろうとする縄から手を離すことはできないという戒めの一つと言える。

わたしは、安らぎをあたえてくれるものをできるかぎり探している。音楽。昔からの友人。日が昇る前から指先で紡ぎ出す言葉。誰もいない部屋でつまびくギター。色を変える木々が、教えてくれる。わたしは天高くそびえるセコイアではないけれど、地面に重なる葉の一枚なのだと。わたしは毎朝ひざまずき、自分の想像を超えた未知なるものに頭を垂れ、感謝を捧げる。誰に届いているのか？　それはわからない。でも、わたしはそうする。

12 ここがわたしの場所

わたしの猫は、死ぬ数か月前からクローゼットで寝るようになった。家のなかを探すと、隅のジャケットの下、ブーツの後ろから緑の目がじっとこちらを見ていた。どうしてそこを、自分を傷つけるものから遠く離れた場所を選んだか、その気持ちが手に取るほどわかった。ある夜、ベッドの掛け布団をもっていき、そばにいるよと伝えるため、彼のとなりに添い寝した。こうするたび、彼はすぐさま下の階に逃げ出し、ソファーの陰に隠れた。なんでわたしは、「ひとりになりたい」の合図がわからなかったんだろう？

彼の命が残りわずかという事実に、わたしはすっかり動揺していた。酒をやめてから自分が味わう、いちばんショックな別れになると覚悟していた。これから訪れる深い悲しみを心配した。彼を失ったら、どうやって気持ちを立て直せばいいのか。しかし、心配すること自体にも難点がある――そうするだけでは、実は**なにも**解決しない。

彼の顔の片側には、がんの腫瘍が広がっていた。片方の頬にナッツを隠したリスのようだった。毎朝、腫瘍の大きさを指で測った。ナッツがライムになり、野球のボールになった。お互いが眠りにつく前に、彼の目を見た。**そのときがきたら教えて。**そんなの無理だと重々わかっていながら言った。

ある日の午後、彼の鼻にキスすると、小さな顔の半分だけがゆがんだ。**なんかおかしい。**片手を彼の両目にかぶせると、左目が閉じなかった。どんよりと濁っていた。動物病院にいるジェニファーに電話すると、優しい声ですでにわかっていたことを告げられた。翌朝、青い手術着姿のジェニファーがうちにきて、寝室の床にあぐらをかいて座り、バッバの小さなオレンジ色の足に静脈注射の針を刺しながら、わたしのひざに抱かせてくれた。

「もうすぐだよ」。彼女が言った。「覚悟はできてる？」できていなかったけれど、覚悟する準備はできていた。

彼女が最初の注射器のピストンを押し込むと、彼はエンジンが止まるときのようにのどを鳴らした。体が腕のなかでぐったりした。２本目の注射のことは覚えていない。覚えているのは、ジェニファーが彼をのぞき込んで聴診器をあて、わたしと視線を合わせながら彼の旅立ちを知らせた場面だ。顔に触れる彼の体は温かかった。

現実の変化に、心が追いつかなかった。バッバをジェニファーの車まで運び、助手席に恐る恐る寝かせた。家のなかに戻りながら、涙があごからこぼれ落ちた。そのときなにより期待していたのは、階段のいちばん上で待っている彼の姿。この試練を乗り越える支えになってほしかった。

バッバを失った悲しみはとてつもなく大きかったけれど、決してこうは考えなかった。**飲めば楽になる。こんなつらい日にはなにが必要か、わかってるでしょ？　酒だよ。**アルコールは痛みを癒やすのではなく、ただ先延ばしにするだけだとようやく悟った。

いつからか、わたしは酒を求めなくなった。もう全然飲みたいと思わないわけじゃない。たまに飲みたくなる。でも、しがみつくようにどうしてもほしい気持ちはなくなった。ハッピーアワーの時間になっても、特に気づかない。泡の乗ったパイントグラスが、わたしに手招きすることもない。バーのネオン看板が点灯しても、そのまま目に映るだけ。美しい飾りだ。

こんなふうに変わるなんて、昔は不可能に思えた。クローゼットに隠れていたあの女は、自分の人生が終わったと悟り、いまや人工肺につながっていた。こちら側で生きる方がどれだけ楽か、あの頃わかっていればよかったのにと思う。

あまりにも長いあいだ、心配したり疑い続けるサイクルから抜け出せなかった。**わたしってアルコール中毒？　アルコール依存症って「病気」？　もしこれだったら、あれだったら、別のそれだったら？**　アルコール中毒者のなかでも、考えすぎる人がいちばん心身を消耗する。わたしは太陽に届きそうなくらい、涙でびちゃびちゃのティッシュを積み重ねてきたけれど、方程式はシンプルだ。酒をやめたら、人生が好転した。酒をやめたら、心が回復した。進化した人生は調和を求める。どこかで均衡を保つため、ときにはなにか一つを手放す必要がある。

ときどき、バーにいる女性たちを観察する。ワイングラスをもち、唇の濡れた曲線がいつまでもライトに照らされている彼女たちを観察する。カクテルナプキンみたいに小さなスカートに、高層ビルみたいに高いヒールを履いた彼女たちを見ていても、もう嫉妬しない。ある程度の年齢になると、自分のいる場所に満足できるというギフトが手に入るのかもしれない。あるいは、わたしにとっていまいる場所が、もっとずっと受け入れやすくなったのかもしれない。

知り合いの女性が、かつてライブでいつも最前列にいる女の子だったときの話を教えてくれた。スポットライトが主役を瞳に焼き付けるところまでかき分けて進み、スピーカーが体の内側で鳴り響いた。酒をやめると、あのエンジン全開だった自分がいなくなったけれど、そのうち彼女は気づいた。**断酒こそがエンジン全開の作業だ。**耳栓はない。安全確保の距離もない。すべてが最大音量。この世のあらゆる複雑な問題が、胸骨を振動させる。

AAにいくと、深い悲しみを抱えながら生きる人たちとの出会いに驚かされる。子どもを亡くした人、配偶者を亡くした人。自分がいかに世間知らずだったか思い知る。わたしが引きずっているのは、17歳の猫の死だ。

「もっと自分が強かったらいいのに」。友だちのメアリーにこぼした。

「そうね、強くはないよね」。彼女が言い、わたしは笑った。「といっても、強さって心構えだよ。サラにはもっと別のいいところがある。立ち直る力があるんだよ」

いまもほとんどの朝は、起きてバッバの不在に泣いてしまう。2階の窓を見上げるのがつらい。門を開け帰ってくると、そこに座りながら興奮した音を立てる彼はもういない。でも、ここからどうやり直せばいいかわかる。つまり、わたしは何度でも必要なだけやり直せる。人生でもっとも厳しい難関は、まだこれから先に待ちかまえていると十分覚悟している。少し不安を感じるのも確かだ。でも、心の準備はほぼできている。

酒を飲んで大人になった気がしていたなんて、思い返すとおかしな話だ。少女の頃、両親のキャビネットの棚からクリスタルのワイングラスをこっそり取り出し、その重みを自立心のように味わった。お茶会ではなく、カクテルパーティーの真似事をした。テレビのなかの華やかな大人たちがそうしていたからだ。でも、飲酒はわたしにとって思春期の延長だった。とんでもなく楽しくて、驚くほど複雑で、がんじがらめの感情を抱えた思春期だった。酒をやめることは、大人として初めて行動した選択だった。とっくの昔に成人した女が、ようやく大人になった。

毎年、アナのところに車で会いにいく。ダラスからテキサス西部の彼女の家まで、10時間かかるけれど苦にならない。タイヤが回転する音は、瞑想的なざわめきに聞こえる。延々と続く同じ動きが、思考を断ち切ってくれる。空には大草原が白く濁ったような青、夜の砂漠のような冷たい青と、さまざまな種類の青が広がっている。

車の中でポップソングを聴く。心地いい3分間の爆音は、どんなときも爽快感をあたえてくれる。わたしのホンダは、まるで移動可能な70年代のディスコだ。エレクトリック・ライト・オーケストラ、ビージーズ、クイーン。誰もいない道を走りながら、かつて酒にそうしたように、身をまかせて歌う。この星空のような気持ちを、どうにか人生の終わりまでもっていけないものかと思う。

アナとは20年、こんなふうに再会を繰り返してきた。20年、ハグして、ドライブの旅の報告をして、玄関までどっちが荷物を運ぶか礼儀正しく言い争ってきた。ソファーでとなり同士に座りながらも、お互いの距離を感じるたび、20年は上出来だと自分に言い聞かせる。

この数年のあいだにできたふたりの隔たりに、不安を覚えていた。2、3年前、アナを訪れたときに、彼女の車のなかで激しい口論になった。夜、町を貫く鉄道線路のところで急停車し、赤いランプを点滅させた有蓋貨車が猛スピードで目の前を通過した。わたしは苦々しさを込めた口調で言った。「独身でひとりぼっちで生きるのがどれだけ大変か、アナにはわかんないと思う」

すると彼女は、完璧に落ち着いた声で返した。「結婚して子どもがいるのがどれだけ大変か、サラにはわかんないと思う」

何年も距離ができた原因は、これに尽きる。踏み切りの白い棒が上がり、わたしたちは線路を渡った。

今回は違った再会にしたい。アナの生活が変化したのはわかっていたけれど、そのなかにまだわたしの居場所があると信じたい。彼女の家につながる砂利道に入る。おどけて踊るアナが車寄せに誘導し、わたしは車を停める。アリスが網戸の向こう側に立って、こっちを見ている。ニューヨークとはまったくかけ離れた世界だ。中庭には洗濯ロープがかかっていて、前庭には多肉植物のオコティーヨが伸びている。

「無事着いたね」。彼女が言い、わたしが微笑む。「着いたよ」

翌日の午後、赤い岩山のあいだを車で走り、天然プールを目指す。雄大な景色を見ていると、なんでみんな都会にいくのか不思議に思う。腹を割って話さなくちゃと気があせるけれど、アナとはそんな会話を20年積み上げてきた。たぶんいま必要なのは、もっと気楽な会話だ。だから、わたしたちは《ニューヨーカー》の最新号についておしゃべりする。映画について。窓の外に広がる風景について。変化にたいするお互いの考え方について。

最高の友だち。あまりにも長いあいだ、この言葉はわたしにとって心地よい音楽であり、所有をめぐる脅しでもあった。この言葉を、部屋に飾る毛皮のように大事にしてきた。これまでの人生のどんな局面にも、どんな時期にも、親友がいた。この言葉は愛情を表現するものだけれど、同時にわたしにとっては競争の意味も含んでいたように思う。そこには順位があり、わたしはいちばんになりたかった。いま、アナのいちばんの親友は、法的支援の事務所でいっしょに働く女性だ。ふたりはお互いの子どもの面倒を見て、双子のように気を許して遊ぶ子どもたちの姿にくすくす笑う。これこそまさに、かつてアナとわたしのあいだにあった親密さで、自分の座を奪われたことにときどき痛みを感じるけれど、彼女にはこのままがいいと心から思っている。

もう19歳の頃のような関係にはなれないとわかっている。わたしたちが19歳に戻ることなんてないんだから。それに、これはわたしが招いた結果でないこともわかっている。酒を飲んで大切なものを壊しまくってきたけれど、わたしたちの友情は決して壊れなかった。人生にはときどき、どこからともなく流れ着いてくる人がいて、そしてまた去っていく。本当の苦しみは、その別れとの格闘。潮の満ち引きを変えようとすれば、大量の海水を飲み込むハメになる。

天然プールに着き、アナとわたしは芝生にブランケットを敷き、パーフェクトじゃない体をお互いにさらけ出しながら寝そべる。わたしはいま書いている原稿について話し、彼女はモンテッソーリ教育を掲げるアリスの新しい幼稚園について話す。わたしたちはもう同じ言葉を話さないけれど、お互いに相手のボキャブラリーを学ぼうと努力している。

わたしに子どもが産まれたら、わたしたちの生活がもっと近づいて、若い頃のようにまた彼女がわたしのメンターになるのかなと考える。でもやっぱり、わたしが出産することは一生ないかもしれないし、それでもいいと思う。同世代のたくさんの女性たちが、母親になるかどうか悩み疲れ果てているけれど、この問題に関しては――少なくとも――わたしは完全に平静を保っている。この先どうなるかなんてわからない。まだエンディングまで読んでいない小説みたいだ。

日差しが照りつけ、裸の腹にたまった汗が流れ落ちる。ふたりで天然プールに向かい、つま先で水に触れる。電気が走るように冷たい。濁ったプールの中程に、短い飛び込み台が伸びている。わたしたちは子どものようにそこに立ち、背中を丸め、鳥肌を立てながら笑う。「先いって」。彼女をつつきながら言うと、「やだよ、先いって」。彼女が言う。けらけら笑っていると、彼女が真剣な顔をする。「わかった。先いってほしい？」わたしがうなずく。すると、これまでもずっとそうしてきたように、アナは台の上を一歩ずつ進み、先に飛び込む。


ある日曜の朝、母とコーヒーを飲んでいる。お互いにヨガウェアのまま、カフェの誰もいないテラスに座っている。いきなり母が言う。「お酒をやめられて、ほんとによかった」

母は長いあいだ、わたしの飲酒について多くを語らなかったけれど、いまはためらいなく言葉にし、わたしは居心地の悪い家にいる気分になる。そんなふうに言われると、自分が同じ場所で足踏みしているような、肩書きを付けられたような気になる。もう断酒して4年になる。いつになったらこのセリフとおさらばできるの？

母がそうした気持ちを口にしたくなるのもわかる。母は感情のままにしゃべる人だ。家族で夕食をとっている最中、わたしと兄に「お母さん、ほんとにお前たちを心底愛してるの」と口走る。「わかったから。で、そこのチキン取ってくれる?」と返事するしかない。ティーカップをじっと見る母の目が、考えに耽っている。「小さいときに、お母さんがもっとそばにいてあげたらよかった」。緑色の目に涙をにじませる。「お母さん、やめてよ」。重苦しい空気を振り払いながら言う。「いまのわたしが好きでしょ?」

うん、母がうなずく。

「そんなふうに謝らなきゃって思うほど、子育てに大失敗したと思ってるの?」

違う、母は頭を振る。自分の子どもを苦しみから守りたいという不可能な親の願いを、母は優しく説明しようとするけれど、わたしには理解できないかもしれない。過ちを背負って生きていくのはつらいと母は言う。もっといい母親だったらと後悔している。

それは理解できる。わたしたちはみんな、自分がそうなれたかもしれない人の影を引きずって生きている。娘として、あまりにも身勝手で無責任だったことを後悔している。どれだけたくさんのものを、当然のように受け取ってきたか。母が絶え間なくあたえてくれる心の栄養。父の経済的な献身とゆるぎないサポート。

いま、毎月父とランチをしている。わたしを育ててくれた頃の父とは別人だ。もっと力が抜けていて、面白くて、真剣で、すぐに笑う。いまも毎日、新聞を読む。夜のニュース番組を見る。父の頭のなかでは、わたしが思っていた以上にたくさんのことが飛び交っている。人はただ無口だからといって、なにも考えていないわけじゃない。

ある日の午後、わたしたちは酒の話になる。父は10年前に、持病の治療の妨げになると心配して酒をやめた。わたしが小さい頃はたいして飲んでいなかったけれど、大学生になる頃には、父の飲酒量はいつのまにか肘掛けイスに根を張った酔っ払いレベルに迫っていた。気づけばひと晩でボトルが空になっているときもあった。

父はあまりにも簡単に、泣き言も言わず酒をやめたので、たいした犠牲じゃなかったんだろうと思っていた。でも、父はそれを否定する。きつい経験だった。いまでもしょっちゅう酒が恋しくなると言う。「間違いなく、お父さんはアルコール依存体質だと思うよ」。そう話す父を見て、また思う。**あなたは誰？**

わたしが酒をやめてからの4年間、父からこんな言葉を聞いたことは一度もなかった。**アルコール依存体質。**自分の性格がどれだけ父譲りか、驚かされっぱなしだ。わたしの過剰な自意識、ユーモア、不安。見た目や話し方は母に似ているかもしれないけれど、同じくらい（少なくとも）この人からも受け継いでいる。父がまだわたしに話していないことはなんだろう？　誰も聞こうとしなかったせいで、ほかにどれだけのことを自分のなかに押しとどめてきたんだろう？　そして、わたしがそれを聞き出す時間は十分ある？

残り時間が限られているのはわかっている。母はあまりにもひんぱんに鍵をなくすし、しゃべっている途中でなんの話だったか忘れてしまう。父は脚の神経に問題があり、同じところに立ち続けているとバランスを崩す。ある夜、いっしょに列にならんでいると、父は脚の力が尽き、わたしの横でまるで撃たれたように地面にへたり込んだ。老化による影響は、飲みすぎによる影響と酷似していると気づかされる。バランスの喪失。意識の喪失。記憶の喪失。

何年も飲んで自分の機能を手放しておいて、そのあと何年もそれにすがりつこうとする。友人たちが親のアルツハイマー病の闘病について話すたびに、わたしには自分の言動がエコーする。**お父さん、すぐ全裸になっちゃうの。お母さん、暴言が止まらなくて。お父さん、意識が混濁してるみたい。**

人生は、ところどころに空白がある。記憶が体の外に出入りするトンネルを作っているみたいに。友人夫婦には2歳の娘がいる。うなり声をあげたり、ものをつかんだり、水玉模様のロンパースを着たちっちゃなパーティーアニマルで、酔った自分たちにあまりにも似ていると笑ってしまう。彼女はおしめのなかに手を突っ込んだり、クッキーをほしがる。チーズに指を入れて、唇にこすりつける。ちょっとでも音楽が聞こえると、すぐにダンスしはじめる。ほんとに踊るのが好きな子だ。円を描いて回る。幼い子どもらしい出っ張った自分の腹をたたく。片方の目を細め、舌を出す。こうするとなぜだかバランスが保てるというように。

この姿に、自分が飲んで取り戻そうとした自由を思い出す。誰の批判も関係ない夢のような場所で、わたしの欲求は満たされ、かんしゃくを起こして感情を爆発させることもできた。ようやく疲れ果てたら、誰かが腕のなかにそっと抱き上げ、安全なゆりかごにまた寝かせてくれた。

アルコール依存症にならないよう食い止めるものがあったのか、それとも酒に溺れるのはたんにわたしの運命だったのかわからない。これは、子どもをもつ友人たちが抱える疑問でもある。心配だからだ。我が子が酒を大量に飲んでいたとして、どうすればわかる？　自分はどうすべき？　悩み多き広漠とした世界のダムに空いた穴を、指で塞ごうとする親たちに、深く同情する。でも、大人になりたてのわたしを、底なしのピッチャーから引き離すため、両親になにができただろう。きっとわたしは、どんな手を使ってでもバーのスツールに腰かけていた。依存症は遺伝とカルチャー、二つの要因が関わり合っている。どちらのカードも、わたしを不利な状況に追い込んだ。それでも、そのカードを切ったのは自分だとわかっている。

アルコール依存症になる方程式は一つだけじゃない。相反する例をこれまでたくさん聞いてきた。厳しすぎた両親、ゆるすぎた両親。過干渉されて育った子ども、放任されて育った子ども。わたしが飲んだのは、酒が自分を救ってくれると信じたからだった。そして、この幻想に25年しがみついた。

どの世代も、反抗する手段を編み出すものだと思う。わたしの世代は酒を飲んだ。そのあとの世代の依存対象は薬だ。酒の陳列棚よ、さらば。薬の陳列棚よ、こんにちは。15歳でオキシコンチン錠を口に入れる子は、19歳になってヘロインを摂取することにたいしてビビったりしない。どちらも基本的に同じようなものだ。昔は、依存症は二つのグループに分かれると思っていた。酒を飲む方、こっちは大丈夫。その他ぜんぶ、こっちはダメ。いまなら、すべての依存症は同じ延長線上にあるとわかる。

でも、わたしはもう自分がアルコール依存症だと悲しんだり、恥ずかしく思ったりしない。どこかの親が冗談で、「うちの子がリハビリに入所するなんてことになりませんように」とか「うちの子がセラピーのお世話になるなんてことになりませんように」と軽口をたたくのを聞くと腹が立つ。その裏にある思いはわかる。わたしだって自分の子は幸せに、安全に育ってほしい。でも、そんな言い草は、助けを求める人は落伍者で、助けを必要としない人は成功者だという、間違った考えを人々に植え付ける。これは真実じゃない。わたしが知るなかでも、とても健康で優秀な人たちがリハビリとセラピーの両方に通っていた。そのどちらも都合よく避けてきた、心ないひどい連中も知っている。

人生のどん底を見た人たちと同じ部屋にいると、自分の家のように気持ちが落ち着く。アルコール依存症であることは、人生で最高の出来事の一つだと思えるようになった。あの苦しかった年月は、わたしを目覚めさせてくれた。手に入らないものに絶望するのをやめ、手にしているものを慈しむようになった。

２０１３年11月、またパリにいった。夜中2時過ぎに千鳥足で溝にハマり、もう二度とこないと誓いながら街を去ってから、7年がたっていた。典型的な酔っ払いの論理。悪いのはパリ、わたしじゃない。これが酒飲みのやることだ。扉を閉める。あの男を避ける。あのレストランにはもういかない。まっさらな台帳を探し出す。酒飲みが過去に振り回されるのは、それを受け入れるのを拒否するからだ。

過去に戻りたかった。できるかぎりのことを知りたかった。あの夜に起こった出来事の空白を埋められるのは、この世にふたりしかいない。そして、わたしにわかっている唯一の名前はジョンソンだった。

ふたたびあのホテルに足を踏み入れるのは、アルバムに貼ってある昔の写真に入るみたいだった。白い石材のぴかぴかの床。大きなガラス窓。鳥肌が立つような感覚。**ついにきた。**

「何年も前にここに泊まったんです」。カウンターの男性に言った。彼は若く親切で、完璧な英語を話した。「わたしが泊まった部屋の番号なんて、わかったりしないですよね?」

「大変申しわけありません」。彼は答えた。ホテルの経営者が変わり、そんな昔の宿泊者の記録は残っていなかった。

想定の範囲内だった。わたしのストーリーはほんの7年前が舞台だけれど、パリで起こった詳細を確かめようとするのは、カナの婚礼の水がめ［キリストが水を入れさせると、のちに水がワインに変わったとされる水がめ］を探すようなものだった。古いメールはホットメールから削除されていた。わたしに仕事をアサインした編集者は滞在先を記録しておらず、ホテルの名前も覚えていなかった。あの頃使っていたクレジットカードは何年も前に解約し、利用明細も見つからなかった。雑誌社の経理係が、昔の帳簿を調べれば領収書が見つかるかもしれないと言ったけれど、パスワードを知る人が休暇中だった。このテクノロジー全盛の時代、情報は永遠に——絶対的に正しい記録は背負うべき重荷のように——残ると言うけれど、どれだけ情報が消失しているかは誰も指摘しない。わたしたちの過去のひとかたまりが、ＨＴＭＬのコードのなかに忽然と消えることもある。

「コンシェルジュのデスクにジョンソンっていう男性がいたの」。わたしはその若い男性に言った。「彼はまだここで働いてる？」

ジョンソン……、ジョンソン……。彼は何人かの同僚に確認した。「ここにいる者たちは知らない名前ですね。わかりません」

だいぶ前に辞めたんだろうと思ったけれど、聞かずにはいられなかった。また会うのは怖かったけれど、彼の視点からのストーリーが知りたかった。わたしの声は彼にどんなふうに聞こえていたのか。わたしの顔はどう映っていたのか。7年前に一度、彼は連絡してきた。ニューヨークに戻って数日後、ステファニーの家で開かれたサンクスギビングの豪華なディナーパーティーにいったときで、電話の向こうにいる彼の声に、喉元を手で締め付けられたような感じがした。どうやって番号を手に入れたのかわからなかった。**あんた、なにしてくれて**

んの？　どういうつもりよ？　冷静になってから思い出した。あのとき自分で渡したんだった。「ジョンソンって男性を知ってる可能性のある人、このホテルでほかにいない？」カウンターの彼に聞いた。青年はひたいにシワをよせた。「朝番のコンシェルジュがおりまして」。彼が言った。「ここで25年働いてます。知ってるとしたら、彼でしょうね」

礼を言い、その日の残り時間はかつての足跡をたどりながら、自分のやらかした過去を振り返るツアーに出た。自分の記憶がかなり正しかったことに、ほっと胸をなで下ろした。いくつか間違っているところもあった。シーツは思ったよりざらざらしていた。ホテルの玄関は回転ドアで、プッシュボタンで開く自動ドアではなかった。

エッフェル塔に向かいながら、自分の記憶を試した。ここから2ブロック先に、クレープの屋台があるはず。この先の道がらせん状になって、舗装された通りにつながってるはず。このテストのいい成績に大喜びした。子どもの頃に得意だった、2枚のカードの裏に同じ絵柄が隠れているボードゲーム「メモリー」で遊んでいるみたいだった。そう、どの景色も自分が覚えていた通りだった。ブーツの下で弾ける砂利の音。コートのあいだをすり抜ける11月の冷たい風。正時になると、何千もの電球が一斉に点滅するエッフェル塔の輝き。人々がもらす感嘆の声。キス、肩車された子どもたち。あのときもそうだったし、いまもまさに目の前で起こっている。何度も、毎日繰り返されているのに、どうして自分がこんなに興奮したのかわからない。**ここにきたことある。これ覚えてる。**

これを覚えている。過去に引き戻されて、こんなに満たされた気持ちになるのはどうしてだろう。賢者はみないまを生きろと言う。大切なのはいま。訪れる一瞬一瞬と本気で向き合うべし。それなのに、わたしは記憶の回廊に連れ戻されるのが好きだ。昔住んでいたあの家。よくひとりで歩いたあの道。ライターはかつての自分、かつての人生の記念碑を建てる。わたしたちはつねに過去に戻り、どうにかしてそれを手中におさめ、欠けているパズルのピースを見つけてすべてを納得したいと思っているからだ。

翌朝、長年働くコンシェルジュのギョームと話すため早起きした。「夜番で働いていた男の人がいたんです」。わたしは言った。

事のあらましを、詳細はほぼすべて省いて説明するわたしに、ギョームは耳を傾けた。鼻筋のメガネを何度か押し上げた。「夜番ですか。彼らのことはそんなに詳しく知らないんです」。彼は言った。「ここはつねに人が入れ替わってますから」

「そうですよね」。わたしは言った。「ありがとうございました」。涙が出てきたのがバレる前に、そこを立ち去った。

なんで泣いていたのか。あのとき、どうして自分を恥ずかしく思ったのか。それはたぶん、あの男が自分の人生にどう関わったのか、都合よく編集する前のストーリーを自分がよくわかっていて、わたしたちの人生が交差して起こったことに、傷ついていたから。きっと、この旅は無駄だったと感じたから。見つけられない人を探して、こんなに遠くまできた。もしかすると、自分が立っている場所には、まだ触ると痛い思い出があったのかもしれない。7年前、同じ受付に立っていたときの気持ちを覚えている。どれだけ自分が打ちのめされていたか。

ホテルを出て、タクシーに乗り込んで空港に向かい、海を渡って、ようやく家に着いた。答えはもち帰れなかったけれど、過去に向き合った充足感はあった。ときにはそれこそが、前に進むために必要なものだ。


あと15分で午後8時になる。わたしはベンチに座っている。12歳の頃、よく口紅を盗んでいた安雑貨店の近くだ。艶やかな黒のチューブに入ったそれを、こっそりポケットにすべり込ませた。自分にはできるとわかったから。それに、あたえられたものだけでは満たされなかったから。安雑貨店はとっくになくなり、グルメバーガーのショップに変わった。そこで万引きができるのは店のオーナーくらいだ。トリュフのアイオリソースバーガー、12ドル。

通りの向こう側になんの表示もないドアがあり、なかの部屋には飲むためでなく、克服するために集まった人たちがいる。わたしはある若い女性と待ち合わせしている。彼女は、インターネットに掲載されたわたしの記事をいくつか読み、ある夜メールで連絡してきた。

「こんな状態でお目にかかってすみません」。彼女が言う。謝罪の言葉をならべ続ける。すっかり疲れ切っていることに。悲しみ、混乱していることに。泣いては謝り、自分といっしょに時間を費やさなければならないことに謝り、わたしは自分が**選んで**いっしょにいるのだと伝える。

彼女はその言葉を信じていないし、わたしは彼女を責めない。わたしだって、まわりの人たちに同じようなことを言われても、決して信じなかった。**はいはい、どうでもいいよ**、と思った。**わたしみたいにぶっ壊れたやつと、いっしょにいたいわけないじゃん。**

ＡＡにいくと、わたしたちのストーリーがどれだけ似通っているかわかる。これは文学や、科学や、宗教によって気づかされることと同じだ。わたしたちはみな――こんな思いをしている人はほかにいないと――自分の苦しみは特別だと信じたがる。でも、わたしたちの苦しみはありふれていて、それはありがたくもあり、忌まわしくもある。それはつまり、わたしたちは特別じゃないということだ。でも同時に、わたしたちはひとりじゃないという意味でもある。ＡＡで聞いたなかでも特に最高だったのは、誰かがもらした言葉だ。「お前がシマウマとヤッたなら、ほかのやつは2頭とヤッてるさ」。ＡＡに飾ってある標語の横にまだこれはないけれど、いつかならぶのを期待している。

彼女がひざの上でハンドバッグを引きよせる。人生にもやがかかっているみたいだと言う。自分が誰なのかわからないし、なにを求めているのかももはやわからない。彼女が話す身の上話は、特殊な事情で構成されてはいるけれど、ひな型自体は目新しいものじゃない。わたししたちは、自分が別人にしか見えなくなるところまでいき着く。彼女が泣き出し、また謝りながらティッシュを出そうとハンドバッグに手を入れる。

「わたしがやめたとき、どれだけ泣いたか見せてあげたかった」。わたしは言った。「あきれるほどの量よ」

「あなたにこんなふうだったときがあるなんて、とても信じられない」

彼女に説明しようとする。絶望、心細さ、めまぐるしい感情のアップダウン。わたしもかつて同じ場所にいた。彼女はじっと、わたしがなにか売りつけようとしているみたいにこちらを見る。

「ただ、あなたを見てて思うのは、自分が誰だかちゃんとわかってる」。彼女は言う。遅刻しそうだったわたしは、床から引ったくったスウェットパンツをはきノーメイクだ。ハリウッドスターみたいに本気を出した姿じゃない。でも、確かにわたしはもう、あれが足りない、これがほしいと、もがいて途方に暮れたりしない。

どうしてそうなったのか、正確にどれだけ時間がかかったのかわからない。でもある日、顔を上げると、ほかの人と同じくらい自分でも驚いたことに、なりたいと思える女性に近づきつつあると知った。

「わたしもいまのあなたとまったく同じ場所にいたの」。そう言いながら、涙がこみ上げてくる。「あまりにも長いこと、自分を見失ってた」。たとえ彼女が理解していないとしても、わたしを信じているのは伝わってくる。

彼女が酒をやめるかどうか、わたしにはわからない。予想もつかない。断酒の物語はどれもミステリーだ。わたしたちの誰も、自分の物語がどんな結末を迎えるのかわからない。

それでも、こうした会話はわたしにとってありがたい。悲しみから救い出してくれる。自分が役に立つと教えてくれる。忘れないようにしてくれる。どうやってここまできたか、どうやって抜け出したか。わたしはあまりにも長いあいだ、あまりにもたくさんのことを忘れていた。前の晩のことだけでなく、自分が誰なのか、どこに向かおうとしていたのかも。あんなことはもう繰り返さない。いま、わたしは思い出せる。

訳者あとがき

サラ・ヘポラ著の原書『Blackout: Remembering the Things I Drank to Forget』が出版されたのは2015年で、読書家で知られる俳優カット・デニングスが紹介していたSNSの投稿を見て、わたしはこの本を知った。飲み会で記憶をなくしては引っ越しや転職が頭をよぎっていたわたしは、読み進めるうち著者とのあいだにいくつもの共通点を見つけ、この本はわたしのなかで特別な一冊になった。

ヘポラは米テキサス州ダラスで実直な両親のもと育ち、80年代に演劇とポップミュージックとスティーヴン・キングに夢中な思春期を過ごした。男の子とダイエットへの関心がふくらんだ彼女が他の子たちと違ったのは、父のビールを味見した6歳の頃から酒に目覚めていたことだ。アルコールのふわふわとした心地よい陶酔に浸れば、自分が無敵になれる気がして、彼女はその魔法にすがるようになった。

ヘポラが初めてブラックアウト（飲酒時に記憶を失うこと）したのは11歳のとき。年上のいとこと行ったパーティーで、自分も仲間の輪に入りたくて浴びるほど飲んだ。容姿や才能が人気を左右する高校生のときは、親友たちに劣等感を抱きながらも、酒があれば心を開いて会話することができた。オースティンの大学に進学してからは、男の子たちと対等に飲むことで、彼らの恋人にはなれなくても一目置かれる存在になれた。大学卒業後、地元の週刊紙で働くようになったヘポラは、記者としての実力に不安がぬぐえず、酒の勢いをかりて原稿を書き始めた。酔ったレイ・チャールズみたいにキーボードを叩いて完成した記事は驚くほど評価され、飲んで書くことは会社公認の習慣になった。

ようやく恋人ができても、泥酔する姿を見せ続けては愛想を尽かされ、別れを告げられた。そうして31歳になり、ヘポラは昔からの夢だったニューヨークに行きフリーランスのライターとして再出発をはかるのだが、大都会で女ひとり生きていくには、酒というガソリンが必要だ。ブラックアウトして親友たちに迷惑をかけるたび、今度こそやめようと誓うのだが、数日後にはまた飲んでしまう。もっとひどい失敗をするまでは大丈夫、もしかしたらなにか決定的な出来事が自分を止めてくれるかもしれない、そう期待してずるずると酒との関係を続けてしまう。昨日の夜に自分がなにをやらかしたのか、なにを口走ったのか、確かめるのが怖くて自ら連絡を断ち、酒だけが唯一の味方だと思い込んでヘポラは自分の殻に閉じこもっていく。

本書のなかに、こんなくだりがある。

「酒はわたしを救ってくれた。孤独にとらわれていた子どもの頃は、逃げ出す方法を教えてくれた。自意識にがんじがらめになっていたティーンエイジャーの頃は、背中を押してくれた。自分の価値に自信をなくしていた若い頃は、勇気をあたえてくれた。途方に暮れたときは、道を示してくれた。その道は次の酒が待つ場所へ、どこへでも導いてくれる。わたしが手柄を上げたときは、いっしょに祝ってくれた。泣いたときは、慰めてくれた。そして、飲んで招いたすべてに苦しんでいるこの期におよんでなお、わたしの意識を飛ばしてくれた」（180頁）

ヘポラにとって、酒こそがいちばん自分に寄り添ってくれる恋人だった。同時に、彼女を絶望の淵に追いやったのも酒であり、不幸になるとわかっている相手となかなか別れられない彼女に、読んでいて苛立ちと共感が入り交じる複雑な気持ちになったのは確かだ。でも、順調にキャリアを積んだり、結婚したり、母になっていく親友たちを妬んでしまう自分の弱さや、愛されたいという渇望を正直に認め、書くことで飲まずにいられなかった原因と向き合った彼女は、勇敢なライターだと思う。

ヘポラが明かす酒の失敗談は、他人だからこそ爆笑できるけれど自分だったら消えてしまいたくなるようなエピソードから、とんでもない悲劇になる一歩手前だったと背筋が寒くなるものまで、映画のようにドラマティックだ。アルコール依存症には検査キットはなく、自分で診断を下すしかない。これをやれば確実に酒がやめられるという黄金ルールもない。だから、ヘポラは何度も逡巡する。ついに禁酒を決意した彼女は、重い腰を上げてアルコール依存症の自助グループの扉を叩くのだが、自分もそこにいる人たちと同じ病を抱えているのだと、最初はなかなか認めようとしない。かつて閉店まで一緒に飲み続けた仲間が、酒の量を器用に控えつつ落ち着いた家庭を築いているのを恨めしく思いながら、彼女は酒の代わりに食べたいものを片っ端から口に放り込み、あるとき久しぶりに鏡を見て自分の姿に愕然とする。

大好きな酒をあきらめたら、その努力に相当する幸せが手に入れられるはず。それなのに、どうしてこんなにみじめなんだろうとヘポラは苦悩する。飲まない時間をどう過ごせばいいのか、酒なしに他人とどう距離を縮めたらいいのかわからない。大人になると、日常生活のなかで人が関わり合う場にはアルコールがつきものだ。彼女は酔って一方的に感情をぶちまけていた頃には聞こうとしなかった、目の前の相手の声に耳を傾け、観察することにする。言葉のキャッチボールを繰り返す。そうすることで、酒の力にすがっていたときには得られなかった深い対話が生まれ、自分でも知らなかったあるべき自分の姿にいつのまにか戻っていた。

アルコール依存症の男性の物語は昔からよくあるが、近年は女性が主人公の小説や映画&ドラマも多く発表されている。『ガール・オン・ザ・トレイン』『クイーンズ・ギャンビット』『ウーマン・イン・ザ・ウィンドウ』のヒットも記憶に新しい。酔った女は痛い、みっともないと社会からレッテルを貼られがちで、女性とアルコールを題材にした作品は主人公が恥や後ろめたさを背負っていることが多いが、ヘポラは基本的に陽気な酔っ払いだ。本書はひとりのアルコール依存症の女性が、飲んで虚勢を張っては自己嫌悪の沼にはまり、そこから自力で這い上がろうとする回顧録であり、非モテを自認する彼女がなんとか運命の人と出会おうとするラブコメディ的な側面もあって、きっと多くの読者は応援したくなると思う。また、彼女の人生には、常に頼りになる女友だちの存在がある。学生時代から大人になるにつれ、それぞれの環境が変わりながらも支え合おうとするシスターフッドの絆が随所に感じられ、酒飲みでなくてもヘポラの物語に親近感が湧くはずだ。

米書評コミュニティサイトのグッドリーズには、この本がブラックアウトにまつわる回想だけでなく、女性が成長する過程で味わう社会的な抑圧や外見への嫌悪、自身の言動に対する他者からの認識の違和感を、楽しくも鋭い筆致で描いているとの評価がある。日本でも、女性は昔からかわいらしく従順であることが期待されてきた。社会進出が進んだ今でも、女性は魅力的でいながら職場で過不足ないパフォーマンスを発揮するよう求められ、場合によってはさらに家事や育児、介護までそつなくこなす順応力が求められる。そんないくつもの役割を背負わされたら、ストレスのはけ口はどこに向かうだろう。日本でここ数年、女性の飲酒問題が深刻化していると頻繁に報じられるようになったのもうなずける。

ヘポラは10年以上、断酒を続けている。ブログによると、コロナ禍で精神的に落ち込んだ彼女は、当たり前に自分も手に入れられると思っていた夫も子どももいまだになく、収入も不安定な自分の境遇を悲観し、一時的に原稿が書けなくなったそうだ。しかし、彼女が酒を飲むことはなかった。やはり女友だちに心の内を話し、自らが持っているものに目を向け、また精力的にエッセイを執筆するようになった。ヘポラが酒をやめられたことはもちろんすばらしい成果だけれど、それよりも価値があると思えるのは、彼女が人生のどん底に陥ってもそこから立ち上がる方法を自分で体得したことだ。わたしたちの誰もがそれを身につけたいと思っているはずであり、ヘポラが語るストーリーはアルコール依存症に悩む人だけでなく、自分の進むべき方向が見えなくなった人や、承認欲求に振り回されて本当の自分がどういう人間だったかわからなくなった人にも、きっとヒントをあたえてくれると思う。

最後に、本書を出版するにあたり、晶文社の竹田純さんに大変お世話になりました。たくさんの助言をいただき、この場をかりて、心から感謝申し上げます。

2023年12月　本間綾香

【著者紹介】

サラ・ヘポラ　Sarah Hepola

米テキサス州ダラス在住のライター。「ニューヨーク・タイムズ・マガジン」
「アトランティック」「エル」「ブルームバーグ・ビジネスウィーク」「ガーディアン」など
数多くの雑誌、新聞にエッセイを寄稿。2021年に、ダラス・カウボーイズ・チアリーダーズの歴史と逸話
を紐解くテキサス・マンスリー誌のポッドキャスト番組
「America's Girls」で企画、ホストを務めた。https://sarahhepola.com/

【訳者紹介】

本間綾香　ほんま・さやか

日本女子大学を卒業。映画情報サイトの編集部で働いた後、2011年からフリーランスの
英日翻訳者、ライター。共訳書『【閲覧注意】ネットの怖い話 クリーピーパスタ』。
飲みすぎて転倒し、前歯が欠けたことがある。

昨夜(さくや)の記憶(きおく)がありません

アルコール依存症だった、わたしの再起の物語

2023年12月20日　初版

著者　サラ・ヘポラ
訳者　本間綾香
発行者 株式会社晶文社
東京都千代田区神田神保町1-11　〒101-0051
電話 03-3518-4940（代表）・4942（編集）　URL https://www.shobunsha.co.jp

ブックデザイン　鈴木千佳子
DTP　髙井 愛
印刷・製本 中央精版印刷株式会社

ISBN978-4-7949-7405-1 Printed in Japan